LES COULISSES DE LA GRANDE BOUCLE

Hachette Livre,
Département Marabout, 2024

LES COULISSES DU TOUR DE FRANCE DE LA GRANDE BOUCLE

JEAN-LUC GATELLIER

Tour de France™

MARABOUT

Le Norvégien Jonas Abrahamsen de l'équipe UNO-X Mobility, maillot à pois durant l'étape 13 entre Agen et Pau en 2024.

> PORTFOLIO

SOMMAIRE

Le peloton dans le cormet de Roselend en 2023.

Ils font le Tour

Il y a celles et ceux que l'on voit franchir la ligne d'arrivée, étape après étape, et qu'un public dense applaudit sur les routes de toutes les régions de France jusqu'à ce qu'ils foulent l'avenue des Champs-Élysées.
Coureuses, coureurs et formations cyclistes de toutes nationalités, par leur courage, leur abnégation et leurs prouesses physiques, sont les protagonistes du plus grand spectacle cycliste du monde.
D'ailleurs, les performances et la popularité d'anciens champions comme Fausto Coppi ou Raymond Poulidor nourrissent encore et toujours l'histoire de la compétition.
Mais, pour que le spectacle soit tout à fait réussi, professionnels et bénévoles passionnés fourmillent dans les coulisses de la Grande Boucle.
Ils forment d'abord l'immense équipe qui assemble toutes les pièces de la grande machine du Tour, entre fin juillet et fin juin de l'année suivante. Un compte à rebours d'un peu moins de 365 jours, pour que naisse chaque nouvelle édition du Tour.
Construction, anticipation, préparation et réunion sont les maîtres mots des six premiers mois de ce feuilleton organisationnel dont la révélation du parcours du Tour, en automne, au Palais des Congrès est le point d'orgue. Un feuilleton qui se met au diapason des évolutions sociétales en participant au développement de la pratique cycliste dès le plus jeune âge et à la promotion de la mobilité douce.
Le chrono s'accélère à compter du mois de janvier et les questions logistiques prennent le relais. La scène sur laquelle se joue le Tour est immense : 3500 kilomètres de routes à sécuriser assortis de l'architecture d'un village nomade à concevoir. Six mois plus tard, le top départ est donné et avec lui les premiers coups de pédales : la grande machine est lancée.
Une nouvelle équipe composée des commentateurs, motards-cameramen, photographes, reporters radio, journalistes de presse et télévision se charge de transmettre le suspense de la compétition le plus fidèlement possible.
En parallèle, la brigade des arbitres, médecins de l'urgence, reporters de Radio Tour et team de la voiture-balai s'assurent du bien-être des sportifs et du bon déroulé de l'épreuve.
Pour cet immense ballet de juillet, le public est au rendez-vous, au bord des routes comme sur les réseaux sociaux, pour suivre le récit des performances et de la vie de leurs cyclistes favoris. Peter Sagan, Jonas Vingegaard et Tadej Pogačar trustent le podium du plus grand nombre de vues. À l'ère du tout-numérique, le folklore de la Grande Boucle demeure et la féerie de la caravane n'a pas perdu de sa superbe.

À votre tour de prendre la roue du Tour de France et d'entrer dans les loges de la Grande Boucle.

TIBO
REVIENT !
#ML
#FF

L'esprit du Tour

Le Tour, c'est avant tout une construction, une concertation des têtes pensantes et des acteurs locaux plus d'un an avant l'événement. De longues réflexions sont portées sur le tracé de la Grande Boucle, les communes de départ et d'arrivée des étapes, la ville du Grand Départ en France ou à l'étranger – le Tour s'exporte –, selon un rétroplanning minutieux et précis.

CONSTRUCTION
et philosophie

Un événement titanesque

Le grand événement sportif et festif de l'été est porté par une organisation titanesque et en perpétuelle évolution pour s'adapter à son temps.

C'est le saint des saints. Au-dessus de la Seine, à Boulogne-Billancourt, le bureau de Christian Prudhomme abrite un bien précieux : sur une carte de France Michelin, les 3 500 kilomètres de routes du parcours du Tour. Dans son dos, un portrait de Raymond Poulidor, célèbre figure sportive. Face à lui, l'illustration, sur papier glacé, de rires et de moments de complicité partagés avec celui que l'on surnommait « l'Éternel Second », un habitué des podiums qui n'a jamais revêtu le Maillot Jaune, ne serait-ce qu'un seul jour durant sa très longue carrière. « Poupou », amoureux fou du Tour qui le suivait encore pour le compte de la banque LCL, partenaire du… Maillot Jaune, quatre mois avant sa disparition en 2019, se réjouissait dans la préface de *100 Tours de légende*, l'ouvrage signé du journaliste Jacques Augendre : « C'est toujours un vrai bonheur, l'été venu, de retrouver le Tour de France, son public, ses personnages, ses magnifiques paysages, son atmosphère tonifiante. Le Tour de France est un univers qui n'a pas d'équivalent, un lieu de rencontre privilégié, un espace de convivialité incomparable. »

Pour son public, estimé à 10 à 12 millions de personnes sur le bord des routes, le Tour est une immense fête populaire, gratuite, un rite annuel, un indémodable phénomène de société et, pour notre pays, une promotion touristique extraordinaire avec sa retransmission dans 190 pays (sur 195 répertoriés dans le monde).

Restons dans le bureau du directeur du Cyclisme à Amaury Sport Organisation (A.S.O.). Sur la moquette, l'objet retourné pour séchage est aussi un clin d'œil : un parapluie aux couleurs de la Belgique, le pays du vélo-passion. Sur une étagère, une réplique miniature : *#WeLoveNice*. Érigée après l'attentat de 2016, la sculpture *#ILoveNice* domine la baie des Anges. Nice est une amie de longue date du Tour de France. Elle a contribué au sauvetage de l'édition de 2020 en la lançant sous la menace de la Covid-19. Et elle est la ville d'arrivée inédite, en 2024, pour laisser la place aux Jeux olympiques à Paris, où la course s'était toujours achevée depuis sa création en 1903.

Dans sa bibliothèque, un peloton de petits coureurs se fraie un chemin au milieu d'un bataillon de livres narrant l'histoire de la Grande Boucle. Ces figurines aux maillots bigarrés recréent un univers digne de Lewis Carroll où les champions grandissent soudainement et deviennent, à nos yeux, des « géants de la route ». Elles nous ramènent joyeusement à nos Tours d'enfance qui commençaient par l'été – indissociables bonheurs : l'école finit, on s'empresse d'ouvrir ses cahiers de vacances lorsqu'ils suggèrent l'apprentissage de sa géographie intime et un manuel d'histoire ludique revisité par la course.

L'espace de travail parisien de Christian Prudhomme est une sorte de bureau d'études, de conception et de réalisation du troisième événement sportif mondial qui nécessite plus de cent réunions de préparation, notamment pour en assurer une sécurité maximale. Les lieux du chantier sont multiples :

39 villes-étapes ou sites (stations d'altitude, cols) inscrites au programme de la 111e édition en 2024, dont 12 font leur apparition sur son itinéraire, parmi 250 candidatures françaises et 30 étrangères. Avec, chez certaines, la volonté de s'adosser à la grande course pour développer la pratique cycliste urbaine, une « vélorution » désormais en marche.

Comment construit-il, avec ses collaborateurs de terrain, tous d'anciens coureurs ayant, majoritairement, participé au Tour de France ? Quels sont les mécanismes pour aboutir à la fameuse carte dévoilée au cœur de l'automne ? Une solide expérience, de l'inspiration, une curiosité permanente, en résumé un esprit fécond, sont nécessaires pour bâtir des versions originales du Tour.

↑ L'état-major d'Amaury Sport Organisation étudie une carte routière avant de construire celle du Tour de France.
De gauche à droite : Thierry Gouvenou, François Lemarchand, Christian Prudhomme et Pierre-Yves Thouault.

Les coureurs du Tour 2024 dans la cime de la Bonette, la plus haute route d'Europe qui culmine à 2802 mètres.

SUR LA PLUS HAUTE ROUTE D'EUROPE

Au printemps se prépare en secret l'été de l'année suivante. Interlocuteur principal des collectivités locales et territoriales, Christian Prudhomme établit une liste des régions, des départements, des villes, des sites touristiques, des cols également qu'il souhaite intégrer à l'itinéraire. Prenons l'exemple du col de la Bonette, épouvantail de la 19e étape, emprunté à cinq reprises seulement (depuis 1962) en raison de sa position reculée dans le massif du Mercantour. Dès qu'il a la certitude que le Tour 2024 s'achèvera à Nice, il saisit aussitôt l'opportunité de réintroduire au parcours cette ascension majeure : la montée la plus longue de l'épreuve (23 km) mène à la route la plus haute d'Europe au col de la cime de la Bonette (2802 m) dans une nature sauvage, garantie d'images télévisées à couper le souffle : or l'architecte de la course a été un journaliste de télé, un commentateur enthousiaste de la course qu'il a modernisée depuis 2007.

Dans son ordinateur, qu'il appelle « la bête », il a consigné des centaines de notes, fruits d'autant de rencontres, de poignées de mains, d'échanges téléphoniques et d'e-mails avec les élus. Lorsqu'il gratifie un document de la mention « Hypothèse privilégiée », comprenez qu'il est presque sûr qu'elle sera retenue, même si rien n'est jamais définitif avant le mois de septembre et une dernière visite du lieu. « Il y a deux versions dans “la bête”, explique-t-il : un dossier français, un autre étranger. Les villes envoient une lettre d'intention. Elles sont rarement candidates pour une année en particulier : si c'est le cas, on n'en tient pas compte, sauf si cela correspond à une commémoration. » Pour lui, « le lien de confiance » consiste à répondre favorablement à une municipalité durant sa mandature (sans surprise, on relève une augmentation des demandes l'année qui précède les élections municipales).

À la question : « L'aspect politique avec un équilibre droite-gauche est-il pris en compte ? C'est un fantasme complet, cela n'existe pas », répond-il dans *Le Parisien*. Cette parité est cependant inévitable en 2024 avec la Côte-d'Or (président UDI) et Dijon (maire PS) : impossible de passer trois jours dans ce département sans s'arrêter dans sa capitale…

PUZZLE À MILLE PIÈCES, MECCANO GÉANT…

Outre une expertise fine du cyclisme, il est préférable d'être doué pour la confection d'un puzzle à mille pièces, d'aimer la géographie. Une étude de faisabilité est réalisée dans les endroits pressentis. Un aperçu des difficultés de ce Meccano géant est contenu dans l'élaboration de la 11e étape reliant Aurillac à Villeneuve-sur-Lot. « Un contrat étant signé avec le département de la Dordogne, l'idée première est d'établir l'arrivée à Périgueux, raconte Christian Prudhomme. Le responsable des arrivées chez A.S.O., Stéphane Boury, me dit que ce n'est pas possible techniquement. Alors, j'envisage une arrivée à Bergerac. Peut-on partir de Maurs ou de Mauriac dans ce cas ? » Yannick Goasduff, son collaborateur chargé des départs, lui répond également par la négative : impossible d'installer les infrastructures de l'épreuve dans ces petites communes cantaliennes, faute de place. Le dirigeant opte finalement pour une étape reliant Aurillac à Villeneuve-sur-Lot, dans le Lot-et-Garonne. La Dordogne devra patienter un peu… « Quand je demande aux hommes de terrain si les conditions sont réunies pour venir ici ou là, j'ai très envie qu'ils me disent oui, mais surtout qu'ils me disent clairement non quand ce n'est pas possible. » Car pour faire fonctionner et avancer quotidiennement l'énorme machine du Tour de France, où les données logistiques sont intimement liées aux paramètres sportifs, s'en remettre au hasard n'est pas acceptable. Les écarts sont interdits, les grains de sable soigneusement retirés à l'avance. Ses promoteurs prévoient tout et, le cas échéant, gèrent l'imprévu avec un professionnalisme inégalé dans le monde du cyclisme : pour preuve, la responsabilité technique des épreuves olympiques de Paris est confiée à A.S.O. Le fonctionnement du Tour est quasi militaire, il repose sur une solide structure hiérarchique. « Toute la difficulté et le charme de notre métier, c'est mettre en musique plus de cent métiers différents, souligne Pierre-Yves Thouault, directeur adjoint du cyclisme. C'est plus que du management, c'est diriger d'après un système pyramidal. » L'anticipation est un lieu commun et le respect du timing une véritable obsession. Pour illustrer cette philosophie, Stéphane Boury a trouvé cette maxime : « Sur le Tour, être à l'heure, c'est déjà être en retard. »

Pierre-Yves **THOUAULT**,
directeur adjoint du cyclisme

« Toute la difficulté et le charme de notre métier, c'est mettre en musique plus de cent métiers différents. »

UNE DIAGONALE DE L'ALSACE AU PAYS BASQUE

Le sens choisi pour engager les 176 athlètes obéit à un précepte : le lieu du Grand Départ détermine la direction à suivre ou, plus exactement, celle qui ne peut l'être. Une diagonale imaginaire est établie de l'Alsace au Pays basque. À droite de cette ligne, on trouve une variété de terrains en abondance : notamment la haute et la moyenne montagne. À gauche de la diagonale, les options se limitent à des côtes. Les organisateurs doivent donc se creuser la tête pour respecter cette règle immuable qu'ils s'imposent : « Éviter la litanie des sprints, jamais plus de deux de suite sur le plat », certifie Thierry Gouvenou, le traceur des parcours.

Ce cas de figure d'une course d'abord axée à l'ouest de la diagonale domine le premier tiers de l'édition de 2025 qui commencera à Lille et visitera les Hauts-de-France jusqu'à Amiens, sur la base d'une convention avec la Région. Puis le peloton se rendra en Normandie où, un an et demi avant son passage, Thierry Gouvenou, originaire du Calvados, a déjà coché une arrivée en côte afin d'éviter un troisième sprint consécutif sur le plat. Une halte à Mûr-de-Bretagne est une évidence car cette côte est devenue un temps fort de la compétition avant d'aborder la montagne, les champions y luttent épaule contre épaule.

De nouvelles difficultés, des voies toujours plus attractives sont recherchées en permanence. Lorsque la Planche des Belles Filles, site méconnu des Vosges méridionales, apparaît sur la carte pour la première fois en 2012, c'est parce que le patron du Tour souhaite valoriser ce massif. La Super Planche des Belles Filles (sa nouvelle appellation) trouve vite sa place : six arrivées jusqu'en 2022, année où, pour sa renaissance, le Tour de France Femmes se termine en apothéose. Le désir de renouvellement n'est pas un reniement des hauts lieux légendaires, les cols majestueux des Alpes comme le Galibier, l'Izoard, l'Iseran, et des Pyrénées incarnées par un autre géant, celui du Tourmalet...

La variété des terrains en France

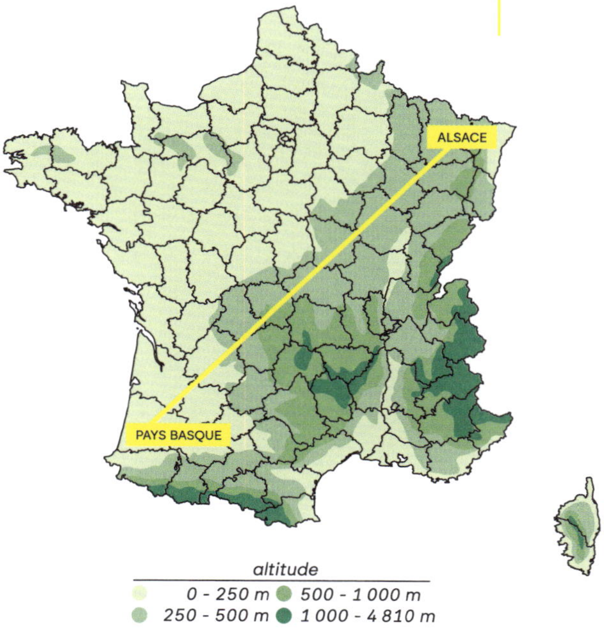

Lors de la 14e étape du Tour 2024 entre Pau et Saint-Lary-Soulan-Pla d'Adet, le Franco-Russe Pavel Sivakov précède son leader, le Slovène Tadej Pogačar, dans la descente du col du Tourmalet.

Romain Bardet, sur les pentes du Lioran, qu'il connaît par cœur, est célébré par ses supporters. 2e en 2016, 3e en 2017, l'Auvergnat, âgé de 33 ans, dispute le Tour de France pour la dernière fois en 2024.

Scénariser la fin de l'épopée avec la mise en place d'un temps fort (arrivée au sommet ou contre-la-montre), lors de l'avant-dernière étape, est une évidence. Le Tour est un feuilleton télévisé où le suspense est espéré par ses réalisateurs, jusqu'au bout mais sans assurance car ce n'est pas du cinéma. Avant le *happy end*, exceptionnellement délocalisé en 2024 sur les rives de la Méditerranée, qui retrouvera dès 2025 Paris et ses Champs-Élysées riches des souvenirs olympiques.

S'ADAPTER À L'URBANISATION GALOPANTE

Rares sont les villes possédant les moyens structurels de se rendre essentielles, presque indispensables, au Tour de France. C'est d'autant plus vrai pour Pau qu'elle se déclare candidate permanente à son accueil. Se poser dans la cité d'Henri IV est incontournable lorsque la course s'apprête à entrer dans les Pyrénées ou qu'elle vient de les quitter, par sa position, ses ressources hôtelières, la proximité des autoroutes, éléments propices au confort et à la récupération des coureurs. « En 2022, en quittant la montagne, nous avons exceptionnellement fait une légère entorse à nos principes, reconnaît Christian Prudhomme. L'étape est partie de Castelnau-Magnoac, le village d'Antoine Dupont, le meilleur joueur du monde, à un an de la Coupe du monde de rugby, car le Tour reste connecté aux autres grands événements. »

Le Tour est un feuilleton télévisé où le suspense est espéré par ses réalisateurs

En 2023, les organisateurs du Tour de France rendent hommage au rugbyman Antoine Dupont en faisant étape dans son village, Castelnau-Magnoac. Michel Pélieu, le président du conseil départemental des Hautes-Pyrénées, et Christian Prudhomme s'entretiennent avec lui.

Il s'inscrit dans un monde en perpétuelle évolution, épouse fidèlement son temps, s'adapte à l'urbanisation galopante, aux équipements apportés pour sécuriser nos routes mais qui représentent autant d'obstacles pour les coureurs au mois de juillet…

Notez que le Tour est aussi un accélérateur de projets utiles à la collectivité : des programmes de travaux de réfection des routes sont anticipés par les départements, chargés de leur entretien. Sa venue est également source d'avancées des réseaux de télécommunication. Dans la petite station pyrénéenne de Peyragudes, l'installation de la fibre optique a été anticipée de plusieurs années grâce à sa présence. En 2024, le réseau a été renforcé pour rendre possible une arrivée d'étape dans le village de moins de 700 habitants de Colombey-les-Deux-Églises (Haute-Marne).

Toute la ferveur du public le long des routes du Tour. Les supporters encouragent ici le Français Anthony Turgis au cours d'une ascension.

L'indémodable **LOGO**

L'actuel logo du Tour de France brille par sa longévité. Créé par l'agence Saguez & Partners, en 2003, pour commémorer le centenaire du Tour de France, il a très peu évolué jusqu'à nos jours. « Il ouvre sur la modernité, sur le futur et sur la jeunesse, car nous souhaitons voir se perpétuer longtemps les valeurs du Tour », relevait, à l'époque, Jean-Marie Leblanc, le directeur du Tour de France.

La signature officielle du Tour de France inscrit le nom de l'épreuve en noir.

La roue arrière du vélo est incrustée dans le O de Tour.

La lettre R de Tour esquisse la silhouette d'un coureur en plein effort penché sur sa roue.

La roue avant du vélo est représentée par un rond jaune (ou blanc lorsque le logo s'affiche sur le Maillot Jaune).

LE SAVOIR-FAIRE FRANÇAIS EXPORTÉ

Le peloton traverse Florence lors du Grand Départ du Tour 2024.

Patrimoine national, le Tour est indissociable de son paysage. Il continue d'offrir les plus belles images de la France aux cinq continents. Et d'abord à nous, Français, la France profonde, « comme cet endroit au sud du département du Puy-de-Dôme que l'on a vu à la télé, en 2023, lors de l'étape Vulcania-Issoire, qu'on appelle "la Petite Sibérie", et qui n'est pas connu de tous les gens de Clermont-Ferrand, relate Thierry Gouvenou. En superposant la carte des cinq derniers Tours, on voit qu'on est allé partout. De 2018 à 2024, seules la Normandie et la Picardie n'ont pas été traversées », reconnaît-il toutefois. Une longue attente récompensée en 2025.

Les départs à l'étranger, de plus en plus fréquents, empêchent un maillage quinquennal complet. La Bretagne n'a pas été visitée durant les trois années qui ont succédé au Grand Départ de Brest en 2021, ni les Pays de la Loire. Jamais ces deux régions n'étaient restées en jachère du Tour pendant une période si longue. L'Ouest, un terreau cycliste, sera-t-il de moins en moins exploité parce qu'il n'est pas situé du « bon côté » de la diagonale ? « Aujourd'hui, en rigolant, je dis souvent aux gens qui critiquent, rapporte Thierry Gouvenou, dans *Ouest-France* : "Seriez-vous prêts à ce que je vous attache sur une chaise pour regarder une étape Nantes-Bordeaux, toute plate, toute l'après-midi ? Et qu'on fasse ça plusieurs jours de suite... Personne n'est prêt à subir ça aujourd'hui." »

Pourtant, le reproche est annuel : ce n'est plus le Tour de France, entend-on après chaque présentation de l'épreuve, face à sa physionomie qui dilate de plus en plus l'Hexagone. Le fond est plus important que la forme. Pourquoi négliger certaines régions sous prétexte qu'elles ne sont pas limitrophes avec un autre pays ou côtières ? En 2024, ce sera seulement la deuxième fois qu'une étape est établie dans la Creuse. Le Tour est allé partout. Les nombreuses équations posées par le Grand Départ de la 100e édition, en 2013, dans une île, la Corse, dernière région métropolitaine où il ne s'était pas encore rendu, furent toutes résolues.

Les critiques portent aussi sur le nombre croissant de départs à l'étranger. Pour la première fois, trois consécutifs : Copenhague en 2022, Bilbao en 2023, Florence en 2024. Cette lucrative politique d'exportation du Tour incarne son savoir-faire en matière d'organisation et contribue à son rayonnement international. Cependant, l'empreinte carbone du Grand Départ au Danemark (transfert aérien pour les coureurs, terrestre et maritime pour les suiveurs) devrait préfigurer l'abolition de longs déplacements, à l'avenir.

À quoi ressemblera le Tour de France en 2050 ? Devra-t-il quitter son traditionnel mois de juillet pour épargner aux coureurs des canicules et s'acquitter, lui-même, du prix des mutations climatiques ?

La vitesse des coureurs sera-t-elle devenue si élevée qu'il faudra lester leurs vélos ? Les nouvelles technologies permettront-elles d'installer une caméra sur chaque bicyclette et la reconnaissance faciale d'identifier chaque individu en temps réel dans les méandres du peloton pour le confort visuel du téléspectateur de Papouasie-Nouvelle-Guinée ? L'intelligence artificielle permettra-t-elle de restituer simultanément l'interview d'un coureur chinois dans des dizaines de langues différentes ? Le Tour a survécu aux deux guerres mondiales, et tout près de nous il a résisté à une pandémie planétaire : il est habitué à relever les nombreux défis placés sur sa route.

RISTORANTE
Vasari

A.S.O.,
le Maillot Jaune de l'organisation

Amaury Sport Organisation (A.S.O.) est la société d'organisation d'événements sportifs dont le fleuron est le Tour de France.

A.S.O. est né en 1992 de la fusion entre la Société du Tour de France et Thierry Sabine Organisation (TSO) lors de son rachat par le groupe Amaury. Son PDG est aujourd'hui Jean-Étienne Amaury, son directeur général Yann Le Moenner (en photo ci-contre) et son directeur du Cyclisme Christian Prudhomme. Elle emploie 300 salariés permanents. L'entreprise aux multiples métiers (elle produit ou coproduit des centaines d'heures de programmes diffusés dans 190 pays) organise une centaine d'événements (250 jours annuels) dans vingt-cinq pays, se rapportant notamment au cyclisme, ses racines : le Tour de France, le Tour de France Femmes avec Zwift, La Vuelta (le Tour d'Espagne), Paris-Roubaix hommes et femmes, Paris-Nice, le Critérium du Dauphiné, Paris-Tours… À l'étranger : Liège-Bastogne-Liège et la Flèche Wallonne hommes et femmes (Belgique), le Lidl Deutschland Tour (Tour d'Allemagne), Eschborn-Francfort (Allemagne), le Tour de Catalogne (Espagne), l'Arctic Race of Norway (Norvège), le Tour d'Oman, l'AlUla Tour (Arabie saoudite)…

Dans les autres sports, le Rallye Dakar est une autre compétition phare d'A.S.O. La société présente également des épreuves destinées au grand public dont les plus importantes sont le Schneider Electric Marathon de Paris (55 000 participants), le Roc d'Azur CIC (20 000), l'Étape du Tour de France (16 000).

Sa longue expérience et ses compétences mondialement reconnues lui valent d'assurer la logistique des principales compétitions olympiques hors stade à Paris : le cyclisme, le marathon, le triathlon. L'entreprise est partenaire de l'organisation des championnats du monde de cyclisme sur route à Kigali, au Rwanda, en 2025, les premiers de l'histoire de ce sport en Afrique.

25 millions

Le nombre de spectateurs qui se déplacent sur les épreuves d'A.S.O. qui sont couvertes par 10 000 journalistes issus de 1 500 médias.

LA DIRECTION DU TOUR

Des anciens coureurs aguerris

Au sein de la société d'organisation de la plus grande course cycliste du monde, qui peut mieux comprendre son déroulement que ses anciens concurrents ?

Le directeur de l'épreuve, Thierry Gouvenou, a été coureur professionnel de 1991 à 2002 et a disputé à sept reprises le Tour de France. Les membres de l'assistance direction ont également l'expérience de la Grande Boucle, notamment François Lemarchand, auteur de dix participations dans les années 1980-1990, dont deux victoires par leader interposé (l'Américain Greg LeMond en 1989 et 1990) et aucun abandon! Citons encore Gilles Maignan (4 Tours), Jean-Marc Marino (3), Cédric Coutouly, Yannick Talabardon (1 chacun). Jean-Michel Monin est, lui, champion olympique de la poursuite par équipe (à Atlanta, en 1996). Autre ancien pistard, Franck Perque est l'actuel directeur technique du Tour de France Femmes avec Zwift. ●

❶ Thierry Gouvenou
Cet ancien coureur, ici lors du Tour 1998, était un solide équipier qui s'est également illustré sur Paris-Roubaix.

❷ Gilles Maignan
Entré chez ASO en 2004, il excellait contre la montre.

❸ Cédric Coutouly
Originaire du Tarn, il officie comme régulateur à moto du Tour de France.

❹ François Lemarchand
Durant le Tour 1990, il est l'équipier de l'Américain Greg LeMond, l'année de sa victoire.

❺ Jean-Marc Marino
Ici, au départ du contre-la-montre au Tour 2013, il est aujourd'hui régulateur à moto.

❻ Yannick Talxabardon
Régulateur à moto, il a participé à la Grande Boucle en 2011.

❼ Jean-Michel Monin
Pistard émérite, il a été champion olympique sur piste en 1996, à Atlanta.

❽ Franck Perque
Spécialiste de la piste, le Picard a également couru sur la route.

ONNAIS
1

BigMat
MAVIC
Giordana
VETTA
AUBERVILLIERS
Seine saint-denis
Conseil Général
HUTCHINSON
7

8

2

BBB
Sojasun
BH
5

6

MET
saur.com
3

4

PRÉSENTATION officielle

The place to be

Huit mois avant le déroulement de l'épreuve, la présentation officielle du parcours, à Paris, est un événement. Le Tour de France rayonne même en automne.

Le 25 octobre 2023, 3 500 invités se pressent d'un pas olympique à l'entrée du palais des Congrès, porte Maillot, à Paris, pour assister à la présentation de la 111e édition du Tour de France qui se déroulera du 29 juin au 21 juillet 2024 : coureurs et responsables d'équipes, représentants des collectivités locales et territoriales, journalistes et passionnés de cyclisme ayant obtenu le précieux sésame pour découvrir la prochaine levée, même partiellement éventée. « The place to be », l'endroit où il faut être. La cérémonie, préparée par Philippe Sudres, ex-directeur de la communication et l'un des dirigeants historiques du Tour de France, est diffusée en direct sur Eurosport, les sites web d'Amaury Sport Organisation (A.S.O.), de France Télévisions et de *L'Équipe*.

Sous des applaudissements nourris, coureurs et coureuses défilent ensemble sur la scène. Mark Cavendish est ovationné. Co-recordman des victoires d'étape (34), avec Eddy Merckx, il s'est lancé l'ultime défi de dépasser l'ancien grand champion, pour sa dernière participation, à 39 ans. Il réalisera cet exploit le 3 juillet lors de la 5e étape. Les lauréats de 2023, le Danois Jonas Vingegaard et la Néerlandaise Demi Vollering, font face au public, unis dans le même hommage.

La grande vedette n'est pas un champion ou une championne, c'est le parcours du Tour de France. L'aura de la Grande Boucle est telle qu'elle brille même à l'automne.

Le discours d'introduction de Jean-Étienne Amaury, président d'A.S.O., porte sur l'événement global, sa sécurité et son rôle sociétal (mobilités douces, introduction de la bicyclette dans les écoles).

Le sport, c'est l'affaire de Christian Prudhomme. Cette cérémonie est toujours un moment particulier pour lui : « J'ai l'habitude de dire que je connais trois fins d'année : le soir de l'arrivée du Tour de France, celui de la présentation de la prochaine édition et le 31 décembre. » Le directeur du Cyclisme chez A.S.O. partage la scène avec Marion Rousse, directrice du Tour de France Femmes avec Zwift et commentatrice du Tour de France (hommes) sur France Télévisions – c'est tout un show, que le duo a répété quelques heures auparavant. L'ex-coureuse et championne de France décrit le Tour de France Femmes avec Zwift (12 au 18 août 2024), son nom officiel, de Rotterdam à l'Alpe d'Huez. Des Pays-Bas, la nation régnante du cyclisme féminin, aux vingt et un virages de la célèbre ascension…

Stefano **BONACCINI**,
président de la région Émilie-Romagne

« Le Tour est un langage universel et parlé par tout le monde. »

Christian Prudhomme et Marion Rousse pendant une répétition avant la cérémonie de présentation du Tour de France 2024.

Il n'arrivera pas à Paris afin d'éviter le télescopage avec un autre événement planétaire, les Jeux olympiques. Cela n'était encore jamais arrivé depuis sa création en 1903 !

ARRIVÉE À NICE, UNE GRANDE PREMIÈRE

Un petit film captivant résume la course masculine de 2023. Images saisissantes, émouvantes, brutales où s'entremêlent performances, joies et déceptions, rires et pleurs... Les sprinteurs se dégagent de l'essaim en fulgurant de toute leur force animale. La gracile silhouette des grimpeurs tutoie les nuages depuis les voies les plus exténuantes. Les infortunés tombent et, courageusement, se relèvent (ou pas). Les visages sont déformés par la douleur, les regards souverains croisant ceux des déchus. Le public est enthousiasmé par le spectacle : familial au seuil des champs moissonnés, déchaîné sur les petites routes de montagne. Tout ce qui fait l'essence du Tour.

Christian Prudhomme relève le caractère doublement mémorable de cette édition 2024. Il n'arrivera pas à Paris afin d'éviter le télescopage avec un autre événement planétaire, les Jeux olympiques. Cela n'était encore jamais arrivé depuis sa création en 1903 ! Et il partira pour la première fois d'Italie pour gommer une « anomalie historique », dit-il. « Le Tour est un langage universel et parlé par tout le monde », souligne Stefano Bonaccini, président de la région Émilie-Romagne. Au travers de sa présence, le responsable politique voit « une opportunité exceptionnelle qui nous ouvrira une extraordinaire visibilité internationale ». Le Grand Départ à Florence, en Toscane, inclut le Piémont et l'Émilie-Romagne avant de regagner la France. Il flotte toujours un air d'Italie lorsque Christian Estrosi, fils d'immigrés transalpins, rappelle que la Ville de Nice, qu'il administre, est « entrée il y a cent soixante-trois ans dans la communauté française ». L'ancien pilote motocycliste a tenu à ce que l'arrivée soit effective « place Masséna surnommé "l'Enfant chéri de la victoire" par Bonaparte, si proche de Napoléon et de l'arc de Triomphe » (que les coureurs retrouveront le 27 juillet 2025 dans le rétablissement définitif d'une tradition séculaire).

« On ne remplace pas comme ça les Champs-Élysées. On voulait une ville qui rayonne », insiste Christian Prudhomme. En 2020, lorsque la pandémie menaçait le Grand Départ sur cette même place Masséna, où se croisaient les visages inquiets derrière des masques, que les réunions de crise s'enchaînaient, le dirigeant avait soufflé au maire : « On aura peut-être une belle opportunité, une revanche. »

1 Fausto Coppi en 1952, l'année où l'épreuve est retransmise pour la première fois en direct à la télévision.

2 Marco Pantani, vainqueur aux Deux Alpes en 1998.

3 Gino Bartali, en 1953, lors de sa dernière participation au Tour, à l'âge de 39 ans.

DÉPART DE FLORENCE, EN ITALIE

Le rideau s'ouvre sur la carte du prochain Tour de France qui, dans sa partie hexagonale, se hasarde à épouser les contours d'une botte, dans un hommage indirect à l'Italie. Ses amoureux ont des étoiles plein les yeux. Jonas Vingegaard est concentré comme si le double vainqueur, rétine collée sur l'écran géant, se projetait déjà au départ de la course, ne perdant pas une miette des étapes. Surtout les reliefs, dont la somme ravit ce poids plume né pour la course en montagne : « Cela semble très dur, c'est un bon parcours pour moi », se réjouit-il.

Son concepteur éprouve une jubilation intense à détailler le fruit d'un long travail commencé l'année précédente : l'Italie et l'hommage à ses grands champions (Fausto Coppi, Gino Bartali, Marco Pantani), le franchissement des Alpes, les vignobles de Bourgogne, la Champagne, le Centre et l'Auvergne, les Pyrénées, la Provence, un second passage dans les Alpes pour l'avant-dernière bataille et une ultime, sur la corniche, entre Monaco et Nice. Au même moment, à plus de 600 kilomètres de là, à Villeneuve-sur-Lot, tout est prêt. Les habitants de la commune lot-et-garonnaise découvrent un Maillot Jaune géant habiller la grande verrière de la mairie. Avec ce slogan « C'est notre Tour », accompagné de la date du

QUAND
les infos fuitent...

Pour ne pas éventer les informations avant le grand cérémonial de la présentation du parcours, les organisateurs demandent la discrétion aux municipalités des communes désignées pour recevoir une étape du Tour de France.

Alertés d'une possible présence de la Grande Boucle, les journalistes locaux interrogent les élus qui démentent ou... confirment l'information sous le manteau. Difficile d'éviter des fuites lorsque la majorité des hôteliers d'une même région affichent complet pour la même nuit !

La veille de la présentation officielle, à Paris, on peut lire ces titres où l'information côtoie la spéculation : « Découvrez le parcours probable de la 111e édition » (France Bleu); « Le Tour de France 2024 attendu en Champagne » (*L'Union*); « Le Tour de France va-t-il passer dans votre département ? » (*Le Progrès*); « Ce que l'on sait du parcours de la Grande Boucle en Bourgogne » (France 3 Régions); « Cantal à l'honneur, passage à Saint-Amand et Orléans (*Le Berry Républicain*)... » C'est ce qui s'appelle faire « chauffer » l'événement.

Passe-temps favori d'un fan néerlandais vivant en France : la publication sur son blog de la carte officieuse du parcours, avec une marge d'erreur assez faible. « Chacun veut un scoop, une exclusivité, et le montrer sur les réseaux sociaux. Cette surenchère dévalorise forcément un peu l'effet de surprise, regrette Thierry Gouvenou, le directeur technique de la grande course, dans *Le Figaro*. Cela m'agaçait autrefois. Beaucoup moins aujourd'hui. Et je m'amuse même des fuites car, quelque part, c'est la force du Tour. Il faut prendre cette curiosité comme un hommage. »

11 juillet. Leur maire a fait le déplacement à Paris, comme de nombreux autres élus municipaux des villes-étapes pour vivre pleinement, fièrement cet événement. Devant la carte du Tour, chacun veut sa photo auprès de Christian Prudhomme, pointant le doigt vers « sa » ville. La scène se répète une quarantaine de fois, toujours avec le sourire. Près de là, de sa haute stature, on entend marmonner l'ex-député Jean Lassalle, ancien candidat à la présidence de la République et fidèle du Tour dans la traversée de ses Pyrénées – il tient des propos difficilement audibles pour qui n'habite pas la vallée d'Aspe. La province rentre chez elle et le directeur du Tour lui emboîte le pas. Le soir même Christian Prudhomme se rend à Troyes, ville de départ et d'arrivée de la 9e étape. Le lendemain, il arpente les chemins blancs serpentant des vignobles, dans l'Aube, pour une journée avec des médias destinée à montrer ces chaussées rurales habituellement dédiées au « gravel » (gravier en anglais), discipline à la mode du cyclisme, redoutée des coureurs du Tour de France. Le surlendemain, il est à Colombey-les-Deux-Églises, village rendu célèbre par la présence, jusqu'à sa disparition, du général Charles de Gaulle. Il avait conclu la cérémonie de présentation du Tour en rapportant, sur un ton solennel, cette confidence faite par l'amiral Philippe de Gaulle à Xavier Louy, ancien directeur général adjoint du Tour : « Mon père tenait le Tour de France pour une activité sportive capitale (elle rassemble)… depuis avant la guerre de 14. » Depuis toujours.

↑ Un nuage de poussière enveloppe Remco Evenepoel et le Maillot Jaune Tadej Pogačar durant l'étape des chemins blancs, à Troyes, en 2024.

Défilé de la présentation des équipes du Tour de France 2024 depuis le *palazzo* Vecchio, l'hôtel de ville de Florence.

VILLE DÉPART

L'exemple d'Orléans

Récit des préparatifs dans la capitale du Loiret, où les coureurs se reposeront le 8 juillet 2024 et prendront, le lendemain, le départ de la 10e étape.

Vingt-trois ans après, Orléans réapparaît sur la carte du Tour de France. La plus grande ville du département du Loiret (116 000 habitants, au cœur d'une métropole qui en compte 283 000) lance la 10e étape, le 9 juillet 2024, direction Saint-Amand-Montrond, dans le Cher, par la Sologne. Un événement pour la cité johannique qui n'est pas une halte habituelle de la Grande Boucle (à huit reprises depuis 1964).

Les coureurs la rejoindront dès la veille pour profiter d'une journée de repos. La grande caravane du Tour dormira deux nuits dans la région, une bonne affaire pour l'économie locale.

Chargé de l'organisation des départs depuis plus de deux décennies chez Amaury Sport Organisation, Yannick Goasduff passe cent quarante jours par an sur les routes. Dans la matinée du 28 novembre, il est en réunion à Semur-en-Auxois, petite commune de Côte-d'Or, située au départ de la 8e étape ; l'après-midi, à 250 kilomètres de là, il rencontre les élus et les services municipaux, à l'hôtel de ville d'Orléans, pour « expliquer la logistique et mettre l'ensemble des services dans la boucle ». Ce rendez-vous précède une réunion de synthèse, quarante-huit heures plus tard, à laquelle participent des représentants de la police et des sapeurs-pompiers.

Son premier déplacement à Orléans remonte à mai 2023. « Je suis allé à l'office de tourisme prendre un plan pour découvrir la ville comme un touriste, candide, imaginer des rues et des boulevards transformés en parkings, voir toutes les pièces du puzzle, rapporte-t-il. J'ai fait des études d'urbanisme, j'ai un coup d'œil, un *process.* » Une évidence s'impose à lui pour les opérations de départ : se tenir à l'écart du secteur de la gare afin d'éviter les bouchons et privilégier les environs de la Loire. Il n'a pas un dossier sur lequel s'appuyer puisque la course n'est plus revenue ici depuis 2001 (pour un départ, déjà, direction Évry, dans l'Essonne). À l'époque, le tram n'existait pas.

Lorsqu'il revient en septembre pour échanger directement avec Serge Grouard, le maire d'Orléans, il a « déjà une vision à 90 % des lieux où nous installerons les structures ».

Mi-octobre, ultime visite pour « le point philosophique » : comprenez la validation du lieu exact du départ et de l'itinéraire du défilé jusqu'à la sortie de la ville. Ces informations, le maire les fournit aux médias locaux lors de l'officialisation du parcours, deux semaines plus tard.

« Un peu partout dans la rue, on a des retours sympas de la présence du Tour. Les gens ne savent pas qu'on va bloquer la ville », sourit le maire. Serge Grouard est totalement impliqué dans le projet Tour

La rue Jeanne-d'Arc et la cathédrale Sainte-Croix d'Orléans attendaient de recevoir à nouveau le Tour de France depuis 2001.

de France. Accueillir et assurer la sécurité d'une foule nombreuse, on a l'habitude à Orléans avec les fêtes de Jeanne d'Arc, au printemps, et le festival de Loire, plus grand rassemblement de la marine fluviale qui attire environ 500000 personnes pendant cinq jours, chaque mois de septembre. « J'aime beaucoup la logistique du Tour de France avec un point de vue militaire, abonde Serge Grouard : j'ai vu ça chez les militaires [il a travaillé pour le ministère de la Défense]. Je suis impressionné par la machine du Tour, je ne connais pas une autre organisation avec autant de paramètres à gérer dans des délais extrêmement courts, une mécanique colossale chaque jour. Je suis admiratif. La rigueur n'est pas la première qualité française : on dit qu'on va se démerder et on se démerde... Moi, j'aime border, que tout soit carré. »

« Dans l'opération militaire, il y a un aspect exclusif. Là, il faut s'occuper de tout ce qu'il y a à côté », fait observer Yannick Goasduff. Le maire acquiesce : « L'exemple du Tour de France peut servir dans des choses qui n'ont rien à voir, des organisations complexes à gérer. »

50 000 M² D'EMPRISE SUR LA VOIE PUBLIQUE

Le Tour prend naturellement en compte des problématiques de la vie quotidienne. Le 9 juillet, à Orléans, la circulation du tram sera interrompue pendant plusieurs heures et la collecte des ordures ménagères annulée. La police municipale est chargée d'établir une liste de voies réservées au secours d'urgence, à l'intervention des médecins, aux soins des infirmiers, pour la livraison des repas aux personnes âgées et dépendantes.

Rien ne doit non plus entraver l'accès aux épreuves de repêchage du baccalauréat pour les candidats malgré l'occupation d'un espace de 50 000 m² d'emprise sur la voie publique. La moitié de cette superficie est une zone barrée, sanctuarisée. C'est « le stade du Tour de France », pour reprendre l'expression de Yannick Goasduff, autour duquel près de 20 000 personnes viennent admirer et acclamer les géants de la route. Près du Village du Tour, un podium d'animations de trois heures (où les coureurs sont présentés au public) digne d'une scène musicale,

Les coureurs longent le Cher, à Vierzon, entre Orléans et Saint-Amand-Montrond.

Les zones d'occupation du Tour dans le centre-ville d'Orléans

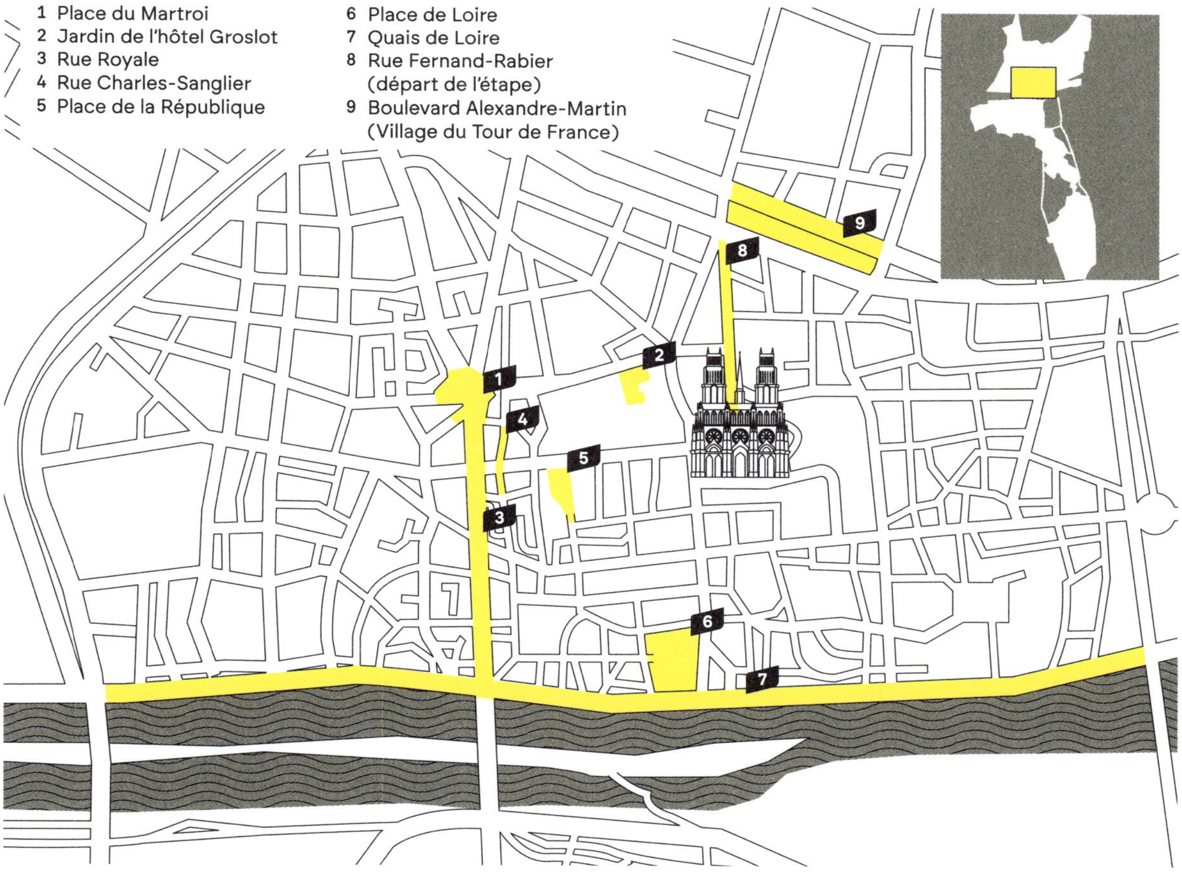

l'arche de départ, six écrans géants... Des parkings pour les bus des équipes, l'organisation, la presse, les partenaires...

Les premiers camions arriveront dans la soirée du dimanche 7 juillet en provenance de Troyes, où 130 logisticiens de la société XPO auront démonté les structures de départ de l'étape, notamment le Village du Tour (4 000 m²), durant plus de quatre heures, pour les remonter dans la nuit à Orléans, sous la direction d'un régisseur événementiel. Ce travail harassant se répète pendant trois semaines. Le lundi 8 juillet, les manutentionnaires bénéficieront, comme les coureurs, de leur premier jour de repos depuis le Grand Départ de Florence. Le lendemain, ils renouvelleront l'opération : début du démontage quinze minutes après le départ de l'étape et remontage 250 kilomètres plus loin, à Évaux-les-Bains, dans la Creuse, pour un autre départ, vingt-quatre heures plus tard.

LA CATHÉDRALE, LA STATUE DE JEANNE D'ARC, LA LOIRE...

Très tôt le jour J, après la sécurisation du site par des CRS et son inspection par deux équipes cynophiles, le périmètre des installations est transformé en forteresse. Sa surveillance revient à une quarantaine d'éléments des forces de l'ordre et une cinquantaine d'agents de sécurité.

Serge **GROUARD**, maire d'Orléans

« Un peu partout dans la rue, on a des retours sympas de la présence du Tour. »

Peu après le départ, à 13 h 05 précises, les coureurs passeront devant la cathédrale Sainte-Croix, l'hôtel Groslot, hôtel particulier du XVIe siècle ; et, naturellement, devant la statue de Jeanne d'Arc. Serge Grouard imagine déjà les lieux les plus emblématiques que sa ville montrera à des dizaines de millions de téléspectateurs dans le monde : « La cathédrale plein pot. Quand la caméra descend, on voit Jeanne d'Arc puis la Loire, se projette-t-il. C'est important qu'on aperçoive la Loire, le passage du pont George-V et que notre Co'Met (une Arena de 10 000 places inaugurée en 2023) soit valorisé... »

France Télévisions décide. La chaîne publique retransmet l'intégralité de l'étape, cependant la diffusion de messages publicitaires (d'une durée d'environ cinq minutes) est fréquente au moment du départ. La municipalité va envoyer au réalisateur Anthony Forestier les points GPS des endroits remarquables qu'elle souhaite voir apparaître à l'écran, et si une page publicitaire est programmée au même moment, ils seront diffusés en léger différé.

En mairie, la réunion a duré deux heures et demie. La nuit est tombée. À la « frontale », Yannick Goasduff, Antoine Blanc, le directeur des sports et son référent Loïc Bercegeay se mêlent au flux des véhicules pour repérer des zones excentrées du cœur du Tour, ses poumons en quelque sorte. En périphérie, un terrain d'environ 8 000 m² a été choisi afin de permettre le stationnement des bus-couchettes et des camions-douches des logisticiens. Les quais de Loire seront privatisés pour les 180 véhicules de la caravane publicitaire (350 places de parking). En début de matinée, l'imposante colonne sera réapprovisionnée en objets cadeaux par des semi-remorques ravitailleurs, avant de gagner la ligne de départ, la franchir à partir de 11 heures, sans s'y arrêter, en respectant un timing extrêmement précis sur la base de cadences calculées à l'avance. Dès que les coureurs se seront éloignés, le démontage commencera, puis les balayeuses entreront en action pour faire place nette, dès le lendemain, au passage la flamme olympique ! « À Orléans, on va vivre trois jours d'événements non-stop », se réjouit son maire.

Le public est nombreux dans les rues d'Orléans au départ de la 10e étape.

Yannick **GOASDUFF**, chargé de l'organisation des départs

« J'ai pris un plan pour découvrir la ville comme un touriste, candide, imaginer des rues et des boulevards transformés en parkings, voir toutes les pièces du puzzle. »

PIERRE ROLLAND,
coureur ambassadeur

Pour la venue du Tour de France, la ville d'Orléans a nommé comme ambassadeur l'un de ses plus grands sportifs : initié au cyclisme dans le club local du Cercle Gambetta, Pierre Rolland a participé à treize reprises à la Grande Boucle.

Ses deux victoires prestigieuses en montagne, à l'Alpe d'Huez en 2011 et à La Toussuire en 2012, ont largement contribué à la popularité de ce grimpeur porté vers l'offensive (les exclamations des commentateurs « Attaque de Pierre Rolland ! » résonnent encore dans la tête des téléspectateurs). Le trentenaire ne s'est pas éloigné de son milieu puisqu'il est consultant pour la chaîne *L'Équipe* et employé par un sponsor pendant le Tour de France. « On a demandé à Pierre un coup de main, d'apporter ses idées. Peut-être des choses que l'on ne sait pas, que l'on n'appréhende pas... » raconte le maire Serge Grouard.

Retiré des pelotons depuis 2023, l'ex-cycliste a établi l'itinéraire du défilé des coureurs entre le départ fictif, situé à proximité de la cathédrale, et le départ réel, dans la commune voisine d'Olivet, au-delà de la Loire. Marqué par son passage à l'intérieur même du Grand Palais, à Paris, à l'arrivée du Tour en 2017, il imagine une traversée du Co'Met, Arena flambant neuve (notamment utilisée par l'équipe de basket, pour des concerts aussi) où le public prendrait place. Les loges seraient réservées à des chefs d'entreprises qui sont très nombreuses dans le bassin orléanais.

L'idée est finalement abandonnée car l'un des deux accès à la salle (l'entrée du public) n'est pas uffisamment large pour laisser passer les véhicules. Pierre Rolland n'est pas en panne d'idées. Il propose d'affréter un tram spécial avec une centaine de VIP à bord, circulant à la hauteur des coureurs, jusqu'à la sortie de l'agglomération.

VILLE D'ARRIVÉE

La préparation de Saint-Amand-Montrond
À Saint-Amand-Montrond, le responsable de l'organisation explique la nécessité d'établir le parking des équipes à proximité de l'arrivée de la 10e étape.

Imaginez-vous les vestiaires du PSG de l'autre côté du périph ?

Nous sommes le 11 décembre 2023, un lundi et il pleut. C'est le cas presque tous les jours, à la fin de cet automne, dans le Berry, où le niveau du canal éponyme contournant Saint-Amand-Montrond dément les épisodes successifs de sécheresse. Dans sept mois, le 9 juillet 2024, la ville du Cher accueillera l'arrivée de la 10e étape du Tour de France. Stéphane Boury a toujours avec lui « [son] parapluie de berger offert par le maire de Laruns », le village pyrénéen qui a reçu l'épreuve en 2020 et 2023. Le responsable des arrivées d'étapes chez Amaury Sport Organisation (A.S.O.) est venu à la rencontre des élus et des responsables des services municipaux, pour finaliser le choix du site et de ses accès. C'est sa troisième visite dans la sous-préfecture du Cher (10 000 habitants).

Depuis 2015 qu'il occupe cette fonction, sa tâche est toujours plus difficile face à l'augmentation exponentielle de l'aménagement urbain. C'est le cas de Saint-Vulbas, une petite commune de l'Ain (arrivée de la 5e étape), où la sécurité des coureurs impose la suppression d'un îlot directionnel. La traversée de Saint-Amand-Montrond ne pose pas de problèmes particuliers. Aucun ralentisseur à supprimer, pas même un trottoir à rogner… Il y a une seule opération à réaliser sur une distance de 4 kilomètres (une bonne nouvelle aussi pour les automobilistes locaux lorsque le Tour sera parti). « Il faut absolument remettre au niveau de la chaussée les tampons d'égouts, on voit que c'est une route très fréquentée par les camions et les engins agricoles », constate Stéphane Boury. De menus travaux, mais aussi un petit casse-tête car ces tampons sont, pour l'un, propriété de la Ville, pour l'autre du Département, ou encore de la bommunauté de communes, d'un gestionnaire des eaux et d'un opérateur de fibre optique !

Le lac de Virlay, à Saint-Amand-Montrond, est ouvert à la pratique des sports nautiques.

Jasper Philipsen (maillot bleu, à l'extrême gauche) est le sprinteur le plus rapide du lot dans la dernière ligne droite, à Saint-Amand-Montrond. Le Belge est « flashé » à 72 km/h dans les 50 derniers mètres.

Le repère de l'expert d'A.S.O. pour établir la ligne d'arrivée dans la rue Pelletier-Doisy est une bouche d'incendie. Lors d'une première visite, il avait déterminé l'endroit où sera installé le podium protocolaire, devant l'enseigne E. Leclerc. « L'accès au magasin sera limité le matin et interdit l'après-midi. En compensation des désagréments, les véhicules de l'organisation se ravitailleront en carburant dans la station-service. Le parking des équipes est également près du magasin. Les bus doivent être les plus proches possible de la ligne d'arrivée. Les coureurs du Tour sont les meilleurs dans leur sport et ce sont leurs vestiaires. Imaginez-vous les vestiaires du PSG de l'autre côté du périph ? »

« CASSER » LA VITESSE DES SPRINTEURS

La zone technique s'étendra sur un terrain herbeux. « Il faudra l'aplanir et boucher les fossés sur six mètres de large pour que les camions puissent y accéder », demande Stéphane Boury. Là encore, un moindre mal. Lors de la 1re étape du Tour 2021, à Landerneau (Finistère), le stationnement des poids lourds sur un terrain agricole, meuble, était conditionné par la pose de plaques. Coût de la location : environ 70 000 €.

Il faut un œil aiguisé pour relever les possibilités et les contraintes des lieux et visualiser sa transformation estivale lorsque le Tour de France aura pris possession de la ville. Par exemple, cette tribune que les logisticiens construiront devant le magasin de matériel de motoculture, Cloué Équipement. Le propriétaire donne son autorisation d'empiéter la cour de l'établissement pour permettre au public de contourner la tribune.

L'hypothèse d'un sprint massif est très forte. « Ce qui est bien, fait observer Stéphane Boury, ce sont ces deux virages, l'un à gauche, l'autre à droite, à 600 et 500 mètres de la ligne, qui vont ralentir les coureurs. Nous essayons toujours de limiter la vitesse. »

À Saint-Amand-Montrond, où Stéphane Boury retrouve Franck Alaphilippe, l'entraîneur de Julian Alaphilippe, les deux hommes échangent autour du thème : « Les vélos sont-ils faits pour aller si vite ? » Personne n'a la réponse.

3

Dans l'histoire du Tour de France, **seules trois villes du Cher** ont été villes-étapes du Tour de France : Bourges, la préfecture (un départ en 1973), les sous-préfectures Saint-Amand-Montrond (quatre arrivées en 2001, 2008, 2013, 2024) et Vierzon (un départ en 2021).

7 KILOMÈTRES DE BARRIÈRES

Pour éviter le débordement des spectateurs sur la chaussée et afin de rendre visibles les sponsors, un barriérage est établi sur les deux derniers kilomètres du parcours, de chaque côté de la route. Il est de 300 mètres, au minimum, au-delà de la ligne d'arrivée. La protection du parking des équipes nécessite **2 000 mètres de barrières** et celle de la zone technique 1000 mètres.

PLUS DE 1000 PLACES DE STATIONNEMENT

UN GENDARME TOUS LES 25 MÈTRES

Dans les 450 derniers mètres du parcours, un gendarme est placé tous les **25 mètres**. Un demi-escadron d'une quarantaine de gendarmes mobiles fidélisés au Tour de France a pour mission la surveillance et le maintien du public en dehors des zones délimitées par un barriérage. Ils sont épaulés par une soixantaine d'agents de sécurité pour doubler certains postes comme les accès. Le service d'ordre départemental de la gendarmerie engage également des moyens.

SAINT-AMAND-MONTROND
cité de l'or et du vélo

La petite ville de Saint-Amand-Montrond accueille pour la quatrième fois le Tour de France au XXIe siècle.

Un coureur cycliste professionnel parcourt environ 30 000 kilomètres par an. Mais, en compétition, il n'a que très rarement – parfois jamais – l'occasion de vivre l'arrivée d'une étape du Tour de France dans sa ville natale. Julian Alaphilippe ne connaîtra sans doute jamais cette joie à Saint-Amand-Montrond. En 2013, lors de la dernière halte de la course, il était ce jeune coureur très prometteur dans l'antichambre de l'équipe Quick-Step. En 2024, cet ancien Maillot Jaune dispute le Tour d'Italie et les Jeux olympiques à la place du Tour de France. Sans lui, le peloton sillonnera la route Jacques-Cœur en passant devant le château de Meillant et l'abbaye de Noirlac, deux fleurons du Berry.

En traversant la petite commune de Bruère-Allichamps, les coureurs rouleront sans doute trop vite pour apercevoir, en plein milieu d'un carrefour, une petite colonne de pierres surmontée d'un drapeau tricolore décrétant que nous sommes exactement au centre (géométrique) de la France, position également revendiquée par des communes voisines.

Julian Alaphilippe a grandi à quelques dizaines de mètres seulement du petit stade-vélodrome auquel le pôle d'entraînement cycliste est adossé. Cette structure, qui forme des jeunes coureurs de la région, dirigée par son cousin et entraîneur Franck Alaphilippe, porte son nom. Bien avant l'avènement de son champion et citoyen d'honneur, Saint-Amand-Montrond était une ville de cyclisme. Sous l'égide de son ancien maire et vice-président du Sénat Serge Vinçon, passionné par ce sport, elle a accueilli le Tour de France pour la première fois en 2001 ; d'autres courses aussi comme Paris-Nice, Paris-Corrèze, le Tour de l'Avenir et le Trophée d'or féminin. Le Tour y est revenu en 2008 avec, à nouveau, un contre-la-montre.

Puis en 2013 avec un vainqueur prestigieux, Mark Cavendish, au terme d'une étape spectaculaire du fait d'un vent violent. Aux souvenirs impérissables s'ajoute un bilan économique dont la ville se félicite encore aujourd'hui avec un rapport de 5,55 € engrangés pour 1 € dépensé.

Saint-Amand-Montrond fut autrefois le troisième pôle producteur de bijoux après Paris et Lyon. Dans les années 1970, on dénombrait près de 800 ateliers de

Julian Alaphilippe devant le centre de formation cycliste de Saint-Amand-Montrond, sa ville natale, qui porte le nom du grand animateur du Tour 2019.

bijoutiers et de joailliers ! D'une hauteur de 34 mètres, la pyramide de la Cité de l'or, une salle de spectacles, en était le symbole. Une époque révolue. On ne travaille plus le plus précieux des métaux. L'édifice de verre et d'acier a même changé de nom : la pyramide des métiers d'arts. L'arrivée est située à 200 mètres de là. « Nous avons à cœur de faire rayonner Saint-Amand-Montrond à l'international et d'offrir à la ville toute la notoriété qu'elle mérite », souligne son maire Emmanuel Riotte. En la mettant à l'honneur pour la quatrième fois, au XXIe siècle, le Tour lui fait resurgir à la capitale du Boischaut son riche passé. Malgré l'absence de son *golden boy*...

PRÉVISION DE RÉTRO-PLANNING

Le timing de mise en place de l'épreuve entre J-1 et J à Saint-Amand-Montrond, est millimétré.

Il commence à 15 heures à J-1 avec la mise en place du fléchage pour les véhicules du Tour et se termine à 22 heures, le lendemain, après l'effacement des inscriptions et collecte des déchets.

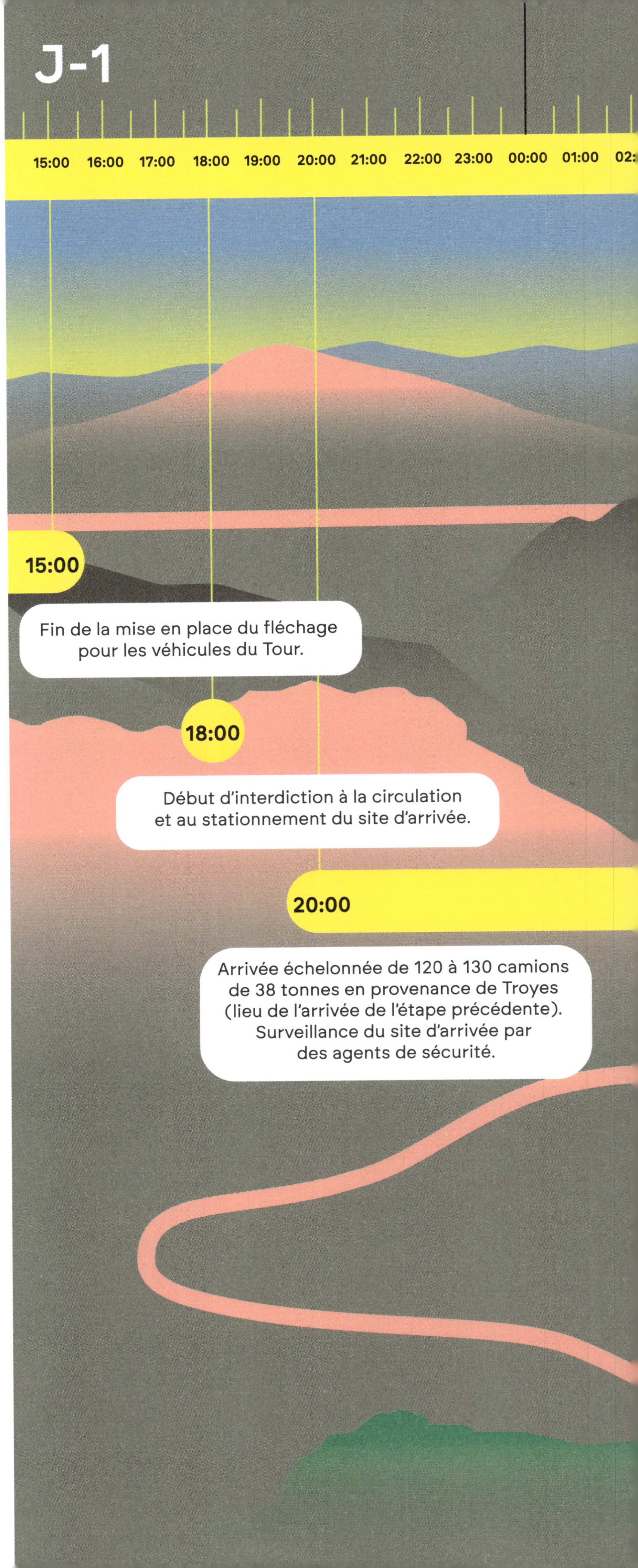

JOUR-J

:00 04:00 05:00 06:00 07:00 08:00 09:00 10:00 11:00 12:00 13:00 14:00 15:00 16:00 17:00 18:00 19:00 20:00 21:00 22:00

06:00 08:00
Installation des infrastructures de l'arrivée.

07:00
Mise en place de la zone d'animations.

08:00
Installation de l'écran géant.

09:00
Mise en place des gendarmes.

04:00

09:00
Installation de l'arche du dernier kilomètre.

10:00
Réunion avec les services communaux, préfectoraux, les membres de l'organisation, les officiers de la Mission Police et de la Garde républicaine.

13:00
Mise en place de la totalité des effectifs.

16:30
Arrivée de la caravane publicitaire.

17:30
Arrivée des coureurs.

18:00
Démontage des infrastructures.

19:00 21:30
Fin des opérations de surveillance et de mise en sécurité par la gendarmerie.

21:00
Effacement de la ligne d'arrivée et des inscriptions au sol, collecte sélective, ramassage des déchets, nettoyage.

COLLECTIVITÉS locales

Les retombées économiques

Pour les collectivités locales qui l'accueillent, le Tour de France constitue un formidable vecteur de communication et des retombées assurées pour l'économie locale et le tourisme.

Accueillir le Tour de France dans sa commune, quel maire n'en a pas rêvé ? Lorsqu'un élu reçoit l'appel téléphonique de Christian Prudhomme lui annonçant la grande nouvelle, c'est Noël avant l'heure !

Depuis plusieurs années, les villes ne sont plus seules à candidater pour un départ ou une arrivée d'étape. Les communautés de communes, les départements et les régions sont entrés dans la Grande Boucle pour apporter une vision plus globale de la valorisation et de l'économie des territoires.

« C'est du haut du puy Mary que le Cantal brillera ! » En 2020, le message du département auvergnat associait un symbole patrimonial au passage du Tour. L'épreuve y revient en 2024, avec une halte au Lioran (11e étape) et, le lendemain, un départ à Aurillac (12e étape). « Comme j'ai l'habitude de le dire, le Cantal est candidat pour accueillir le Tour de France en permanence », rappelle dans *La Montagne* Bruno Faure (LR), président du conseil départemental, qui adhère à la formule de Christian Prudhomme, le directeur de l'épreuve, selon lequel « le Tour de France est la plus belle bande-annonce du tourisme ».

Cantal rime avec rural. C'est l'un des départements les moins peuplés de France, classé au 96e rang national (145 000 habitants), un lieu idéal pour des vacances vertes. « Cela va permettre de démarrer la saison estivale sous les meilleurs auspices. Les hôtels seront pleins. C'est une gigantesque promotion puisqu'on aura des images à la télévision, se félicite Bruno Faure. Ça peut favoriser la venue d'une clientèle sur le long terme : quand on discute avec les hôteliers, ils nous disent que cinq, six ans après, des gens viennent parce qu'ils se souviennent d'avoir vu une étape. »

Dans le centre de la France, Saint-Amand-Montrond, qui reçoit la Grande Boucle en 2024 (onze ans après sa venue), n'est pas une destination touristique. Cependant, le Tour est une bonne affaire pour bénéficier d'un effet économique immédiat : une étude de l'Agence de développement du tourisme et territoires du Cher chiffrait les retombées pour les commerçants à 544 000 €, en 2013.

Bruno **FAURE**,
président du département

« Le Cantal est candidat pour accueillir le Tour de France en permanence. »

↑ Coup de projecteur sur le lac de Paladru, lac naturel des Terres froides, en Isère.

↘ Après le village d'Autoire, magnifique village de France dans le causse de Gramat, le peloton traverse un autre « monument », Rocamadour.

POUR LE TOUR, LA CÔTE-D'OR REFAIT SES ROUTES

Carole Delga (PS), présidente de la Région Occitanie, se réjouit, dans *L'Opinion indépendante*, de la présence du Tour sur quatre étapes sur cet immense territoire qui s'étend des Pyrénées à la mer méditerranéenne, à Saint-Lary-Soulan, Loudenvielle (Hautes-Pyrénées), au plateau de Beille (Ariège), à Gruissan (Aude) et à Nîmes (Gard). « Nos montagnes joueront une fois encore les juges de paix, pour le plaisir des passionnés comme des amateurs, des amoureux de notre région comme des visiteurs venus des quatre coins du monde et qui la découvriront à cette occasion. Ce sont aussi des retombées économiques et sociales directes, une formidable vitrine pour l'Occitanie. »

Trois jours dans un même département, c'est rare. François Sauvadet (UDI), le président de la Côte-d'Or, imagine « une mise en lumière exceptionnelle de nos climats et notre vignoble classés au patrimoine mondial de l'Unesco ». Et pour que le rendu soit impeccable, en plus des 550 000 € déjà dépensés, le Département débourse 1,5 million d'euros pour refaire une beauté à ses routes.

Au ticket d'entrée s'ajoutent des coûts liés à des travaux de voirie, à la mise en place d'animations, la location de matériel, la forte mobilisation du personnel communal... Pour une arrivée et un départ à Pau, en 2024, la communauté d'agglomération Pau Béarn Pyrénées dépense 220 000 €. Le Tour passe pour la 75e fois dans la cité béarnaise, seule ville de France possédant une déléguée permanente pour les relations avec A.S.O., la députée Josy Poueyto (MoDem).

La municipalité de Saint-Vulbas, dans l'Ain, a accepté de supprimer trois îlots directionnels et deux ronds-points pour la sécurité des coureurs à l'arrivée de la 5e étape. Le coût des travaux a été supporté par la communauté de communes de la Plaine de l'Ain. « Ça vaudrait même plus. Il y en

a qui attendent pendant vingt ans », estime, sur France Info, le maire Marcel Jacquin (SE). Cette petite commune (1 250 habitants) est l'une des plus riches de France grâce aux importantes rentrées financières liées à la présence du parc industriel de la plaine de l'Ain.

« Le Tour de France est un mythe. Être ville-étape, ça n'a pas de prix », estime Serge Grouard (DVD), maire d'Orléans. L'ancien premier magistrat de Villeneuve-sur-Lot, Michel Gonelle (UMP), dont la ville a déjà reçu le Tour en 1996 et 2000, confirme dans *Sud-Ouest* : « C'est une bonne affaire. » Sur le site Actu Lot, Christophe Proença, président de Lot Tourisme, raconte : « L'exposition médiatique de 2022 (avec notamment un contre-la-montre s'achevant dans le site touristique de Rocamadour) a eu des retombées sur la fréquentation du printemps 2023, nul doute que l'édition 2024 bénéficiera elle aussi au territoire. »

En 2019, Albi (52 000 habitants) a été particulièrement gâtée avec une arrivée et un départ, séparés

Michel **FRANQUES**, maire-adjoint d'Albi

« Le Tour est un investissement, pas une dépense. »

Au-dessus du Tarn, le Pont-Vieux (XIe siècle) fait la fierté des Albigeois.

Le parcours contre la montre de la 7e étape du Tour 2024 emprunte la route des grands crus, en Bourgogne. Ce « chrono » est également d'un grand cru pour son vainqueur, Remco Evenepoel.

Les territoires financeurs des Grand Départs

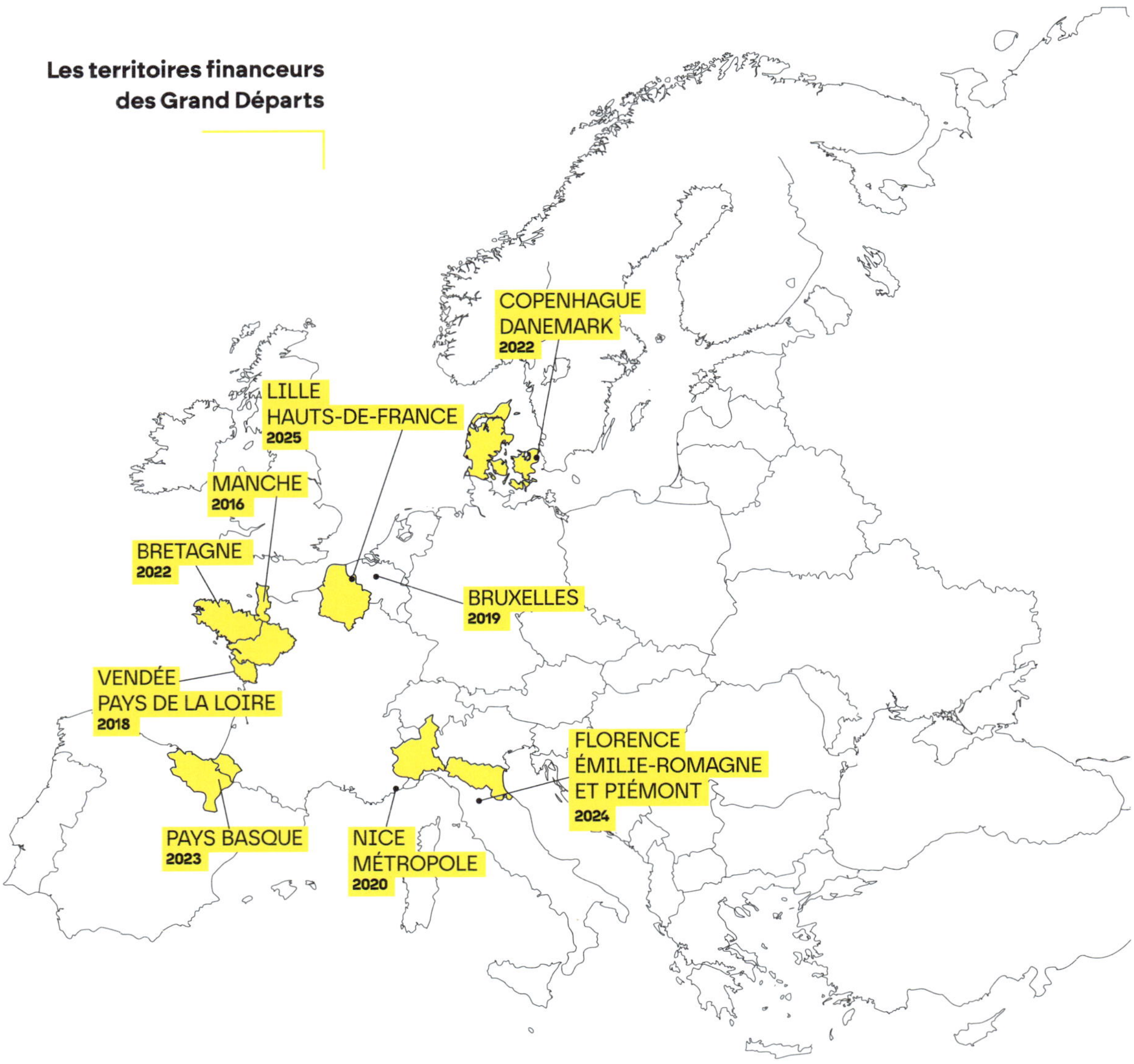

par un jour de repos pour les coureurs, soit deux nuitées au bénéfice des hôtels et des restaurants de la préfecture du Tarn. Le budget de la ville s'établissait très précisément à 502 000 €. Les recettes ont atteint 1,548 million d'euros. L'événement a rapporté trois fois plus d'argent qu'il en a coûté, ce qui fait dire à Michel Franques (LR), premier adjoint au maire, délégué à la prospective, aux sports, à la promotion de la ville et à l'événementiel : « Le Tour est un investissement, pas une dépense. »

Avant d'être la ville du Grand Départ en 2025, Lille a été au départ d'une « simple » étape en 2022. Un succès fou selon les chiffres rapportés par *La Voix du Nord* : 224 200 spectateurs, dont 34 000 excursionnistes (parmi lesquels de nombreux Belges) pour la journée, et 24 000 touristes qui y ont dormi. Ces deux catégories de visiteurs ont déboursé au total 3,4 millions d'euros dans la capitale des Flandres.

LA CREUSE SE SENT MOINS OUBLIÉE

« Si on ne pensait qu'au sport, on garderait toujours les mêmes routes. Mais le Tour, c'est autre chose, appuie Christian Prudhomme. Par exemple, des élus de la Creuse, tous bords politiques confondus, sont venus il y a quelques années me voir dans mon bureau, et m'ont dit : "Cela fait onze ans que le Tour n'est même pas passé par chez nous." Cela m'a fait bizarre. »

En 111 éditions, ce département rural, qui nourrit souvent le sentiment d'être oublié, a accueilli l'épreuve à deux reprises seulement : une arrivée à Guéret en 2004, un départ à Évaux-les-Bains, en 2024. La petite station thermale, la communauté de communes Creuse Confluences et le Département ont investi 90 000 €. « Nous attendions d'avoir cette lumière sur notre département et ses paysages pour lui redonner de la notoriété, en faire parler », se réjouit Valérie Simonet, la présidente départementale au micro de France Bleu.

Le journal *La Montagne* ne partage pas son optimisme : « Un départ ne bénéficie pas du tout de la même couverture médiatique qu'une arrivée (au Lioran, dans le Cantal). Dommage pour une Creuse qui mise tant sur la communication. » Le journal relève également que le parcours en Creuse représente une poignée de kilomètres seulement et qu'en raison d'une capacité hôtelière insuffisante, elle n'accueillera « qu'une infime partie des 4000 nuitées, essentiellement captées par Montluçon (Allier) tout proche ».

En dehors de juillet, le Tour de France demeure une matière vivante. Pour nouer et entretenir des relations, Christian Prudhomme échange avec des élus tout au long de l'année. « Lors des Assises des départements (en novembre 2023, à Strasbourg), en quelques heures, j'ai parlé avec 35 présidents de départements », les a-t-il comptés. Quelques jours plus tard, il a retrouvé les maires à leur congrès annuel, à Paris. Durant le Salon de l'agriculture, en février 2024, il s'est rendu sur les stands des départements de l'Ariège, l'Ain, l'Ardèche, la Saône-et-Loire et la Creuse. « Des coureurs, il y en aura toujours. Mais il faut des collectivités pour nous accueillir, souligne-t-il. Notre stade, c'est la route, or ce sont les départements qui les entretiennent et nous ne sommes que des locataires. »

Sprint à l'arrivée de la 12e étape à Villeneuve-sur-Lot : l'Érythréen Biniam Girmay (à gauche), porteur du maillot vert, remporte sa troisième victoire.

ALBI 2019

L'impact édifiant du Tour

Lors du passage du Tour de France, à Albi les 15, 16 et 17 juillet 2019, une étude d'impact territorial a été confiée à une étudiante pour déterminer ses retombées (économiques, sociales, touristiques et médiatiques). Le résultat final est de 8,58 € de retombées pour 1 € investi. L'enquête de terrain a été menée en amont de l'événement afin d'avoir des résultats concrets sur les apports du Tour de France pour le territoire albigeois.

L'impact économique primaire

Mesurer l'impact économique primaire, c'est mesurer le surplus d'activité économique directement imputable aux trois jours du passage du Tour de France à Albi. L'impact économique est instantané, mais aussi à moyen et long terme. Il est calculé par rapport aux dépenses en hébergement, en restauration et autres dépenses (visites, bars, souvenirs, loisirs, carburant, commerces alimentaires…). Pour Albi, il s'élève à 3,08 € par euro investi.

L'impact social

L'impact social se mesure à partir de plusieurs critères comme la fréquentation de l'événement, le bénévolat, l'implication des associations et des jeunes citoyens. Le passage de l'épreuve dans la ville a participé à l'intégration des jeunes avec la participation de 43 jeunes citoyens. Issus d'associations sportives albigeoises, une soixantaine de signaleurs bénévoles ont aussi été mobilisés. Douze associations sportives ont participé aux animations pour une satisfaction maximale.

L'impact touristique

Cet impact a pour but de déterminer les profils des « visiteurs » du Tour de France. Les étrangers représentaient près de 20 % du public et étaient plus nombreux que les années passées. Ils ont consommé plus que les Français. En bonus, la fréquentation du musée Toulouse-Lautrec qui a augmenté de 2300 visiteurs en août 2019, par rapport à août 2018.

L'impact médiatique

Les retombées médiatiques ont été importantes en termes d'équivalents publicitaires et d'audiences ainsi que sur l'image associée d'Albi. Au niveau national uniquement, les retombées médiatiques, ont rapporté neuf fois plus que l'investissement initial de la Ville d'Albi. Au total, Les retombées médiatiques de la presse locale et nationale sont valorisées à 2,761 millions d'euros. La présence du Tour de France a sensiblement augmenté le flux des réseaux sociaux, sur Facebook notamment, et a intensifié les visites des sites Internet de la ville et de l'office du tourisme.

IMPACT ÉCONOMIQUE

Il s'élève à 3 € pour 1 € investi dans le cas d'Albi.

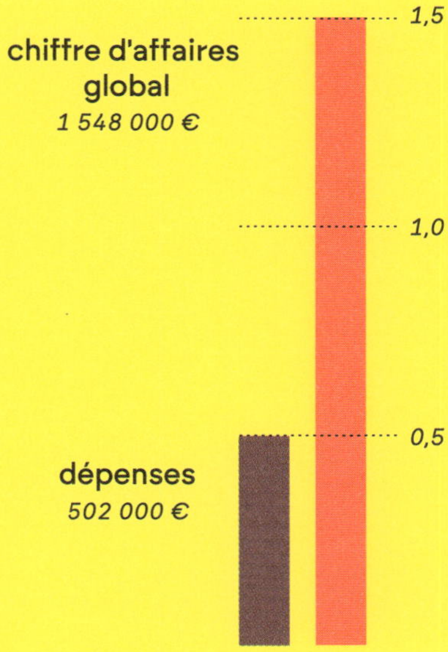

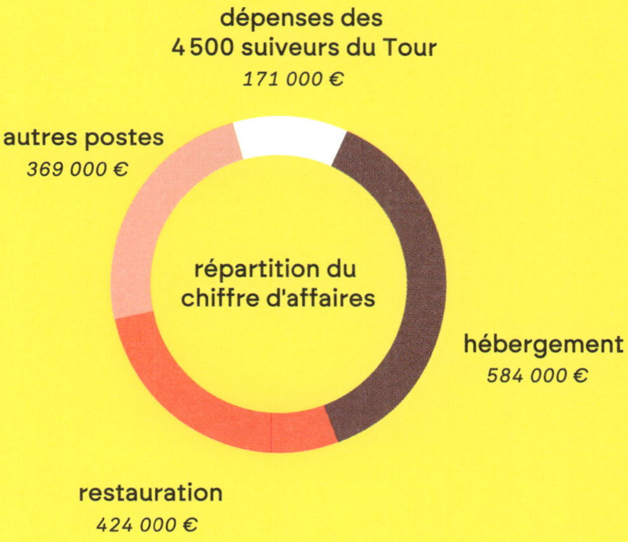

PROFIL DES VISITEURS

Les visiteurs du Tour sont majoritairement masculins, et leur profil socio-économique très varié.

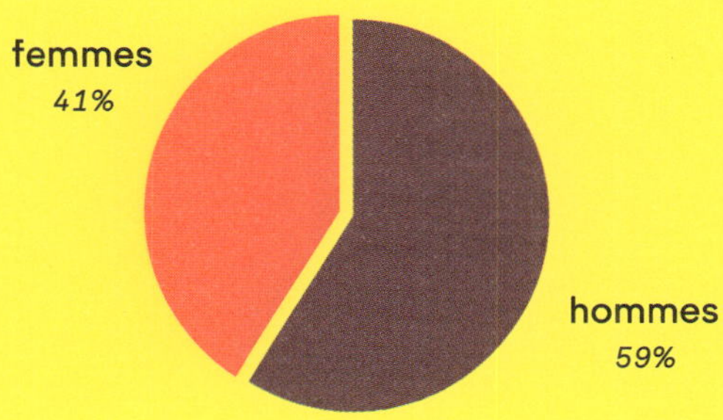

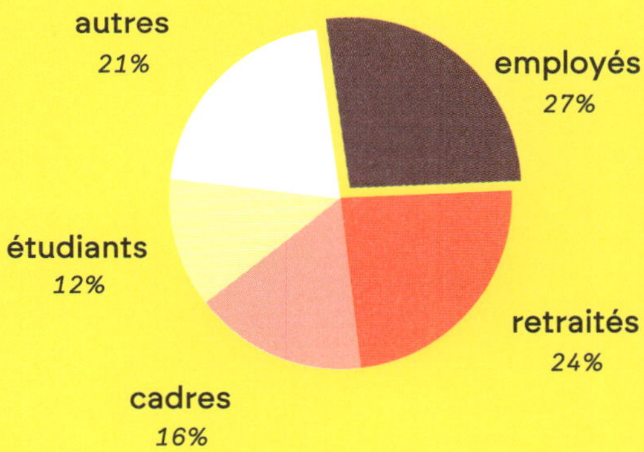

RETOMBÉES MÉDIATIQUES

2,7 millions d'euros, c'est la valeur des retombées de la presse locale et nationale pour Albi !

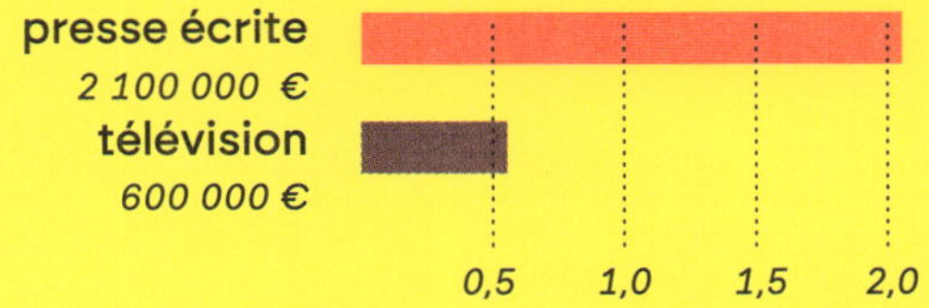

GRAND DÉPART

Le succès de Bilbao 2023

Le Grand Départ de l'édition 2023 en Espagne a rapporté 103,9 millions d'euros à l'économie du Pays basque ! Bien plus que le budget consacré à l'accueil du Tour de France.

Le Grand Départ au Pays basque en 2023, décliné en trois étapes et pour lequel la présence du Tour de France s'étend sur presque une semaine, a fait l'objet d'un rapport analytique d'évaluation très détaillé de la part du groupe de consulting Ikertalde en s'appuyant sur une méthodologie multiple.

Les thèmes traités, dont nous publions les principaux extraits, sont notamment l'impact social de l'événement au Pays basque et sur la société basque, le suivi et les audiences médiatiques, l'impact économique, l'héritage, le renforcement du tissu entrepreneurial et de la promotion touristique…

L'analyse de l'opinion publique donne une conclusion claire : l'enthousiasme, la joie et la fierté ont été portés à la population. Le sentiment d'intégration et de participation collectives s'est également accru. Le rapport conclut que le Tour aura un effet constructif sur des objectifs tels que le changement de la mobilité, le remplacement des transports privés par les transports publics ou la promotion de l'utilisation du vélo. Tout indique également que le Grand Départ contribuera à renforcer et à perfectionner le travail interinstitutionnel, les relations de la société civile avec ces institutions, la promotion touristique et la position du Pays basque comme hôte attractif des grands événements.

L'enthousiasme, la joie et la fierté portent l'opinion publique en faveur du Tour

L'IMPACT SOCIAL

L'accueil du Tour de France a reçu l'adhésion de 92 % de la population basque. Le Tour est plus qu'un spectacle sportif, et ainsi le Grand Départ est largement compris par les citoyens : 91 % pensent que le Pays basque a été placé au centre de l'actualité pendant quelques jours. Pour 90 % d'entre eux, l'image d'une société prête à attirer de grands événements a été projetée et 72 % estiment que le Pays basque s'est mieux positionné pour faire des affaires. Mais au-delà de l'activation de l'image du Pays basque et d'un meilleur positionnement économique, la citoyenneté associe aussi d'autres retombées positives à l'événement : une approche plus large et plus rapide du sport et de la vie saine (72 %), une amélioration du positionnement du Pays basque comme destination touristique (92 %).

Bilbao, avec son célèbre musée Guggenheim, offre une perspective de choix pour lancer le Grand Départ de l'édition 2023.

Les habitants de Lekeitio, au Pays basque, regardent passer le peloton.

Le Tour est plus qu'un spectacle sportif

L'événement a répondu aux attentes de 75 % de la population et a conduit à un sentiment de fierté généralisée (80 %). Cet événement inclusif a généré de grands moments de joie pour près de 85 % de la société basque.

LE PUBLIC

La présentation des équipes et les trois premières étapes ont attiré 882 000 personnes : 645 000 habitants de la région, 237 000 du reste de l'Espagne et de l'étranger (notamment des départements français les plus proches comme les Pyrénées-Atlantiques, les Hautes-Pyrénées, les Landes…). À ces chiffres s'ajoutent 106 000 entrées du *fan park* situé à Bilbao. Ainsi, le Grand Départ a bénéficié d'une participation conjointe à ses événements principaux de près d'un million de personnes.

En détail… Présentation des équipes à Bilbao : 45 000 ; *fan park* à Bilbao : 106 000 ; Grand Départ : 882 000 ; 1re étape, Bilbao-Bilbao : 364 000 ; 2e étape, Vitoria-Gasteiz–Saint-Sébastien : 294 000 ; 3e étape : Amorebieta-Etxano–Bayonne : 1 179 000 (ce chiffre correspond au parcours entre le départ et la frontière avec la France).

LES MÉDIAS

On dénombre 4,1 millions de téléspectateurs espagnols cumulés sur les trois étapes du Grand Départ : 1,423 million, 1,404 million et 1,274 million.

La Radio-Télévision basque a eu une audience cumulée de plus de 600 000 personnes (sur 2,2 millions d'habitants) au cours de ces trois journées.

Le Grand Départ est apparu dans près de 18 000 publications de presse, dont 88 % dans la période principale, entre la présentation des équipes et la 3e étape. La contre-valeur économique potentiellement équivalente générée par cette audience est de 115 millions d'euros.

Le site letour.euskadi.eus a accueilli 291 000 utilisateurs, divisés entre Espagnols et étrangers, pour 420 000 sessions. X (anciennement Twitter) a enregistré 7 400 abonnés et plus de 7,4 millions d'impressions. Avec plus de 500 publications de l'organisation, le nombre de pages Facebook lues a atteint le nombre de 765 000. Sur Instagram la portée est d'environ 1 million, et 574 publications. Sur YouTube, les 72 vidéos ont atteint 777 000 vues.

L'IMPACT ÉCONOMIQUE

L'événement a généré une production totale de 103,9 millions d'euros dans le Pays basque. Ce chiffre représente 8,5 fois le budget du comité d'organisation (12,2 M€).

La production de 103,9 millions d'euros est fournie par 16,9 millions d'euros pour l'impact de l'activité organisationnelle, 53,8 millions d'euros pour l'impact lié à l'activité et les dépenses mobilisées pour la participation à l'événement (dont 24,5 M€ pour le tourisme) et 33,3 millions d'euros induits par les étapes successives de la chaîne de production. L'Administration a récupéré 19,5 millions d'euros *via* les impôts nets sur la production, sur les sociétés…

Les entreprises basques ont représenté 92 % de l'ensemble des sociétés sous contrat (4,2 M€) à travers l'achat de services par Amaury Sport Organisation et de sponsors du Tour.

GRAND DÉPART

Lille 2025

Après trois Grands Départs consécutifs à l'étranger, le Tour s'élancera des Hauts-de-France et de Lille, la capitale des Flandres, en 2025.

Le 30 novembre 2023, le programme du Grand Départ du Tour de France 2025 intitulé « Grand Départ Lille-Nord de France », est dévoilé dans les salons de la préfecture du Nord, à Lille, par Christian Prudhomme, directeur du Cyclisme chez Amaury Sport Organisation (A.S.O.). Trois étapes se dérouleront du 5 au 7 juillet dans les Hauts-de-France : la première est intitulée Lille métropole (185 km), la seconde reliera la commune de Lauwin-Planque, dans le Douaisis, à Boulogne-sur-Mer, par les monts des Flandres (209 km). Durant la troisième, les coureurs iront de Valenciennes à Dunkerque (172 km). Le principal contributeur étant la Région, la quatrième étape partira d'Amiens, en Picardie, direction la Normandie. Pas de pavés au programme. Les organisateurs n'ont pas voulu prendre le risque de voir de grands favoris perdre gros, si tôt dans la course, dans le cas d'une chute et d'un incident mécanique sur ces chemins du hasard.

Justement, c'est au centre du vélodrome de Roubaix où s'achevait la « Reine des classiques », le 9 avril 2023, que Christian Prudhomme posa la question définitive – la question de confiance – à Xavier Bertrand, le président du conseil régional : « Avez-vous toujours envie d'un Grand Départ ? » Avec la Région, le Département du Nord et la Métropole européenne de Lille s'étaient portés candidats. Ce dimanche-là, des poignées de mains entérinèrent l'accord.

Rapatrier le Tour de France était une évidence après trois envols consécutifs depuis l'étranger (à Copenhague, Bilbao et Florence, en 2022, 2023 et 2024). « Et on ne pouvait revenir que sur une terre qui respire, qui sent le vélo. Nous ne pouvions pas revenir sur une terre qui n'aime pas viscéralement le sport cycliste et le Tour de France », insiste Christian Prudhomme. Celles qui « l'aiment viscéralement » sont, pour lui, « la Bretagne et le Nord, mais comme nous sommes partis de Bretagne en 2021, le choix a été vite tranché ».

Jean-Marie **LEBLANC**,
ancien directeur du Tour

« Je ressens une certaine fierté à ce que le Tour passe chez nous. »

Le Nord a donné au Tour son premier vainqueur : Maurice Garin, originaire de la vallée d'Aoste (francophone), émigre à l'âge de 14 ans. Plus tard, il s'installe à Maubeuge, où il découvre le cyclisme et exerce le métier de ramoneur, d'où son surnom « le Petit Ramoneur » lorsqu'il remporte le premier Tour de France de l'histoire en 1903, deux ans après avoir obtenu la nationalité française. Le Nord, c'est aussi la terre de Jean-Marie Leblanc, directeur du Tour de France entre 1989 et 2006. « Je ressens une certaine fierté à ce que le Tour passe chez nous, réagit-il *via* un message vidéo. Nous ne sommes pas une terre bénie du Tour comme les Alpes et les Pyrénées. Donc on apprécie d'autant plus sa venue. Pendant une semaine, on va parler de la région. »

En 1994, il dirigeait l'épreuve partie du nouveau quartier d'affaires Euralille et de sa gare Lille-Europe au chantier à peine terminé. Trente et un ans plus tard, la capitale des Flandres réunira à nouveau les meilleurs coureurs du monde. La proximité de la Belgique, le pays numéro un du vélo, promet la présence d'une foule considérable au début de l'été 2025.

La maire de Lille, Martine Aubry, est naturellement présente à cette présentation officielle. Moins d'un mois plus tard, le 27 décembre, son père, Jacques Delors, s'éteint. Même à sa tâche, le président de la Commission européenne ne ratait pas une arrivée d'étape à la télévision. Il conservait précieusement un Maillot Jaune que lui avait offert Bernard Hinault, le quintuple vainqueur de la Grande Boucle. Lors de l'hommage national qui lui fut rendu, Emmanuel Macron souligna son amour du Tour de France et, hasard évocateur, rappela qu'« il a dit non au rendez-vous de l'élection présidentielle (de 1995), droit dans les yeux de 12 millions de Français, qui espéraient un oui ». Douze millions, comme le nombre de spectateurs sur les routes du Tour...

Rencontre entre deux directeurs du Tour de France : Christian Prudhomme (depuis 2007) et son prédécesseur Jean-Marie Leblanc (de 1989 à 2006).

LE TOUR 2025
une vitrine pour Lille

Le Grand Départ coûte à la Région des Hauts-de-France, au Département du Nord et à la Métropole européenne de Lille 4,8 millions d'euros, soit 1,4 million pour chacune des trois collectivités, selon Christian Poiret, le président départemental. Le reliquat est versé par les villes de départ et d'arrivée. L'intercommunalité Douaisis Agglo se substitue à la petite commune de Lauwin-Planque (1600 habitants) qui ne pouvait assumer le coût d'un départ d'étape (90000 €).

« Il faudrait dépenser des millions et des millions d'euros pour bénéficier du rayonnement qu'offre le Tour de France, relève Christian Poiret dans *La Voix du Nord*. Rien qu'une campagne comme "Vivez le Nord" avec notamment un affichage dans le métro parisien et un spot sur la météo de France 2, c'est 700000 à 800000 €. »

Dans le quotidien régional, Daniel Fasquelle, président d'Hauts-de-France tourisme et maire du Touquet, se félicite de cette promotion extraordinaire de paysages parfois méconnus et encore trop souvent assimilés à des terres ingrates. « Le mont Cassel, les plaines du Nord, les petits villages et leurs estaminets, nos espaces de nature incroyables, nos plages, nos villes denses et belles, comme Lille et Dunkerque », énumère-t-il. Le film *Dunkerque*, relatant l'évacuation des troupes alliées au début de la Seconde Guerre mondiale, a suscité la curiosité de visiteurs étrangers pour la cité côtière. L'immense succès de la comédie *Bienvenue chez les Ch'tis* (20 millions d'entrées) a renforcé le capital sympathie des locaux, montré le charme des beffrois et bénéficié au tourisme. Or, le Tour de France est une superproduction !

Pour l'élu, il y a également « des messages à passer autour du renouveau industriel, de la force de la pêche à Boulogne ou de notre agriculture. C'est une manière de poursuivre la transformation de notre image. Dire que nous sommes une grande région populaire, jeune, où il est agréable de venir en vacances, mais aussi de vivre. L'enjeu est de faire venir des cadres pour nos projets industriels ». On le voit, le Tour de France est bien plus qu'une compétition sportive.

LA PRÉPARATION HIVERNALE

Repérer les étapes du parcours

Entre Noël et le Réveillon du Nouvel An, le jeune champion belge Remco Evenepoel examine le parcours de trois étapes de son premier Tour de France, en Bourgogne et en Champagne.

Pendant les fêtes de fin d'année, Remco Evenepoel, la nouvelle star belge du cyclisme international, passe plusieurs jours en France. Tout sauf des vacances ! Du 27 au 30 décembre, il n'active pas son profil Strava (site et application utilisés par les coureurs pour enregistrer leurs entraînements *via* GPS) afin de garder confidentielle sa présence sur le parcours de trois des étapes du Tour de France, épreuve qu'il a découverte en 2024.

« Un moment important pour ma carrière » attendu avec impatience en Belgique, petit pays et grande nation cycliste qui cherche depuis trop longtemps déjà un successeur à Lucien Van Impe, vainqueur en 1976. Le jeune Brabançon est accompagné d'une équipe légère (équipier, directeur sportif, mécanicien, masseur). À son programme figurent le repérage minutieux de la 7e étape, un contre-la-montre individuel (25 km), dont le parcours enlace les célèbres vignobles de Bourgogne, entre Nuits-Saint-Georges et Gevrey-Chambertin ; la 8e, de Semur-en-Auxois à Colombey-les-Deux-Églises ; et la 9e, particulièrement redoutée par les coureurs car elle emprunte 32 kilomètres de chemins blancs (sur un total de 199 km) autour de Troyes. Pourquoi sillonner des routes dédiées au mois de juillet entre Noël et le réveillon du Nouvel An ? Le choix de la période pourrait surprendre les non-initiés. Il reflète pourtant les réalités de la vie des coureurs cyclistes aujourd'hui. Ils doivent jongler entre les compétitions, les stages en altitude et les déplacements qui sont eux aussi coûteux en temps et en énergie.

LE HASARD EN HORREUR

« Cela fait quelques semaines que je me prépare pour le Tour à l'entraînement, raconte Remco Evenepoel en janvier lors du *media day* de son équipe Soudal Quick-Step. Il y a aussi des aspects plus techniques comme le matériel, la nourriture… Il faut être sérieux dès le début. Tout doit être à 100 % pour le Tour, et ça commence dès l'hiver. On ne va rien laisser au hasard, on a le regard rivé vers cet objectif, on veut que tout soit bien en ordre. Mon programme de courses n'est pas trop chargé, mais d'un très haut niveau. Je courais à Paris-Nice (en mars) et au Critérium du Dauphiné (en juin) pour m'imprégner des routes françaises. On fera tout en fonction du Tour. »

SON TÉMOIGNAGE ILLUSTRE L'EXIGENCE ABSOLUE QUE S'IMPOSE UN CANDIDAT À UN PODIUM FINAL

Et sa propension à supporter le poids d'une pression quotidienne pendant plusieurs mois : s'entraîner beaucoup en pensant au Tour, manger peu en pensant au Tour, s'endormir en pensant au Tour… En sachant qu'une maladie ou une chute est un grain de sable susceptible d'enrayer cette mécanique de haute précision et de tout gâcher. Le grand champion est celui qui réunit toutes ces capacités. ●

SPECIALIZED
Krys
SOUDAL
71
roval

GRAND DÉPART

Le Tour à l'étranger

Depuis le début du XXIe siècle, le Tour s'élance plus souvent à l'étranger que de l'Hexagone : pour la 14e fois en 2026 !

UN DÉPART À L'ÉTRANGER À TROIS REPRISES

« Le Tour est un langage universel et parlé par tout le monde », relève joliment Stefano Bonaccini, le président de l'Émilie-Romagne, la région qui partage le Grand Départ 2024 avec Florence, capitale de la Toscane, et le Piémont. Cette année-là, le Tour de France s'élance à nouveau depuis l'étranger : en Italie, à la suite du Danemark et sa capitale Copenhague en 2022, et de l'Espagne, à Bilbao, en 2023. Le fait est historique : la course majeure n'avait jamais pris son envol à trois reprises consécutivement derrière nos frontières. Le démarrage du Tour de France Femmes avec Zwift, à Rotterdam, aux Pays-Bas, également en 2024, renforce la forte tendance actuelle. Au XXIe siècle, le Tour part plus souvent en dehors de sa terre nourricière : pour la 14e fois en 2026 à Barcelone qui, comme Florence, s'était manifestée depuis longtemps déjà pour l'accueillir.

« On peut y voir un exemple positif de la fameuse exception française, si souvent contestée, se réjouissait déjà il y a de nombreuses années le journaliste Jacques Augendre, qui a couvert son premier Tour de France pour *L'Équipe* en 1949. La planète nous l'envie. Cependant, il est incomparable, donc unique. Aux yeux du monde, il incarne le génie de la France, au même titre que la gastronomie, le champagne, la tour Eiffel, le château de Versailles, Jules Verne et Brigitte Bardot », écrivait-il en remuant de très vieux souvenirs. À l'aube du Grand Départ de l'édition 2024, l'ancien reporter âgé de 99 ans ajoute : « En partant d'Italie, le Tour répare une erreur historique. »

Jacques **AUGENDRE**, ancien journaliste

« En partant d'Italie, le Tour répare une erreur historique. »

UN PROJET GLOBAL AUTOUR DE LA MOBILITÉ DOUCE

Le pays candidat doit remplir les conditions suivantes : posséder de solides racines cyclistes, des champions, actuels ou anciens, encourager la pratique de la bicyclette auprès de sa population, être géographiquement accessible (environ deux heures par avion).

« Si la plus grande course cycliste du monde va au centre de Londres, les habitants iront aussi à vélo », estime son maire Ken Livingstone, en imposant un péage urbain aux automobilistes en 2007, l'année où la capitale anglaise reçoit le Tour. Les demandes provenant de l'étranger s'inscrivent dans un projet global autour de la mobilité douce, ce qui est beaucoup moins souvent le cas des municipalités françaises. En 2010 et 2015, les villes néerlandaises de Rotterdam et d'Utrecht font valoir la qualité et leurs nombreuses infrastructures en matière de pistes cyclables. À Copenhague, en 2022, le futur roi Frederik X rapporte, dans un français parfait, qu'il emmenait ses enfants à l'école à vélo cargo lorsqu'ils étaient petits...

« Il est normal que le Tour de France s'exporte, puisqu'on le demande, souligne Jean-Marie Leblanc, dans *Ouest-France*. Cela répond à des attentes légitimes et passionnées... C'est la popularité de la Grande Boucle qui veut ça. » L'ancien directeur du Tour de France émet toutefois cette réserve : « Il faut faire attention à la psychologie du public français, qui pourrait dire que ces nombreux départs à l'étranger, ce n'est plus le Tour de France. Il faut aussi un peu de sensibilité nationale. »

Aux fréquentes critiques entraînées par cette récurrence s'oppose le rôle incontestable d'ambassadeur rempli par le Tour de France (avec les magnifiques images aériennes du patrimoine naturel et bâti). Il est un produit d'exportation hautement renommé grâce au savoir-faire d'Amaury Sport Organisation (A.S.O.). Quatre ans avant le Grand Départ à Copenhague, lorsque Christian Prudhomme accompagne Emmanuel Macron en visite d'État au Danemark, et qu'ils pédalent de concert sous les yeux de *La Petite Sirène*, c'est comme si le président de la République avait à ses côtés son ministre du Tourisme et celui des Sports.

Les pays européens accueillent les Grands Départs

En 2007, les coureurs franchissent la Tamise sous l'œil de Big Ben. Londres accueille le Grand Départ du Tour de France avec la volonté de mener une politique de mobilité douce.

LA MARQUE « TOUR DE FRANCE » S'EXPORTE À TRAVERS LE MONDE

Le défi logistique d'un lancement au Danemark, en 2022, est relevé. Difficile d'imaginer aller plus loin. Au bout du monde ? N'y pensez pas ! Et puis, ce ne serait plus le Tour de France… Le Japon a toutefois tenté sa chance, il y a une quinzaine d'années. La présidente de la puissante fédération de keirin (épreuves sur piste très populaires dans ce pays car ouvertes aux paris) souhaitait voir circuler les coureurs autour du palais impérial, à Tokyo. Le Qatar, lui aussi, s'est manifesté.

« Ce serait plus lucratif d'aller dans ces deux pays. Aujourd'hui, non. Mais on ne connaît pas l'avenir. Peut-être étudiera-t-on une candidature asiatique dans quinze ou vingt ans… », laisse toutefois suggérer Cyrille Tricart, le responsable des Grands Départs.

La société A.S.O. est déjà présente au Moyen-Orient, auparavant comme organisatrice du Tour du Qatar, aujourd'hui du Tour d'Oman et du Saudi Tour en Arabie Saoudite…

La marque « Tour de France » est également diffusée à travers le monde *via* des critériums professionnels en Asie et des étapes « by le Tour » réservées aux amateurs en Amérique latine, en Afrique du Sud, en Europe… Des courses d'une journée sans enjeu sportif, sur un circuit court, avec un « plateau » très représentatif de celui du mois de juillet : le Maillot Jaune, le Maillot vert, le Maillot blanc, le Maillot

à pois rouges. Pour être dans l'esprit du Tour, le packaging inclut un personnage familier des millions de téléspectateurs de juillet : « le diable » !

Depuis 2013, quand s'achève la saison cycliste et vient l'automne, les stars font des heures supplémentaires. Ils se produisent à Saitama, au nord de Tokyo, devant un public conquis à l'avance. « Cet événement est précieux pour la promotion de notre sport », estime Yukiya Arashiro, le coureur japonais le plus connu. En novembre 2024, ils sont également présents dans les grandes artères du centre de la cité-État de Singapour (en revanche, le critérium de Shanghai n'a pas survécu à la crise de la Covid-19).

« Ça a toujours été un plaisir de courir en Asie, relève le très populaire Peter Sagan, très souvent convié à ces voyages exotiques pour un cycliste. Les fans sont toujours excités de voir les coureurs venus d'Europe. »

Cyrille **TRICART**,
responsable des Grands départs

« Peut-être étudiera-t-on une candidature asiatique dans quinze ou vingt ans... »

presight
MET
LCL LCL
Santini
UAE
LCL

La course
contre la montre

Le compte à rebours est lancé. Six mois avant le Grand Départ, les différents acteurs du Tour s'activent. Les équipes mettent au point une stratégie sur mesure et préparent leurs meilleurs coureurs. Les moyens de télécommunication et la sécurité du Tour et du parcours s'organisent. Tout doit être prêt pour l'installation du premier Village de départ.

LA CIME DE LA BONETTE

LE TOIT DU TOUR

En 2024, le « toit » du Tour est posé à une altitude extrêmement élevée : à 2 802 mètres, au terme des 28 kilomètres d'ascension de la cime de la Bonette. Les coureurs s'y sont hissés dans l'après-midi du 19 juillet lors de la 19e étape entre Embrun et Isola 2000.

À la fin du mois de mai, en haut, c'est encore l'hiver, et en bas, c'est déjà l'été. Le déneigement de la cime a commencé au mois d'avril. D'impressionnants murs de neige de huit mètres de haut se dressaient sur les pentes de la cime des Alpes du Sud. Face à l'ampleur de la tâche, les opérations de dégagement ont été plus longues que prévu et ont nécessité des moyens supplémentaires.

La route reliant les Alpes-de-Haute-Provence et les Hautes-Alpes a enfin rouvert le 2 juin.

Richard Carapaz fonce dans la descente de la cime de la Bonette après avoir franchi en tête le sommet et s'être emparé du maillot de meilleur grimpeur.

ASCENSION diplomatique

Le col du Tourmalet, un sommet France-Chine

Le 7 mai, Emmanuel Macron offre un Maillot Jaune à Xi Jinping, le président chinois, dans le col du Tourmalet. Un cadeau spontané…

Le col du Tourmalet est le col le plus souvent escaladé du Tour de France, la première fois en 1910, dès la huitième édition de l'épreuve. Il culmine à 2 115 mètres d'altitude dans les Pyrénées. Les coureurs y retournent le 13 juillet 2024 lors de la 14e étape, une date d'ores et déjà cochée sur l'agenda présidentiel. Emmanuel Macron s'y rend dès le 7 mai pour une escapade « personnelle » à laquelle il invite le président chinois Xi Jinping en visite d'État en France. Le lieu de la rencontre (presque au sommet) n'est pas choisi par hasard : durant sa jeunesse, le président français a passé de nombreuses vacances dans la station de La Mongie, chez ses grands-parents maternels. La météo est hivernale. Emmanuel Macron tend un Maillot Jaune à son hôte en lui expliquant sa signification, son symbole : « Je sais que tu aimes le sport […] On serait ravis d'avoir des coureurs chinois sur le Tour. » Un vœu pieux de nos jours compte tenu du faible niveau du cyclisme en Chine. Il existe un seul cas, celui de Ji Cheng, en 2014. Cette année-là, il parvient à rallier Paris, un exploit en soi, où il se classe à la dernière place, ce qui lui vaut d'être désigné « lanterne rouge » de la course. Cette expression, autrefois très populaire dans le Tour, est une référence au feu rouge accroché à l'arrière du dernier wagon d'un train.

Revenons à l'histoire du Maillot Jaune offert au président rouge. La veille du Tourmalet, Thomas Cariou, directeur RSE (responsabilité sociétale des entreprises) chez Amaury Sport Organisation, suggère à Christian Prudhomme l'idée de ce cadeau à Xi Jinping. Puis Jean-Étienne Amaury (président d'Amaury Sport Organisation) lui demande : « Avez-vous prévu un Maillot Jaune pour le président chinois ? » Il faut faire vite. « Notre service des Relations partenaires a trouvé un exemplaire dédicacé par Jonas Vingegaard (le vainqueur en 2023), on a appelé Cyril Mourin, le conseiller sport du cabinet du président de la République, qui a accepté notre proposition spontanée, rapporte Christian Prudhomme. Et le lendemain matin, le président s'envolait pour les Pyrénées avec le Maillot Jaune. »

Lors d'une visite d'État du président chinois en France, Emmanuel Macron offre un exemplaire du Maillot Jaune à Xi Jinping qu'il reçoit dans les Pyrénées.

En 2014, Cheng Ji est le premier Chinois à participer au Tour de France. Il réussit à le terminer et se classe à la dernière place sur les Champs-Élysées.

> REPORTAGE

CASTELLANIA COPPI

Pèlerinage au pays d'un grand champion

Le 2 janvier 2024, Christian Prudhomme se rend à Castellania Coppi pour rendre l'hommage du Tour de France à l'un des plus grands champions cyclistes.

Du 1er janvier au 31 décembre, Christian Prudhomme est « habité » par le Tour de France. Le deuxième jour de l'année 2024, il se trouve en Italie où, le 29 juin, le Tour partira pour la première fois en 111 éditions. Le 2 janvier est la date anniversaire de la mort de Fausto Coppi, disparu à l'aube de l'année 1960, à seulement 40 ans, après avoir contracté la malaria lors d'un séjour en Afrique, plongeant tout un pays dans la stupeur et la peine. Ses obsèques rassemblèrent 30000 personnes dans son village piémontais. Soixante-quatre ans plus tard, ils affluent à Castellania pour assister à une messe donnée en sa mémoire. « Avec un autre champion italien, Gino Bartali, Fausto Coppi appartient à la légende du Tour de France. C'est important pour moi, pour le Tour de France, d'être là. Aujourd'hui, je n'imaginais pas être ailleurs qu'ici, avec vous », insiste Christian Prudhomme en s'adressant à ses hôtes. Le 1er juillet 2024, le peloton traversera Tortone où s'est éteint le double vainqueur du Tour de France (en 1949 et 1952), et également du Tour d'Italie à cinq reprises. Le bourg aux pierres séculaires est posé sur un piton colonisé par le froid et le brouillard dès que l'hiver met le grappin sur cette région très austère. Sur la fin de la montée apparaît un personnage d'une BD avec le commentaire « *Un uomo solo al comando* » (un homme seul au commandement), qui symbolise la supériorité de l'athlète hors norme sur ses pairs.

« LA MÉMOIRE EST ESSENTIELLE »

Les plus grands champions proviennent des endroits les plus improbables. La commune a été rebaptisée « Castellania Coppi » en hommage au fils prodigue, sans doute aussi pour une question de survie. Éloignée des grands axes, dépeuplée (seulement 80 habitants), que serait-elle devenue sans « le grand Fausto », sans son esprit parcourant chaque ruelle à travers des fresques picturales et des murs tapissés de photographies, sans ses stèles érigées devant l'église qui attirent des admirateurs du monde entier ? Ce décorum offre l'image d'un sanctuaire avec, pour

Le village de Castellania, dans le Piémont, a été rebaptisé Castellania-Coppi en 2019 pour le centenaire de la naissance de Fausto Coppi.

Mausolée de Coppi avec son frère, Serse, dans le village de Castellania.

clore le pèlerinage, la visite guidée de sa maison natale, la Casa Coppi, par Massimo Merlano, président de « Terre di Coppi », et son administratrice, la journaliste Francesca Monzone. Sa chambre, la cuisine, le mobilier de la vie quotidienne des années 1920-1930 sont présentés dans leur jus. Cette authenticité et cette simplicité rendent plus émouvants encore les lieux qui regorgent d'objets (bicyclettes, maillots, cuissards, casque…) ayant appartenu au *campionissimo*, de reliques plutôt. Sans Fausto Coppi, Castellania n'existerait peut-être plus…

Une gerbe du Tour de France fleurit le mausolée où reposent Fausto et son cadet Serse, ce frère aimé disparu tragiquement en course. Marina et Faustino, les enfants de Fausto, entourent Christian Prudhomme. Au pied du monument, cette inscription : « Terre des cols de l'Izoard et du Galibier apportée par les sportifs de Briançon », théâtre de ses grands exploits dans les cols majestueux des Alpes.

En entrant dans la chapelle San Biagio, au fond de laquelle des anges vous prennent dans leurs bras, l'émotion envahit le dirigeant. Il s'est rendu à Castellania pour chercher un morceau de l'Histoire du Tour de France. Il s'en saisit à travers la ferveur, la gentillesse des gens, les maillots célestes de la Bianchi portés par des nostalgiques dont une bicyclette de la célèbre marque est posée contre une crèche, comme si cyclisme et religion étaient indissociables. La petite église est pleine, la foule se tient debout ou reste en dehors. Après la cérémonie, Christian Prudhomme est fait citoyen d'honneur de Castellania Coppi par son maire Sergio Vallenzona. Spontanément, les gens le félicitent, le remercient d'être venu jusqu'à eux, de leur avoir fait l'honneur d'apporter la majesté du Tour de France. « La mémoire est essentielle pour moi », leur répond-il. Aucun autre sport ne l'entretient comme le fait le cyclisme, avec cette dévotion incarnée par un village à son Fausto.

STRATÉGIE d'équipe

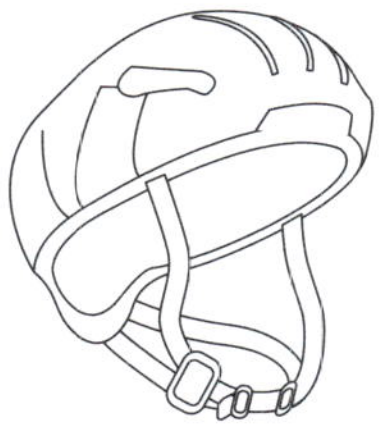

Les vœux de Groupama-FDJ

L'équipe Groupama-FDJ est présentée à Paris en janvier. Le Tour de France est déjà au cœur de toutes les conversations.

Mercredi 10 janvier, dans un café cycliste parisien, c'est le premier rendez-vous médiatique de la nouvelle saison pour l'équipe Groupama-FDJ. Cinq des vingt-sept coureurs de l'effectif sont présents : le champion de France Valentin Madouas, David Gaudu, Romain Grégoire, Lenny Martinez et le Suisse Stefan Küng. Ils sont venus avec leur nouveau vélo. Après vingt-sept années de collaboration avec un fabricant français (Gitane puis Lapierre), l'équipe roule désormais sur une bicyclette italienne, Wilier Triestina, créée comme le Tour de France au début du XXe siècle.

Marc **MADIOT**,
9 participations comme coureur,
28e comme manager en 2024

« Le Graal, une reconnaissance, une forme d'éternité. »

Le sujet de la Grande Boucle monopolise toutes les conversations. « Le Tour de France est la vitrine de notre sport, la course qu'il ne faut pas rater », appuie le manager général Marc Madiot, fondateur de l'équipe en 1997. « David Gaudu sera notre leader

Présentation des coureurs de l'équipe FDJ au village-départ lors de la 6e étape du Tour 2024.

Romain Grégoire participe pour la première fois au Tour de France en 2024.

David **GAUDU**,
7e participation en 2024

« **La plus belle et la plus impitoyable des courses.** »

pour le classement général du Tour, avec plus d'ouverture pour ses copains », résume Philippe Mauduit, nouveau responsable de la direction sportive. La stratégie a été revue pour combler un manque sportif important : la dernière victoire d'un coureur commence à dater, c'était celle du néo-retraité Thibaut Pinot en 2019, au sommet du col du Tourmalet.

Les leçons de l'édition précédente et la férocité de la concurrence en 2024 imposent une nouvelle approche de l'événement. En 2023, David Gaudu (4e en 2022, 9e en 2023) se sait inférieur aux grands champions que sont Jonas Vingegaard, Tadej Pogačar, Primož Roglič, Remco Evenepoel... Mentalement, il a besoin de courir d'une autre manière. « J'ai été suiveur pendant deux ans. J'aimerais retrouver un schéma de course en allant dans des échappés », raconte le coureur breton.

EN DÉCEMBRE, LA STRATÉGIE EST ACTÉE

Fin octobre, le tracé du Tour de France tout juste connu, le sujet est déjà au cœur des conversations du staff. La plus grande course du monde se prépare d'une année sur l'autre. En décembre, lors du premier camp d'entraînement sur la Costa Blanca, en Espagne, la communication est établie avec les coureurs. « La direction sportive m'a proposé le choix entre deux plans pour aborder le Tour : le premier, c'était de ne rien changer, tout le monde travaille pour moi ; le deuxième, c'était de rester leader, mais en me débrouillant plus par moi-même pour laisser de la liberté à mes coéquipiers, rapporte Gaudu. Au bout de quinze secondes, j'ai répondu : "Vous rayez le plan A, le plan B me botte. » Et d'ajouter : « On a envie de donner des émotions aux gens en levant les bras. »

« À chaque étape, chaque coureur aura un rôle précis, avec une marge de manœuvre ou pas ce jour-là, précise Valentin Madouas. On en a discuté lors du stage. Le schéma est plus précis pour qu'on avance plus sereinement. C'est la première fois qu'on envisage le Tour étape par étape. La préparation du Tour, c'est toujours plus d'anticipation ! »

Plus question d'établir une présélection élargie comme en 2023 où certains coureurs laissèrent de l'influx pour gagner leur place. Sauf problème de méforme ou de blessure, quatre coureurs (sur un total de huit inscrits) sont déjà certains d'y participer : Gaudu, Madouas, Küng et Grégoire. « Faire le Tour de France à seulement 21 ans, je ne l'imaginais pas, confie Romain Grégoire. Le profil de la course est adapté à mes caractéristiques ainsi que la nouvelle stratégie de l'équipe. C'est beaucoup d'excitation. Je me dis : "Ça y est, je vais toucher au sommet du sport cycliste !" C'est encore plus d'envie de monter sur le vélo chaque matin pour s'entraîner. »

Romain **GRÉGOIRE**,
1re participation en 2024

« **La course la plus prestigieuse, la grande fête de juillet.** »

Un coureur de l'équipe Red Bull Bora Hansgrohe sur le col du Galibier enneigé, où les coureurs ont atteint des pointes de vitesse de plus de 100 km/h dans la descente, le 2 juillet 2024.

> PORTFOLIO

SALON
de l'agriculture

Plus qu'une visite de courtoisie
Dans un contexte de forte colère sociale, les représentants du Tour de France sont les bienvenus au Salon de l'agriculture.

Le contraste est saisissant. Le 60e Salon international de l'agriculture, à Paris, est inauguré par Emmanuel Macron sur fond de colère des agriculteurs, le 24 février. Deux jours plus tard, devant leur stand, représentants et adhérents de la Fédération nationale des syndicats d'exploitants agricoles (FNSEA) applaudissent le Tour de France. Pas question pour Christian Prudhomme de rater ce rituel, comme c'était le cas autrefois de son prédécesseur, Jean-Marie Leblanc : les deux hommes créent sur leur passage un courant d'air chaleureux ; ils sont aussi à l'aise dans des salons feutrés que devant la croupe des vaches.

Intitulé « Les Agris aiment le Tour », le concours existe depuis 2008. Il consiste à réaliser une fresque paysagère valorisant la diversité agricole du site pendant le Tour de France. « Les critères sont la diversité des matériaux, les couleurs, le mouvement, énumère Cyrille Tricard, responsable des Relations extérieures de la direction du cyclisme. Les créations doivent faire au moins 25 mètres par 25 et être situées près de la route de la course pour que la caméra dans l'hélicoptère puisse basculer facilement vers le champ. Les sites sont identifiés par des points GPS qui sont à la disposition du réalisateur de France Télévisions. » Celui-ci, Anthony Forestier, est l'un des membres du jury qui compte également Jean-Paul Ollivier, mémoire du cyclisme, surnommé « Paulo la science », le premier à avoir magnifié le patrimoine de notre pays à partir du Tour 2001.

« Cultivons le Tour des énergies » est le thème de 2023. Les agriculteurs du Rhône sont récompensés pour leur interprétation originale et dynamique : un

Christian **PRUDHOMME**,
directeur du Tour de France

« L'âge d'or du cyclisme français, c'est quand les champions sortaient des fermes. »

pédalier entraîne une roue, rappelant la richesse du patrimoine agricole dans leur département. L'évocation des éléments que sont le vent, l'air, l'eau et le soleil rappelle l'humilité nécessaire au travail de la terre, dépendant des éléments naturels.

« En juillet, ce n'est pas simple de quitter sa ferme, on y a du boulot, insiste Arnaud Rousseau, le président de la FNSEA. Il y a cette émulation entre départements (23 ont participé en 2023), car on est des compétiteurs, et cette fierté quand on voit les images depuis l'hélicoptère... »

« Le Tour, ce sont d'abord les champions, évidemment, relève Christian Prudhomme. Le décor compte aussi : ces paysages que vous façonnez embellissent le Tour. Vous le rendez plus beau, plus grand. »

LA RÉSILIENCE COMME MAÎTRE-MOT

L'un se relève après une chute, l'autre repart après un orage de grêle : cette capacité de résilience est propre aux métiers de coureur cycliste et de paysan. En 2023, l'omniprésence de l'épreuve en Auvergne inspire cette comparaison à Sophie Chatenet, rédactrice en chef de *La Presse agricole du Massif central* : « Goût de l'effort, labeur, solitude, pudeur... Quatre valeurs cardinales que partagent les agriculteurs et les coureurs cyclistes. Il y a quelque chose de l'ordre d'une aventure commune entre ces deux mondes-là ; les équipiers protègent le leader du vent, lui portent des bidons, le dépannent en cas de problème mécanique, comme ces agriculteurs le font saison après saison sur un chantier d'ensilage, de moissons, aidant le voisin en cas de coup dur... »

« Cela fait presque quarante ans qu'un Français n'a pas gagné le Tour, depuis Bernard Hinault (en 1985), rappelle Christian Prudhomme. L'âge d'or du cyclisme français, c'est quand les champions sortaient des fermes, comme Bernard, qu'ils allaient à l'école à vélo. » Un clapping est improvisé. Un slogan est repris par plusieurs dizaines de personnes : « Ma nature, mon futur, l'agriculture ! »

En 2024, le thème du concours est « Terres de champions », un clin d'œil adressé aux Jeux olympiques de Paris.

Avec cette fresque réalisée en 2023 à l'occasion du passage du Tour, les Jeunes Agriculteurs du Rhône remportent le concours « Les Agris aiment le Tour ».

PRÉPARATION en altitude

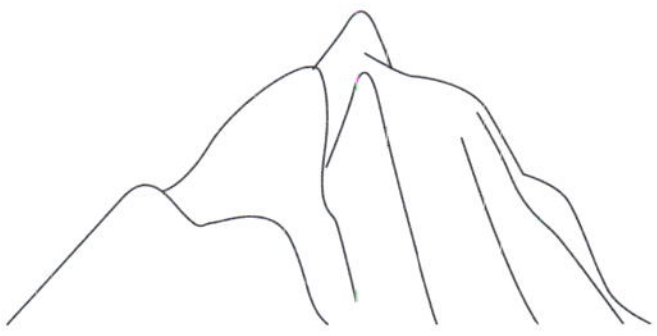

Les stages en montagne

En mai et juin, les stages en altitude sont destinés à construire la forme pour le Tour de France. Un passage obligé et un programme exigeant.

Le nombre de jours de courses de la grande majorité des cyclistes est en baisse depuis plusieurs années. Cela ne signifie pas une existence plus douce pour ceux qui pratiquent ce métier très exigeant et accomplissent environ 30 000 kilomètres chaque saison. La tendance est de plus en plus forte de remplacer la compétition par des stages. Les programmes sont si durs en vue de l'objectif à atteindre que les coureurs sont parfois plus fatigués qu'à l'arrivée d'une course.

La préparation spécifique au Tour de France commence dès le mois de mai avec le déroulement d'un camp d'entraînement en altitude dans une fourchette comprise entre 2 200 et 2 400 mètres. L'exposition au stress hypoxique entraîne la sécrétion de l'hormone de l'érythropoïétine qui stimule la production de globules rouges et d'hémoglobine. Le sang transportant une quantité d'oxygène plus importante vers les muscles, la performance physique s'en trouve améliorée.

Les lieux privilégiés par les coureurs se trouvent en Espagne, sur les flancs du volcan Teide, à Tenerife, la plus grande île des Canaries, face au continent africain, et en Sierra Nevada, au sud du pays. En Italie, l'Etna, Sestrières et Livigno sont également des destinations appréciées. En France, la station de Tignes a la faveur des équipes Visma-Lease a Bike et Cofidis.

« Un gain physiologique est constaté par la recherche lorsqu'on allonge la durée du stage à trois semaines. C'est ce qu'a fait Guillaume Martin en

2024 », rapporte son entraîneur Samuel Bellenoue, responsable de la Performance au sein de la formation Cofidis. Cet expert est l'auteur d'une thèse sur l'entraînement en altitude et d'une étude sur l'optimisation de la performance du cycliste de haut niveau par l'hypoxie. Ses connaissances l'autorisent à penser que « cela reste une science inexacte car il faut considérer la fatigue, les conditions météo, les petits problèmes immunitaires que les coureurs sont susceptibles de rencontrer. Ces paramètres délétères peuvent faire qu'un stage en altitude ne donne pas totalement les résultats escomptés ».

On dit des sportifs qui s'acclimatent sans trop de contraintes aux effets de l'altitude (comme la raréfaction de l'air) qu'ils sont « répondeurs ». « S'ils n'ont pas subi une chute ou connu des problèmes immunitaires, les coureurs présentent généralement une

2 000 kilomètres et plus de 40 000 mètres de dénivelé positif

Julien Alaphilippe, vêtu de son maillot arc-en-ciel de champion du monde, s'entraîne en Sierra Nevada, la montagne andalouse, avec ses coéquipiers, en 2021.

Valentin Madouas, Kevin Geniets et David Gaudu, les coureurs de l'équipe Groupama-FDJ, à Tenerife. Au fond, le volcan Teide.

bonne réponse à l'altitude. J'ai rarement observé un affaiblissement de la condition physique après un stage en hypoxie. »

Durant cette période de trois semaines, les coureurs parcourent près de 2 000 kilomètres assortis de plus de 40 000 mètres de dénivelé positif. « S'imposer de très grosses charges de travail ne garantit pas que ça marchera, prévient le coach. L'image que j'ai de l'altitude, c'est une balance entre le stress environnemental et la récupération. Celui qui travaille beaucoup accentue l'aspect stress physiologique ; de l'autre côté, il faut veiller à bien compenser en récupérant juste après la séance avec un massage, une bonne alimentation, un bon sommeil. Et observer des jours de repos pendant le stage. » L'absence de distractions dans des stations encore fermées au public ou très peu fréquentées incite les coureurs à dédier leur temps libre à la récupération. « Dans un stage en altitude, les athlètes se mettent dans une bulle et ils ne vivent que pour ça, mais il faut pouvoir le supporter », fait remarquer Samuel Bellenoue. S'ils y parviennent, cela renforce la cohésion du groupe. Ils obéissent au triptyque « Vivre vélo, manger vélo, dormir vélo », à partir de la méthode *live high-training low* qui implique d'effectuer des exercices physiques intenses au niveau de la mer, dans des endroits riches en oxygène, et de reposer l'organisme en séjournant le plus longtemps possible dans un environnement pauvre en oxygène. Ils y prennent tous leurs repas, y font la sieste, y dorment la nuit...

« La suite de la préparation dépend du calendrier. En juin, il y a deux épreuves par étapes importantes longues de huit jours chacune : le Critérium du Dauphiné et le Tour de Suisse, précise l'entraîneur. Les prétendants au classement général du Tour passent par ces épreuves. » Avec, toutefois, deux exceptions notables en 2024 : Tadej Pogačar prend la précaution de ne pas ajouter un surcroît de fatigue après sa victoire au Tour d'Italie qui s'est achevé à la fin du mois de mai. Quant à son rival Jonas Vingegaard (vainqueur de la Grande Boucle en 2022 et 2023), sérieusement blessé à la suite d'une chute en avril, ses moyens physiques du moment ne sont pas suffisants pour disputer l'une de ces deux courses. « Les coureurs qui ont participé au Critérium du Dauphiné font généralement un "rappel" de préparation en altitude d'une semaine à dix jours, reprend Samuel Bellenoue. On combine avec la reconnaissance des cols qui sont sur l'itinéraire du Tour de France, comme c'est le cas pour Guillaume Martin, basé à Isola 2000. »

Pour préparer la plus grande course du monde, de nombreux efforts et sacrifices s'imposent aux cyclistes composant la présélection, une petite dizaine pour seulement huit places. Si l'ossature de l'effectif est déjà connue depuis plusieurs mois, la plupart des managers des équipes françaises attendent le déroulement du championnat de France, six jours avant le départ du Tour, pour attribuer les dernières places en jeu.

Le grimpeur Guillaume Martin grimpe les flancs du volcan sicilien de l'Etna.

MOYENS de télécommunication

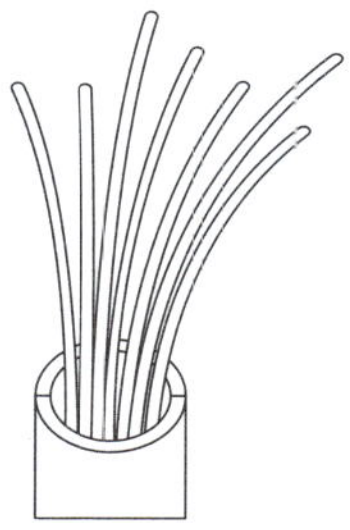

Comment le Tour est-il « fibré » ?

Les réseaux de télécommunications en wifi et en fibre optique dédiés au Tour de France sont à la taille de l'événement planétaire : colossaux ! Et ils profitent à tous.

Les besoins du Tour de France en wifi et fibre optique sont gigantesques pour que les retransmissions puissent être assurées dans les meilleures conditions possible, à la télévision, la radio, sur Internet. Les moyens sont fournis par l'opérateur Orange dans le cadre d'un partenariat technique avec Amaury Sport Organisation qui existe depuis la fin des années 1990.

Une cinquantaine de logisticiens, techniciens et chauffeurs de la société de télécommunications sont mobilisés durant la plus grande course cycliste du monde pour lui garantir la connexion en très haut débit. Dès le mois de novembre précédant l'épreuve, un contingent de 600 techniciens régionaux étudie le parcours de l'ensemble des étapes et englobe à son champ d'action les 10 kilomètres de part et d'autre des routes qui seront empruntées par les coureurs. « Sur les communes traversées, on regarde si on peut "upgrader" [mettre à jour] les réseaux, que ce soit en 3G, en 4G, mettre des ressources complémentaires et essayer de les fibrer. Il y a une deuxième étude pour voir s'il y a des poteaux abîmés, endommagés ou vétustes », raconte Henri Terreaux, directeur de projets événementiels chez Orange, sur le site Internet de l'opérateur. En 2022, nous avons profité du passage du Tour pour installer la 5G et/ou la fibre Orange dans de nombreuses communes. Sur les lieux de départ et d'arrivée, nous mettons des moyens mobiles temporaires et des fibres optiques que bien souvent nous laissons. »

Ces installations pérennes profitent aux collectivités locales comme à Bordeaux, avant l'édition de 2023. « Sur la place des Quinconces, le réseau de fibre optique, endommagé par les occupations successives, sera refait à neuf et dimensionné pour supporter 10 gigabits, c'est-à-dire le débit moyen de 1 250 foyers, apprend *Sud Ouest* à ses lecteurs. C'est le seuil requis pour garantir les flux vidéo et *data* attendus sur la ligne d'arrivée de l'étape Mont-de-Marsan–Bordeaux. »

Un village de 500 habitants bénéficie de la même infrastructure que les Champs-Élysées

100 %

L'équipe technique d'Orange, qui opère durant le Tour de France Femmes avec Zwift, est entièrement féminine.

À l'intérieur des trois camions logistiques de l'opérateur : des équipements type DSLAM (appareil assurant une fonction de multiplexage), des réseaux wifi-6 (le nouveau standard des connexions sans fil), des moyens pour la visioconférence (entre coureurs et journalistes), un réseau de vidéosurveillance, une traduction simultanée… Afin d'assurer le maillage de la permanence de l'organisation et la salle de presse, les techniciens tirent une douzaine de kilomètres de câbles et de fibre qu'ils désinstallent le soir, après la course, pour les remettre en fonction dans la ville-étape suivante. Lors des trois Grands Départs au Danemark, en Espagne et en Italie, en 2022, 2023 et 2024, Orange réalise une interface avec les fibres des opérateurs étrangers.

« Que l'on arrive dans un village de 500 habitants ou sur les Champs-Élysées, on déploie la même infrastructure, souligne Henri Terreaux. Au sommet du Tourmalet ou du mont Ventoux, vous arrivez dans des lieux qui ne sont pas propices à amener du réseau très haut débit. »

À la nature du terrain et à ses difficultés d'accès s'ajoutent les imprévus. Au Ventoux justement. « En 2016, à cause de rafales de vent de 140 km/h, l'arrivée a été déplacée 6 kilomètres avant le sommet. Entre 1 heure et 6 heures du matin, à la lampe frontale et sous des bourrasques extrêmes, les équipes de nuit ont déplacé la fibre de 6 kilomètres. » Autre exemple d'une intervention urgente sur le parcours de l'étape de Pra Loup, dans les Alpes du Sud, en 2015, rapportée par le responsable d'Orange : « La veille du passage de la course, dans la soirée, un glissement de terrain a emporté un pont et arraché toutes les fibres qui alimentaient à la fois les réseaux existants et la fibre de l'arrivée du Tour. Dans la nuit, on a réussi à rebooter et à réparer les liaisons. »

Ces délicates opérations de connexion classent le site du col du Galibier comme « un sommet mythique » aux yeux des experts d'Orange. En 2011, la plus haute ligne d'arrivée de toute l'histoire du Tour est tracée en haut du géant alpin, à 2 645 mètres d'altitude. L'éloignement du site nécessite l'installation de trois zones de production TV dissociées. « La veille de l'étape, il neigeait, se souvient Henri Terreaux. Il y avait des crevasses et, humainement, on ne pouvait pas tirer la fibre. Il a fallu mobiliser un hélicoptère sous lequel on avait un touret de fibre optique. »

En cas d'impossibilité d'installer la fibre optique, des systèmes de communications par satellite prennent le relais.

↑ Orange installe la fibre sur le parcours afin de permettre au Tour de France de diffuser ses images dans le monde entier.

SÉCURISER le Tour

Des moyens hautement renforcés

Après les attentats de novembre 2015, les autorités dotent le Tour de France d'importants moyens de protection supplémentaires.

En novembre 2015, des attentats meurtriers sont perpétrés à Paris et à Saint-Denis par des membres de l'organisation terroriste État islamique. Sept mois après ce dramatique événement, des forces de l'ordre lourdement armées ont mission de protéger le Tour de France. Face au risque terroriste, un dispositif spécifique aux enjeux de sûreté sur les lieux de départ et d'arrivée est mis en place par la Direction générale de la gendarmerie nationale avec la présence du GIGN. Les « super gendarmes » renforcent un effectif composé d'une centaine de militaires d'un escadron mobile de gendarmerie et d'autant de policiers, dans leurs zones de compétences respectives (rurales pour les gendarmes, urbaines pour les policiers). Des maîtres-chiens et des pompiers-démineurs sont mobilisés quotidiennement. Des physionomistes circulent dans la foule, vigilants aux comportements suspects.

Depuis 2016, un centre de coordination est mis en place par le ministère de l'Intérieur, *via* la Direction générale de la sécurité civile et de la gestion des crises. Véritable centre névralgique du Tour, ce PC sécurité concentre l'ensemble des moyens de communication et de suivi de la caravane et de la course. Il est établi, chaque jour, dans la zone de production TV, à proximité de la ligne d'arrivée. Son coordinateur, le responsable sécurité chez Amaury Sport Organisation, Vivien Trompeau, s'appuie sur trois officiers supérieurs de la gendarmerie, de la police et des sapeurs-pompiers. En plus des caméras de vidéosurveillance, le PC sécurité a accès à l'ensemble des images produites par France Télévisions (pas seulement celles qui passent à l'écran).

Plus ancien dans l'histoire du Tour de France, le centre de gestion des crises est activé dans chacune des préfectures des départements traversés par la course. Pour le diriger, le ministère de l'Intérieur délègue un sous-préfet. En 2024, Arnaud Gillet, un expert de la sécurité (chef du bureau d'analyse et de gestion des risques à la Direction générale de la sécurité civile), est désigné.

Depuis 2016, un centre de coordination est mis en place par le ministère de l'Intérieur

LA VISITE DU PRÉSIDENT DE LA RÉPUBLIQUE

À chaque étape, dans la voiture directoriale, Christian Prudhomme, le patron du Tour de France, reçoit des invités, le plus souvent des personnalités politiques et du monde du spectacle. « Le plus adulé des artistes, confronté à la volonté de coureurs longeant des murs de spectateurs enthousiastes, retrouve une âme d'enfant et surtout des accents d'humilité », constate-t-il.

Le plus prestigieux des hôtes du directeur du Tour de France est le président de la République. Nicolas Sarkozy est le premier en 2007. L'air brassé par l'atterrissage du Super Puma présidentiel au pied du col du Galibier, dans les Alpes, fait s'envoler des tentes d'un camping voisin. À partir de 2012, François Hollande imite son prédécesseur.

La venue d'Emmanuel Macron à la Grande Boucle se prépare dès la présentation de l'épreuve au mois d'octobre, à Paris, où se rendent des membres du cabinet de la présidence. Chez Amaury Sport Organisation, ce dossier revient à Pierre-Yves Thouault, l'adjoint de Christian Prudhomme. Son interlocuteur privilégié est Cyril Mourin, le conseiller sport d'Emmanuel Macron. Cela ne fait aucun doute que le choix du président se portera sur la 14e étape, le 13 juillet 2024, dans les Pyrénées, entre Pau et Saint-Lary-Soulan-Pla d'Adet. « Compte tenu de ses affinités (il a passé ses vacances d'enfance dans la station de La Mongie dans sa famille), quand on passe au Tourmalet, c'est cette étape-là qu'il choisit, relève Pierre-Yves Thouault. La décision définitive est prise en janvier avec ses conseillers chargés de sa sécurité. En mai, une réunion est organisée à l'Élysée pour entrer dans les détails du programme avec des membres du GSPR [Groupement de sécurité du président de la République]. À quel endroit se posera l'hélicoptère transportant le chef de l'État ? Qui l'accompagnera ? Combien y aura-t-il de tireurs d'élite pour sa protection ? Assistera-t-il à la remise du Maillot Jaune ? Généralement, le président suit les deux dernières heures de la course. Avant le départ du Tour, je fais une reconnaissance des lieux. » Finalement, cette année-là, le président annule sa visite sur le Tour, en raison du contexte politique. Sur le parcours, deux binômes à moto, spécialisés dans l'intervention, encadrent le véhicule où il a pris place, celui des officiers de sécurité de la présidence et de la Garde républicaine.

Les forces de l'ordre évacuent de la chaussée des manifestants pour le climat qui barraient la route du peloton.

LES PROTECTIONS PARTICULIÈRES

Lors de sa troisième participation consécutive au Tour de France, en 2024, l'équipe Israël-Premier Tech fait l'objet d'une protection spéciale relevant du ministère de l'Intérieur en raison du risque d'attentat lié à la guerre entre l'État hébreu et le Hamas.

Depuis le début de la saison cycliste, suivant le conseil des polices européennes, le nom « Israël » est effacé de tous les véhicules de l'équipe. Seul celui du co-sponsor canadien, Premier Tech, demeure visible. Pendant la Grande Boucle, la dénomination « Israël-Premier Tech » est toujours présente sur le maillot des coureurs parmi lesquels ne figure aucun Israélien. Lorsqu'ils s'entraînent, par précaution, les trente cyclistes de l'équipe (issus de douze nationalités) roulent avec des vêtements banalisés. Le niveau du cyclisme israélien est assez faible : un seul de ses ressortissants a disputé le Tour (en 2022).

LES DÉMINEURS

Quatre démineurs de la Sécurité civile suivent intégralement le Tour depuis 2022 : deux opèrent au départ de l'étape, deux à l'arrivée. « Nous sommes présents sur le site du départ dès 6 heures pour une inspection des lieux, nous vérifions qu'il n'y a pas un colis abandonné ou, éventuellement, un objet explosif improvisé, raconte Éric, le chef de mission. Nous utilisons des petits robots d'une hauteur d'environ 10 centimètres qui se glissent sous des structures basses, également des appareils de mesure permettant de déceler la présence de produits chimiques et radiologiques. Pour ce travail, nous sommes au contact des équipes cynophiles. Nous patrouillons jusqu'à une heure après le départ de l'étape. »

La toute première intervention des démineurs, en 2022, à la Planche des Belles Filles, dans les Vosges, demande des moyens exceptionnels. « Il était 19 heures passées, l'équipe affectée au site d'arrivée était repartie, se souvient Alain, coordinateur. Une valise avait été abandonnée à quelques centaines de mètres de la ligne d'arrivée. Impossible de remonter sur la zone, la route était coupée, le public continuait de redescendre. Un hélicoptère s'est posé sur un héliport à proximité pour embarquer le personnel et le matériel et nous déposer sur la crête où nous avons neutralisé le bagage suspect. »

En 2024, pour la première fois, l'équipe de déminage utilise un drone à infrarouge afin de détecter d'éventuelles sources de chaleur provenant d'un explosif ou d'une mèche lente qui est allumée.

QUATRE BRIGADES CANINES

Quatre équipes cynophiles de REXPEMO (Recherche d'EXplosifs sur PErsonnes en Mouvement) sont également employées pour repérer le danger et sont appuyées par dix gendarmes du peloton d'intervention de la Garde républicaine. Formés durant trois mois et demi, les chiens sont aussi bien entraînés que les coureurs ! Cependant, raconte le maître de chien Dimitri, au site Internet Gendinfo, « tous les chiens ne se prêtent pas à une mission comme le Tour de France. Il faut qu'ils soient audacieux, pour éviter qu'ils n'aient peur face à la concentration de la foule et aux bruits générés par les fanfares, les enceintes et les spectateurs ». En 2021, un temps de préparation est nécessaire pour bien observer son malinois Nikita et ajuster le dressage avant la course. « L'effort est beaucoup plus violent que pour nous au niveau sensoriel, avec beaucoup d'odeurs et une forte chaleur, sachant qu'ils travaillent au ras du sol. Il faut le remotiver en donnant une récompense assez rapidement au début, par la parole ou en accélérant le mouvement pour dynamiser l'action, voire parfois en créant des simulacres. » La nuit, les chiens dorment dans la chambre de leurs maîtres.

← L'équipe de déminage est composée de quatre spécialistes de la Sécurité civile.

LA GRAND-MESSE de la sécurité

Chaque année, un peu plus d'un mois avant le Tour, une réunion intitulée « Service d'ordre et sécurité » est organisée pour anticiper la coordination du dispositif de sécurité de l'événement.

Des motos de l'escadron de la Garde républicaine sont stationnées rue de Poitiers, dans le 7e arrondissement parisien. « Escorte présidentielle », est-il mentionné à l'avant des machines. Cet été, la mission des gardes sera d'escorter le Tour de France. À quelques mètres de là, l'hôtel de Poulpry, un hôtel particulier construit en 1703, appelé aussi « Maison des polytechniciens ». Dans ses salons, le 23 mai, Amaury Sport Organisation (ASO) organise une réunion annuelle intitulée « Service d'ordre et sécurité ». Une journée essentielle à la mise en place du dispositif global, en vue d'une parfaite coordination des moyens engagés dans le Tour de France, avec une synthèse des problématiques à cinq semaines de l'événement.

« La grand-messe de la sécurité », métaphorise Pierre-Yves Thouault, l'adjoint de Christian Prudhomme. Ses officiants : près de 200 représentants du ministère de l'Intérieur, des préfectures, des commandants de la gendarmerie, de la sécurité publique (police), des services d'incendie et de secours provenant des trente-quatre départements traversés par la course. La 21e et dernière étape contre la montre commencera à Monaco, cependant les policiers de la Principauté n'ont pu se libérer : ils sont totalement mobilisés par la sécurité du Grand Prix de Monaco qui se déroule trois jours plus tard.

Après une séance plénière, les détails de la sécurité sont posés lors d'ateliers, animés par des responsables d'ASO, ayant pour thèmes la sécurisation des lieux de départ et d'arrivée, du parcours et de la caravane publicitaire. Tout est pensé comme le régime en pré-alerte d'un avion bombardier d'eau dans le cas de feux de forêt sur la route du Tour. En 2024, l'intégralité du plan de service d'ordre et de sécurité est à revoir pour l'arrivée de l'épreuve établie à Nice au lieu des Champs-Élysées, en raison des Jeux olympiques à Paris. Il prévoit le renfort de douze unités de force mobile dans la cité azuréenne.

Commissariat mobile

Dans la ville de l'arrivée de l'étape, à proximité des bureaux de l'organisation, est installé un commissariat mobile où sont enregistrées les plaintes pour des accidents, vols, pertes de papiers, etc.

PROTÉGER
le parcours

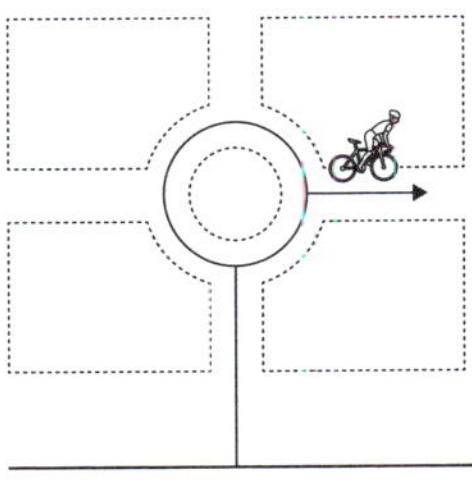

Le stade, c'est la route !
Le parcours du Tour de France tourne autour de 3 500 kilomètres sur des routes chouchoutées et protégées.

La distance d'un Tour de France en général est légèrement inférieure à 3 500 kilomètres. 97 % des routes empruntées par les coureurs dépendent des départements, compétents pour leur construction, leur entretien et leur sécurité. D'où, depuis 2006, la mise en œuvre d'un indispensable partenariat technique et institutionnel entre Amaury Sport Organisation (A.S.O.) et l'Assemblée des départements de France (ADF).

La qualité de l'asphalte étant capitale, un nouvel enrobé est répandu sur les tronçons dégradés en prévision du passage de la course. Plus de 3 000 agents départementaux sont mobilisés pendant la durée du Tour. Ils reconnaissent le parcours un mois avant le départ, effectuent des travaux de fauchage et de débroussaillage des accotements routiers, posent des barrières et des bottes de paille (entre 400 et 1 000 par jour), et mettent en place des déviations. Ils disposent d'un stock d'une cinquantaine de matelas placés dans les virages présentant des risques, notamment dans les descentes de cols.

L'équipe de l'ADF est composée de 11 agents techniques et coordonnée par un « vieux routier » du Tour, André Bancalà. Tôt le matin, elle balise les parcours afin d'obtenir une sécurité optimale avec, pendant trois semaines, la pose de 5 500 panneaux à la signalétique spécifique (vingt modèles différents) sur tous les endroits sensibles. À bord de trois fourgons jaune fluo, une patrouille sillonne la route pendant huit heures quotidiennes. Ses personnels s'arrêtent en moyenne 200 fois pour matérialiser un « point dur » (expression utilisée par l'ADF), recensent sur leur livre de bord : rétrécissement de la chaussée, chicane, rond-point, dos-d'âne, ralentisseur... L'opération prend moins d'une minute (un peu plus en cas de pluie ou de vent). « Il faut bien analyser le lieu pour que la pancarte soit parfaitement visible des coureurs mais aussi des suiveurs », explique Jean-Pascal Bournaud, responsable de la patrouille.

En 2016, les caractéristiques de l'étape reliant La Grande-Motte à Montpellier ont réclamé une totale maîtrise de leurs nerfs de la part des coureurs. Jugez-en plutôt : 186 passages dangereux dont 35 terre-pleins, 34 giratoires, 35 ralentisseurs ! Malgré cette succession d'obstacles, le peloton avait affolé les compteurs en roulant à une moyenne horaire de 47,2 km/h sur une distance de 162 kilomètres !

5 500 panneaux à la signalétique spécifique

Un motard de la Gendarmerie nationale sécurise le tracé.

Leur nombre ne cesse de croître : plus de 2 200 aujourd'hui sur l'ensemble de l'itinéraire de la Grande Boucle, dont 550 terre-pleins, 600 giratoires et 520 ralentisseurs. Soit un « point dur » tous les deux kilomètres sur une étape, sept fois plus qu'il y a vingt-cinq ans !

LES ANGES GARDIENS DU TOUR

Les gardes républicains sont les garants de la sécurité des coureurs et des suiveurs. Ils les préviennent des dangers de la route et fluidifient la circulation. L'escadron motocycliste du 1er régiment d'infanterie de la Garde républicaine assure un panel de missions : protocole d'État, escorte présidentielle, de délégations étrangères, transfert de détenus dangereux... Il est également indissociable du Tour de France qu'il accompagne et protège depuis 1953.

Sur l'épreuve, l'effectif total est de 47 gardes républicains : 30 d'entre eux encadrent la course et 13 la caravane publicitaire.

Ce sont des pilotes hors pair. La sélection est rude pour intégrer ce corps d'élite puis être sélectionné au Tour. « L'instruction à la course cycliste fait partie de la formation continue. Un jeune qui arrive chez nous ne fait pas le Tour la première année et lorsqu'il le découvre, il n'occupe pas un poste parmi les plus déterminants, explique le chef d'escadron Karim Alioui, commandant de l'unité.

Exemples de panneaux signalétiques pour la sécurité des coureurs et des suiveurs.

Il est testé sur d'autres courses afin de corriger d'éventuelles erreurs, pour ne pas les reproduire sur le Tour. » Au fond, la préparation d'un pilote de la Garde ressemble à celle d'un coureur. Avant la Grande Boucle, il participe au Tour de La Provence, à Paris-Nice, Paris-Roubaix, au Tour de la Bretagne, au Critérium du Dauphiné. En fin de saison, il est présent au Tour de l'Avenir.

L'INDISPENSABLE DRAPEAU JAUNE

« L'instruction se déroule en salle de cours et sur le terrain. À partir du fléchage d'un itinéraire, le garde doit montrer comment il identifie le danger,

LES DÉCOLLEURS et les effaceurs

La caisse de résonance du Tour de France, suivi chaque jour par plusieurs millions de téléspectateurs, est exploitée par des personnes soucieuses de faire passer un message, qu'il soit politique, syndical, amical ou de plus en plus en plus souvent lié à la défense de l'environnement. Deux membres d'un peloton d'intervention de la Garde républicaine sont situés en amont du peloton afin d'intervenir, le cas échéant, sur une manifestation perturbant le passage des coureurs. Ils ont été ajoutés au dispositif en 2023 à la suite d'actions menées, l'année précédente, par des « encolleurs », nom donné aux personnes qui appliquent de la colle sur leurs mains et les fixent sur la chaussée en signe de protestation. Quelques heures avant le passage de la caravane publicitaire, une équipe de la société Doublet intervient pour effacer d'éventuelles inscriptions haineuses, racistes, obscènes ou jugées « trop » politiques en ces temps de conflits armés.

UN SERVICE D'ORDRE titanesque

28 000 gendarmes, policiers et sapeurs-pompiers assurent la sécurité du parcours du Tour.

Le Tour de France dispose, par arrêté ministériel, d'un usage privatif de la route sur le territoire français pour le passage de la caravane publicitaire et des véhicules circulant à l'échelon de la course. Sur les étapes de montagne, les routes de cols sont réglementées dans des délais plus étendus afin de permettre l'accès des spectateurs tout en empêchant la saturation des chaussées et le stationnement gênant.

Cette « bulle » fait de lui le locataire légal de la portion du parcours qu'il emprunte pour une durée de deux à six heures environ. Cet arrêté, A.S.O. en fait la demande dès le jour de la présentation du parcours de l'année suivante. De novembre à mars, les parcours sont validés par les préfectures, et, en avril, communiqués aux différents corps intervenant durant le Tour.

Pour l'événement, les préfets mettent en place un service de sécurité titanesque : 14 000 gendarmes et 9 000 policiers sont placés le long du parcours, pendant trois semaines (entre 500 et 800 par étape). Ils sont positionnés en fonction des spécificités de l'étape : cisaillements, points sportifs, sites à grandes affluences, arrivées au sommet... En ajoutant 5 000 sapeurs-pompiers, la mobilisation atteint 28 000 personnes pendant trois semaines.

7 millions d'euros

Le coût de la présence des forces de l'ordre, à laquelle s'ajoute celle des prestataires de services (sociétés de sécurité et de gardiennage privées), est d'environ 7 millions d'euros. C'est le poste de dépenses le plus important dans une édition du Tour de France.

comment il le signale. La seule chose qu'on ne peut pas simuler, c'est la remontée du peloton », relève Jordan Baudin qui, en 2024, œuvre pour la neuvième fois consécutive sur le Tour. « Après la première étape de mon premier Tour, en 2016, j'avais un mal de crâne avec le stress, la concentration optimale. J'ai commencé par la tête de course et, depuis, j'ai occupé tous les postes », raconte ce néo-trentenaire au gabarit de décathlonien. Le plus délicat est celui de DJ, comprenez « drapeau jaune », un aspect essentiel, voire crucial de la mission de sécurisation. Les gendarmes descendent de leur machine pour signaler aux coureurs et aux suiveurs les nombreux obstacles de la route comme les terre-pleins, ronds-points, îlots directionnels... à l'aide d'un drapeau jaune. « S'ils ne nous avertissaient pas, on ignorerait la présence d'un passage dangereux, souligne Anthony Perez, de l'équipe Cofidis. Lorsqu'on roule au milieu du peloton (176 éléments au départ de l'épreuve) à 60 à l'heure, on ne sait même pas qu'on arrive dans un village ; le seul repère, c'est le coureur qui est placé juste devant toi. Heureusement, on voit le drapeau jaune et on est averti par le sifflet. »

Les six DJ circulent en amont de la course, l'un d'entre eux s'arrête à un endroit à sécuriser, les cinq autres poursuivent leur route. « La règle est la suivante : on signale le danger, on n'en crée pas, souligne Jordan Baudin. On remonte le peloton quand les conditions de sécurité sont réunies. On ne dépasse pas dans la traversée d'une agglomération, lorsqu'il y a du public, en descente... » Avec l'expérience, les gardes sont rompus aux caractéristiques de la course cycliste et s'adaptent à sa physionomie : si une échappée se dessine, pas question non plus d'envisager de doubler des coureurs. *Idem* à l'approche des sprints intermédiaires (comptant pour le classement par points) qui provoque une brusque accélération du peloton.

« Lorsqu'il y a un danger à l'aveugle pour les coureurs, on se place en amont du lieu, poursuit le militaire. Si la visibilité est suffisante pour eux, on se met dessus. La moto doit être la plus proche de nous

À l'aide d'un drapeau jaune, le gendarme indique aux coureurs la présence d'un danger.

et du même côté, parfois sur l'îlot directionnel.» En résumé, le DJ signale le péril, voit la course passée devant lui, remonte le peloton jusqu'au prochain point dangereux à indiquer. Ce roulement inclut les six personnels affectés à cette tâche. «Cela prend de nombreux kilomètres pour repasser devant lorsque le peloton roule à vitesse élevée, fait observer Jordan Baudin. Comme on ne peut être présent à tous les points, on priorise le danger. Par exemple, il n'est pas utile de signaler un terre-plein central à trois échappés qui le voient parfaitement.»

LES ALPHA ET LES CHARLY

Les gardes républicains placés à l'échelon course sont dénommés les «Alpha» («plus avant» en grec antique). L'Alpha 2 est le commandant d'unité Karim Alioui, le patron.

L'Alpha 3 est le chargé de mission, il est le responsable de l'échelon course durant toute l'épreuve et organise le déplacement. Il détermine la position des personnels dans la «bulle de sécurité» selon leur niveau de pilotage et d'expérience. L'Alpha 4 est le responsable de la course avant, il dirige les Alpha 41, 42, 43, 44, 45. La même organisation vaut autour de l'Alpha 5 à l'arrière de la course. L'Alpha 7 est celui des DJ.

Leurs collègues, les «Charly», sont chargés d'encadrer la caravane publicitaire. Ils ouvrent et ferment une «bulle» qui s'étend sur 10 à 15 kilomètres, dans laquelle circulent 180 véhicules et régulent l'allure du cortège.

Un binôme «prévention» réalise les contrôles de vitesse et d'alcoolémie (lire par ailleurs). Un autre binôme «hors gabarit» veille à dévier des petites routes, parfois à flanc de montagne, les véhicules surdimensionnés de la caravane.

La route se partage

Vélos en libre-service, effets (positifs) de la crise de la Covid-19, accès au vélo à assistance électrique, aménagement de nouvelles pistes cyclables... Entre 2019 et 2022, la pratique cycliste a connu une augmentation notable : 20 % en agglomération et 18 % hors agglomération. Le nombre de décès a suivi malheureusement la courbe de cette évolution : 147 en 2010, 187 en 2019, 245 en 2022 (près de la moitié des victimes portaient un casque). Avant un recul en 2023, avec 19 tués de moins que l'année précédente.

Les accidents mortels résultent le plus souvent d'une collision par l'arrière et du non-respect des distances de sécurité lors d'un dépassement par un véhicule. D'où la campagne de prévention et de sensibilisation au «partage de la route» menée par la Sécurité routière durant le Tour de France. Des messages de respect et de prudence sont délivrés aux spectateurs par deux véhicules présents dans la caravane publicitaire, rappelant l'obligation d'écartement d'un mètre cinquante (un mètre en ville) lors de la manœuvre de dépassement.

Pour toucher directement le grand public, cette règle est largement diffusée sur les antennes de France Télévisions par Thomas Voeckler. Toujours populaire, l'ancien coureur devenu consultant réitère chaque jour un conseil de sécurité.

LA **ROUTE**
SE **PARTAGE !**

Jordan **BAUDIN**, garde républicain

> **« La règle est la suivante : on signale le danger, on n'en crée pas. »**

L'escorte motocycliste de la Garde républicaine est appuyée par une importante logistique. En cas de panne, une moto de réserve est embarquée dans un fourgon situé à la fin de la course avec deux mécaniciens à bord. En parallèle, deux camions transportent cinq machines, des roues, des pièces détachées. Un véritable atelier roulant d'entretien et de réparation. L'un des véhicules transporte les valises d'un effectif des personnels, une machine à laver. Et aussi des… vélos car plusieurs de ces gardes républicains sont des cyclistes qui pédalent après avoir « béquillé » !

LES CONTRÔLES DE VITESSE

Environ 2000 véhicules bénéficient d'une accréditation (un laissez-passer) pour suivre le Tour de France. Un itinéraire hors course est mis en place pour 1500 d'entre eux afin de réduire la circulation sur le parcours de l'étape et en diminuer la dangerosité.

Chaque année, des membres de la Garde républicaine réalisent près de 1500 contrôles de vitesse (limitée à 30 km/h lorsque le public est dense, 50 km/h en agglomération, 80 km/h sur une route départementale), à l'aide d'un cinémomètre, sur les portions les plus périlleuses du parcours. En 2023, une dizaine d'automobilistes ont été pris en défaut.

Les gendarmes procèdent également à 800 contrôles d'alcoolémie (3 cas positifs en 2023), les premiers au sein de la caravane publicitaire avant qu'elle ne quitte le lieu du départ. Ils s'assurent du bouclage de la ceinture de sécurité et du harnais (la caravane est composée de plusieurs véhicules spéciaux).

Les sanctions sont graduées selon le niveau de l'infraction. Les plus graves conduisent à l'exclusion de l'épreuve du chauffeur fautif.

SÉCURITÉ RENFORCÉE

Pourtant, le sport cycliste n'est pas sans danger pour ses athlètes professionnels qui dévalent les descentes, parfois à plus de 100 km/h, sans aucune protection vestimentaire en cas de chute. « Vous êtes maîtres du risque que vous prenez. Restez prudents » : voici, en substance, le message d'Adam Hansen, président de Cyclistes professionnels associés (CPA), association internationale défendant les intérêts de la corporation. Le syndicaliste australien sait de quoi il parle : l'ancien coureur compte vingt-huit participations aux grands Tours, dont huit au Tour de France.

En 2023, un organisme indépendant destiné à améliorer les conditions de sécurité sur les compétitions est créé sous le nom de SAROC, contraction de SAfe ROad Cycling (cyclisme sur route en sécurité). La plateforme trouve en Amaury Sport Organisation (A.S.O.) un partenaire privilégié, depuis longtemps proactif dans ce domaine crucial. En amont de l'épreuve, des membres d'A.S.O. échangent avec Adam Hansen. Un récent dispositif de sécurité est opérationnel, notamment pour les étapes de montagne. Placées avant les virages les plus périlleux, des bornes lumineuses sont pourvues d'un avertisseur sonore bipant à l'attention des cyclistes.

« On voit et on entend d'assez loin, témoigne Anthony Perez, coureur de l'équipe Cofidis. Les bornes lumineuses nous donnent également la direction pour l'enchaînement d'un rond-point et d'un îlot directionnel. »

Des banderoles jaunes à chevrons noirs positionnées sur les chicanes et dans les virages en descente incitent à la prudence. Des coussins gonflables protègent des murets et des filets sécurisent les courbes au-dessus des ravins.

La plupart des coureurs effectuent la reconnaissance des étapes de montagne en amont du Tour. Sur son vélo, Adam Hansen, équipé d'une caméra type GoPro, filme les passages les plus sensibles et diffuse la vidéo sur YouTube afin d'en faire bénéficier l'ensemble des concurrents.

Les infrastructures routières sont toujours plus nombreuses et leur présence nécessite une information claire à l'attention des coureurs et des suiveurs.

LES ALÉAS de la chaussée

Les passages à niveau

Sur des photos sépia, on retrouve des scènes de coureurs traversant des rails de chemin de fer malgré la fermeture des barrières d'un passage à niveau, au mépris du danger. Ces images n'existent plus aujourd'hui. En cas d'infraction, le cycliste s'expose à une exclusion de la course. Des représentants de la direction de course, du jury des commissaires et de l'escorte motocycliste sont en alerte sur chacun de ces points. Dans le cas d'une échappée, les commissaires de course enregistrent les écarts avec le peloton. Lorsque la voie est libre, les coureurs de tête repartent avec l'avance qu'ils possédaient sur leurs poursuivants au moment de leur arrêt contraint.

Le garde-barrière ouvre une porte du passage à niveau aux coureurs du Tour 1958.

63 °C sur la chaussée !

Les étés sont de plus en plus chauds, plus personne ne l'ignore. La température au sol est de 60 °C à Issoire (Puy-de-Dôme), à l'arrivée d'une étape en 2023, tout près du record de 63 °C datant de 2019 aux Rousses (Jura). « Depuis quelques années, nous mettons en œuvre un traitement préventif, le lait de chaux, obtenu à partir d'un mélange d'eau et de chaux », explique André Bancalà. Répandu sur la chaussée par les citernes des départements traversés, ce produit blanchâtre, en réfléchissant les rayons du soleil, réduit la température du bitume. Ce procédé permet d'éviter la dégradation de la chaussée et d'en améliorer le grip. Le Tour de France est un indicateur du changement climatique. Depuis 1999, André Bancalà enregistre les températures, dans l'air et au sol, à raison de trois prises par jour : au départ, à mi-course, à l'arrivée. En vingt-cinq ans, elles ont augmenté de 1,70 °C dans l'air et de plus de 10 °C au sol.

LES VACANCES de « Gros Léon »

La propreté de la chaussée, c'est, depuis 2010, le boulot de... « Gros Léon ». Ainsi surnomme-t-on ce camion balayeur à la couleur canari fluo et aux caractéristiques qui ne passent pas inaperçues : 3,50 m de hauteur, 15 tonnes, 240 chevaux. Placé entre la caravane publicitaire et les coureurs, son balai hydraulique débarrasse les presque 3 500 kilomètres des routes du parcours du Tour de ses aspérités en traquant cailloux, gravillons, tessons de bouteilles.

En 2023, sur le circuit automobile de Nogaro, la présence de la gomme des pneus des bolides nécessite trois passages de « Gros Léon ». Avec sa cuve de 2 000 litres d'eau, il refroidit la chaussée lorsque le revêtement commence à fondre ou élimine des traces de gazole.

« Dans le cas d'une canicule extrême, l'eau est utilisée pour un traitement curatif. La consommation est beaucoup moins importante qu'autrefois, relève André Bancalà, responsable de l'équipe de l'Assemblée des départements de France. En 2022, elle a été de 500 litres au total pour un court et délicat passage de 250 mètres, soit l'équivalent de 0,06 % du remplissage d'une piscine olympique. » En 2023, pour la première fois, la balayeuse utilise de l'eau de pluie puisée dans des bacs de récupération et des bornes vertes. Prêté par le département des Vosges pendant la durée du Tour, « Gros Léon » est affecté l'été au fauchage et l'hiver au déneigement. En juillet, ce grand serviteur de la population vosgienne devient un peu une « star » nationale. Même si l'engin n'a rien pu faire, en 2019 dans les Alpes, face à des coulées de neige interrompant l'étape avant son terme.

INITIATION des jeunes

Les programmes dédiés aux écoliers
L'initiation des écoliers au vélo est un programme concernant 100 000 écoliers issus de 3 400 classes.

Dans le cadre du programme « L'avenir à vélo », une initiation destinée aux 6-12 ans est organisée, en juin, dans toutes les écoles élémentaires. Plus de 100 000 écoliers y participent, soit l'équivalent de 3 400 classes, en écho à la distance approximative du parcours (plus de 3 400 kilomètres).

Cette opération est basée sur le « savoir rouler à vélo », initiée par l'Éducation nationale (afin de permettre aux enfants d'être autonome à vélo avant l'entrée au collège), avec le concours de Ma Petite Planète pour une sensibilisation à l'environnement.

En 2023, un euro par enfant participant est reversé au Secours populaire français, à Qhubeka (organisation caritative finançant des vélos en Afrique) et à la Fondation ANAIS (accompagnement des personnes en situation de handicap).

Ce dispositif à l'intérieur des écoles est renforcé pendant les vacances dans les *fan parks* et les *fan zones* de l'épreuve avec les « Ateliers du Tour », un espace pédagogique animé par des membres de clubs de la Fédération française de cyclisme, proposant une initiation à la pratique, la réparation, le marquage et le gravage du vélo, la sécurité routière. En 2023, 7 500 enfants les ont fréquentés.

En amont du Tour de France (hommes et femmes), ASO offre aux petits des écoles maternelles des villes-étapes 1 350 draisiennes de couleur jaune. La draisienne constitue le meilleur support pour apprendre l'équilibre sur deux roues et faciliter un passage rapide à la bicyclette.

LA DICTÉE DU TOUR

En parallèle, Christian Prudhomme, le directeur du Tour, s'est inspiré d'un grand concours d'orthographe organisé avant l'Euro de football en France en 2016, dans plusieurs villes de la région parisienne, pour lancer la dictée du Tour de France. Elle existe depuis 2017 pour les élèves de CM1, CM2, 6e et 5e. Un nouveau record de participation est établi en 2024 avec 27 000 élèves issus de 37 villes-étapes des pays traversés par le Tour de France (Italie, France, Monaco) et par le Tour de France Femmes avec Zwift (Pays-Bas, Belgique, France). Environ 300 élèves d'écoles italiennes et du lycée français Victor-Hugo, à Florence, s'appliquent à rendre une belle copie sur les liens entre le Tour et l'Italie.

Généralement, le texte est un extrait d'une dizaine de lignes d'un article de la presse quotidienne régionale, collecté par le service de presse d'A.S.O., rédigé à l'occasion de l'annonce du parcours du Tour de France et mettant en avant la venue des coureurs au cœur de la région. Il est complété par trois mots du vocabulaire cycliste à orthographier et une question subsidiaire portant sur la Grande Boucle.

Le lecteur est souvent un sportif émérite ou une personnalité. En 2022, le rugbyman Antoine Dupont joue le maître d'école dans son village de Castelnau-Magnoac (Hautes-Pyrénées). En 2024, l'ancien coureur Pierre Rolland est présent avec des enfants d'Orléans et Sébastien Frey, l'ex-gardien de but de la Fiorentina à Florence. Commentateur historique du Tour à la télévision et auteur d'ouvrages sur le général de Gaulle, Jean-Paul Ollivier lit le texte qu'il a rédigé, à Colombey-les-Deux-Églises, sur l'arrêt du peloton en 1960 pour saluer le premier des Français.

La dictée du Tour de France Femmes avec Zwift est prononcée à Amnéville par Marion Rousse, sa directrice, et à Morteau par la meilleure coureuse française actuelle, Juliette Labous.

Chaque participant reçoit une trousse à l'effigie de Maxoo, la mascotte du Tour de France, et un livret pédagogique sur « la vie à vélo », réalisé par les auteurs du *Journal de Mickey*.

À l'image du nombre de cyclistes présents dans les équipes hommes et femmes, les 8 meilleurs élèves de la dictée du Tour et les 7 meilleurs élèves de celle du Tour Femmes sont invités dans les coulisses, soit près de 450 enfants au total sur les 29 étapes.

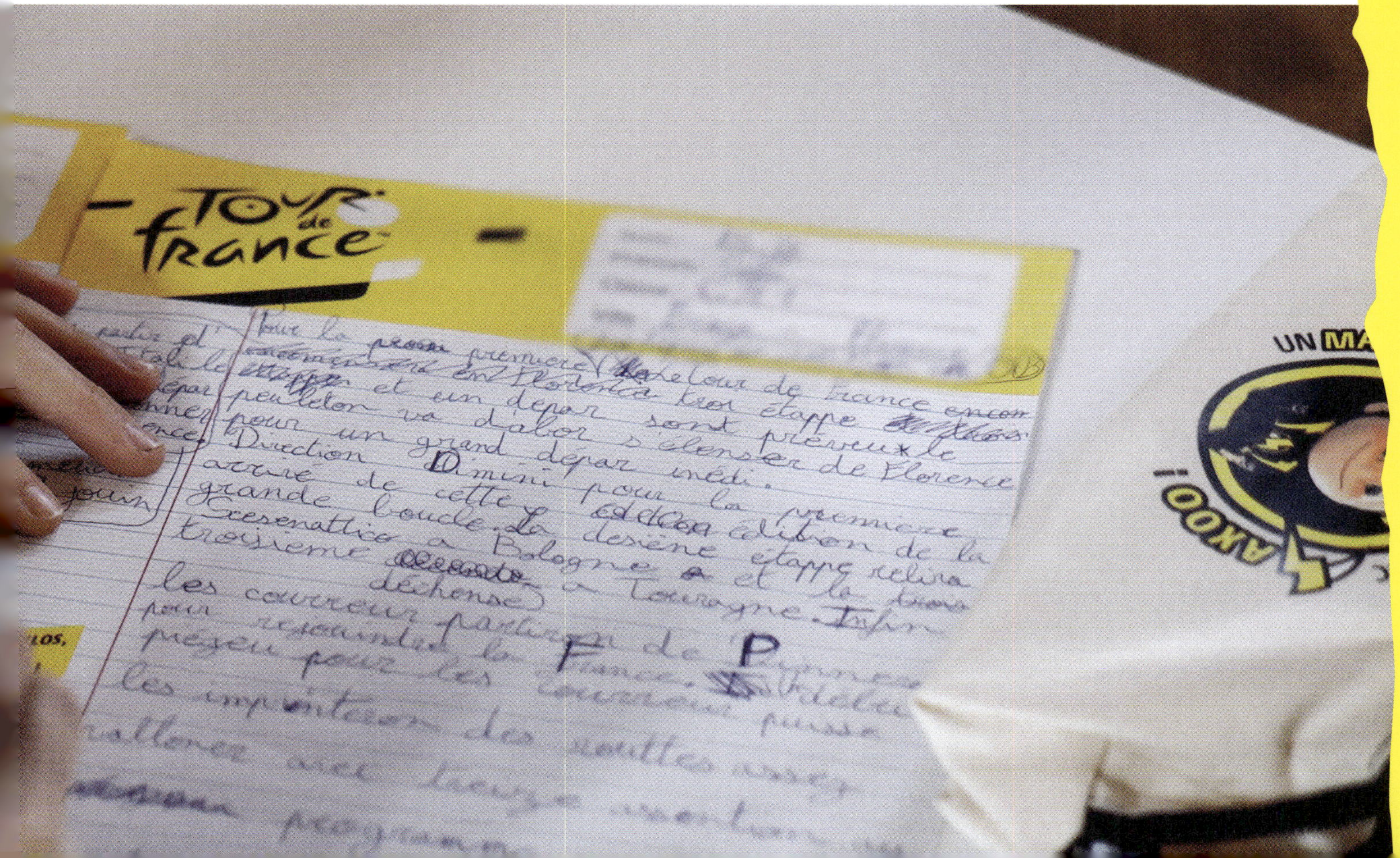

En 2024, 27 000 élèves ont participé à la dictée du Tour de France.

LA CONFÉRENCE DE PRESSE DES ENFANTS

FACE À LEURS IDOLES

À quelques jours du Grand Départ, des coureurs prennent part à la traditionnelle conférence de presse... des enfants. De jeunes cyclistes provenant des clubs de la région s'improvisent journalistes.

En 2023, à Bilbao, ce sont naturellement trois coureurs originaires du Pays basque qui se sont prêtés volontiers au jeu des questions et des réponses : Mikel Landa, Ion Izagirre et Alex Aranburu. Ce dernier (le plus jeune des trois) a rappelé, justement, que les frères Izagirre, Ion et Gorka, ont suscité chez lui l'envie de faire du cyclisme son métier. « Ils venaient souvent remettre les trophées sur les courses de cadets auxquelles je participais », se souvenait-il.

Bien sûr, ces enfants rêvent d'être un jour, eux aussi, au départ du Tour de France. « Cela dépend de vous, leur répond Ion Izagirre. Peut-être que, dans une dizaine d'années, c'est l'un d'entre vous qui sera à notre place à cette tribune. »

En 2018, avant le Grand Départ de Noirmoutier, les coureurs David Gaudu et Lilian Calmejane accompagnés de Thomas Voeckler, alors consultant, se prêtent au jeu des questions-réponses.

Vendée Pays de la
VENDÉE
LE DÉPARTEMENT
PAYS DE LA LOIRE

SCÉNARISER la course

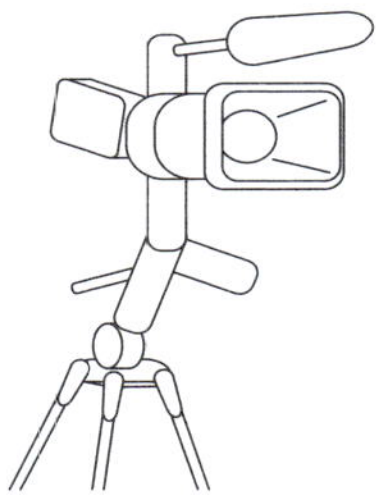

Netflix, la série gagnante

La série documentaire *Tour de France : Au cœur du peloton* de la plateforme de *streaming* américaine élargit et rajeunit le public de l'épreuve.

En juin 2023, la sortie de la série *Tour de France : Au cœur du peloton*, tournée essentiellement lors de l'édition de 2022 et présentée sur la plateforme de *streaming* américaine Netflix, suscite la curiosité. Un an plus tard, c'est l'impatience qui prévaut tant la saison 1 a séduit ses abonnés.

Ce feuilleton, en huit épisodes de quarante-cinq minutes chacun mettant en scène huit équipes (sept et plusieurs individualités lors de la saison 2) dans leurs coulisses et leur intimité, montre le cyclisme et le Tour d'une autre façon. Avec comme modèle *Formula 1 : Pilotes de leur destin*, précurseur, devenue culte des séries documentaires sportives qui pénètrent le monde de la Formule 1. Les moyens sont importants : cinquante caméras suivent les équipes retenues pour la série pendant le Tour, de nombreuses interviews sont réalisées avant et après l'épreuve. Vous partagez les victoires et les revers des coureurs, la joie et la déception des staffs. Vous espérez la réussite des longues échappées, vous retenez votre souffle face à la violence des chutes. Les petites histoires prennent le pas sur les grandes.

Vous partagez les victoires et les revers des coureurs, la joie et la déception des staffs

SÉDUIRE UN PUBLIC PLUS JEUNE

« C'était notre pari de parler à la fois aux puristes et aux profanes en découvrant le vélo sous un autre angle », explique, à France 24, Yann Le Bourbouac'h, l'un des producteurs de la série réalisée par QuadBox (partenariat entre Quad et Box To Box Films à Londres). « Grâce à un récit centré sur des héros bien ciblés, dont on découvre toute l'humanité au-delà du côté sportif, cette série documentaire fait vibrer même ceux qui ne connaissent pas grand-chose au monde du vélo », relate *Le Parisien*.

« Le sport, les stratégies, les personnages… Les gens aiment qu'on leur raconte des histoires, relève Julien Goupil, directeur médias et partenariats chez Amaury Sport Organisation (A.S.O.). La diffusion de la série a permis un élargissement du bassin d'audience. Il y a eu un effet Netflix au bord des routes

Face à la caméra de Netflix, le Colombien Esteban Chaves, de l'équipe américaine EF Education-EasyPost.

Avant le départ du Tour 2023, l'équipe de tournage de Netflix suit l'entraînement de l'équipe Groupama-FDJ.

Thierry Bricaud au volant de la voiture de l'équipe Groupama-FDJ. Sur sa droite, une mini-caméra de Netflix filme le directeur sportif.

avec beaucoup de femmes, beaucoup plus de jeunes mais pas seulement car d'autres tranches d'âges regardent les séries... » Le rajeunissement du public, Marc Madiot, manager général de l'équipe Groupama-FDJ, l'a constaté. « À l'arrivée à Bordeaux, j'ai fait des selfies avec une trentaine d'adolescents, c'était la première fois. L'effet Netflix. Habituellement, je signais sur des photos pour des gens de mon âge », raconte le sexagénaire.

OPÉRATION MARKETING POUR LES ÉQUIPES

« La touche Netflix, c'est appliquer des techniques de l'ordre du cinéma et des séries à une narration sportive, analyse, auprès de France 24, Jean-Philippe Danglade, professeur de marketing à l'école de commerce et de management Kedge. On convainc le spectateur de l'absolue nécessité de regarder l'épisode suivant avec la logique du feuilleton et du *cliffhanger* (type de fin ouverte, laissée en suspens, afin de créer une forte attente). C'est choisir les bons clients et c'est aussi l'art du montage et d'être là aux bons moments pour capter les petites phrases et les tranches de vie. » Sur ce point, le champion belge Wout van Aert reproche à la plateforme d'avoir scénarisé des divergences avec son leader Jonas Vingegaard lors du Tour 2022. Cette année-là, le team UAE avait répondu négativement à la proposition de Netflix d'être filmée. Dès la suivante, elle a ouvert ses portes et Tadej Pogačar, l'un des personnages majeurs de la course, a fait son apparition dans la docu-série.

« Il y a deux saisons, voire une troisième en 2025, reprend Julien Goupil. La série fait un bien fou au Tour de France et à l'écosystème du cyclisme. Un bien fou aussi pour les partenaires car c'est tendance et complémentaire de la diffusion TV : une opération spéciale qui se fait dans le monde des grands événements. Netflix paie A.S.O., un partage est effectué avec les équipes cyclistes et France Télévisions, le diffuseur hôte. Mais c'est surtout un enjeu de communication. »

« D'après les retours que j'ai eus, sur le plan des abonnés, le résultat est satisfaisant en France et très satisfaisant à l'étranger », note Julien Jurdie, l'un des protagonistes de la saison 1.

Être acteur est essentiel pour certaines équipes dont les sponsors bénéficient d'une visibilité positive et internationale grâce à la diffusion planétaire du géant américain. Pour eux, l'opération marketing dépasse le cadre d'une série documentaire. Et A.S.O. bénéficie d'un teasing très enviable pour le lancement du prochain Tour de France.

LES TATOUAGES
de Julien Jurdie

Julien Jurdie, directeur sportif de l'équipe Decathlon-AG2R La Mondiale (ex-AG2R- Citroën), est l'un des personnages principaux de la saison 1 et il est à nouveau présent dans la saison 2 diffusée avant le Tour 2024.

En 2023, il avait adhéré au projet avec, toutefois, une petite appréhension. « Un documentaire de Netflix existait déjà sur l'équipe Movistar : son directeur sportif José Luis Arrieta – un ancien coureur de chez nous – n'en avait pas parlé en bien, certains passages l'avaient fragilisé. Donc il y avait une interrogation. Mais sur le fond, j'étais très ouvert car cela permet d'élargir le public du cyclisme. »

Le tournage commence en amont du Tour 2022. « Une équipe, avec un cameraman et un preneur de son, s'est déplacée en mai en Sierra Nevada, notre lieu de stage en Espagne, pour voir les coureurs. Ils ont également filmé chez Benoît Cosnefroy, mais le résultat ne leur convenait pas. Lorsque Ben O'Connor craque sur ce Tour, ils changent un peu leur fusil d'épaule en s'intéressant à Bob Jungels parce qu'il gagne une étape dans les Alpes. Et ils décident de faire une histoire autour de moi, avec une partie sur ma vie privée. Ils sont venus chez moi à Saint-Étienne. Je roule régulièrement avec mon fils, ces images-là ont été diffusées. Ils ont aussi filmé mes tatouages. » Ce fondu de foot a les Verts dans la peau. « Tu parles pendant des heures, mais tu ne sais pas ce qui va rester au final, remarque-t-il. Ce n'est pas l'équipe de tournage qui dérushe et fait le montage, ça se passe à Londres. Il y a deux ou trois choses qui m'ont chagriné, comme mon vocabulaire un peu cru pendant la course, dans le feu de l'action. Au final, c'est une vraie réussite. »

Pour la saison 2, Netflix est retourné voir Julien Jurdie à Saint-Étienne. Il a montré un nouveau tatouage à la caméra, celui du coureur Autrichien Felix Gall, auteur d'une victoire prestigieuse au sommet du col de la Loze, dans les Alpes, en 2023. « Cette fois, ils s'intéressent plus au côté business, à Vincent Lavenu qui a construit l'équipe il y a une trentaine d'années. Mais on ne peut pas tout montrer : lors d'une réunion de travail où on parlait recrutement et salaires, on leur a demandé de ne pas filmer. »

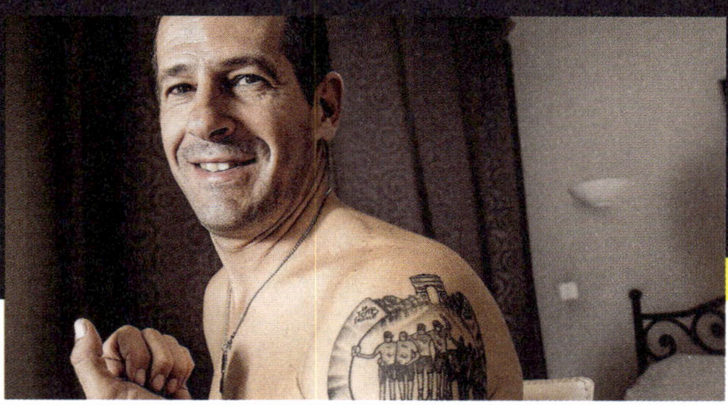

INSTALLATION
du Village

Un lieu privilégié de rencontres
Le Village Tour de France est un lieu emblématique de l'épreuve, un espace privilégié pour les relations publiques, où 1500 personnes se croisent chaque jour au départ de l'étape.

Situé à proximité du départ de l'étape, le Village Tour de France est un endroit emblématique du paysage de la Grande Boucle fréquenté quotidiennement par 1 500 personnes. Créé en 1988 sur le modèle de Roland-Garros, cet espace, dédié aux relations publiques, rassemble les partenaires dans une enceinte privée. Les petites collectivités rurales se mêlent aux grandes marques internationales. Une cérémonie officielle est présidée chaque jour par Christian Prudhomme, le directeur, accompagné de Bernard Thévenet, double vainqueur (en 1975 et 1977) et ambassadeur du Tour de France. Ils reçoivent des personnalités, souvent des élus, remettent des médailles aux suiveurs en récompense de leur fidélité. On croise d'anciens champions cyclistes et de bien d'autres sports. C'est aussi un lieu traditionnel de rencontres pour les familles de la communauté du Tour avant le démarrage de la course. On ressent l'effervescence de la Grande Boucle.

Les coureurs ont longtemps profité de l'ambiance du Village qu'ils considéraient comme un espace de détente

Quarante-deux pavillons sont installés sur ce site de 3 000 à 3 500 m² (auquel est adossée une zone technique de 1 500 m² pour les véhicules utilitaires et le matériel des prestataires de services). La superficie maximale est, semble-t-il, atteinte, surtout au cœur des villes déjà engorgé par les structures tentaculaires de l'épreuve. En 2016, Amaury Sport Organisation (A.S.O.) a résolu l'équation consistant à augmenter le nombre de sponsors sans agrandir le Village, en innovant avec des pavillons à double étage (pouvant accueillir 50 personnes) pour ses partenaires majeurs, LCL, E. Leclerc, Skoda Auto, Krys Group et Continental, le diffuseur officiel France Télévisions et les services de l'organisation. Extraits d'un conteneur, des modules sont dépliés sur deux niveaux plus une terrasse de 50 m². Huit ans plus tard, le Village affiche à nouveau complet.

TOUR DE… MAGIE

Dès l'entrée, impossible de rater la boutique officielle du Tour de France qui propose des produits dérivés à la vente.

Les acrobates de la Clique du Tour traversent le Village de long en large pour distraire les visiteurs et présentent un spectacle sur scène. « Mon rôle est de créer du rythme et mettre de l'ambiance », raconte un magicien, dont les tours de cartes déclenchent l'hilarité d'un pavillon à l'autre.

Plusieurs buffets de restauration sont proposés par Sodexo, société française rayonnant à l'international (notamment fournisseuse des Jeux olympiques et paralympiques de Paris et des… armées américaine et britannique).

Depuis quelques années, une conciergerie est à la disposition des suiveurs de la course et des VIP de passage. En dehors du mois de juillet, Marie Gillard, de la société Circles, travaille pour des palaces. « A.S.O. essaie d'offrir toujours plus de services aux invités, et toujours plus de haut de gamme », dit-elle. Un pressing, un bouquet de fleurs ? Elle s'occupe de tout. Elle a même trouvé dans les plus brefs délais une paire de chaussures Stan Smith à un ambassadeur pour être en accord avec un *dress code.*

Les coureurs ont longtemps profité de l'ambiance du Village qu'ils considéraient comme un espace de détente et où ils pouvaient même profiter des services d'un coiffeur et d'un barbier. Leur présence permettait aux journalistes de réaliser des interviews. L'accès a été interdit aux sportifs durant l'édition de 2020, la première année de la pandémie de coronavirus, afin d'éviter les contacts avec l'extérieur. Aujourd'hui, les cyclistes passent une grande partie de la matinée dans leur bus où ils s'habillent en tenue de course et participent au briefing de l'étape.

« Autrefois, c'était plus marrant, on rigolait, la moitié du peloton était au village-départ. Aujourd'hui, les coureurs se prennent trop au sérieux, ils vivent comme des moines et se sentent obligés de vivre comme ça », regrette Thibaut Pinot, qui a couru le Tour de France à dix reprises entre 2012 et 2023.

Quelques coureurs dont les sponsors d'équipe louent un espace (c'est le cas de TotalEnergies, FDJ, AG2R La Mondiale, Bora et Arkéa en 2023) se rendent au Village pour effectuer des relations publiques.

Installé au départ de chaque étape, le Village du Tour de France existe depuis 1988. Ici à Bilbao, lors du Tour 2023.

LE VILLAGE ÉPHÉMÈRE

Monter, démonter, remonter

Le Village est un espace de vie éphémère. Pour parcourir la France, il est monté, démonté et remonté chaque jour. Quinze camions transportant chacun 120 m³ de matériel destiné à sa construction provisoire effectuent le trajet de la ville-départ du jour à celle du lendemain.

Muni du plan élaboré par Yannick Goasduff, chargé des départs, le régisseur Guillaume de Prémont se rend sur place dès le mois d'avril pour déterminer l'emplacement des pavillons. Les semi-remorques de la société XPO sont numérotés de 1 à 15, leur contenu ne change pas du début à la fin de l'épreuve. Ils stationnent sur un parking à l'écart du Village puis se présentent sur le site, l'un après l'autre, en respectant strictement un ordre de circulation et de déchargement défini à l'avance.

**LE MONTAGE COMMENCE VERS 19 HEURES,
L'OPÉRATION DURE ENTRE QUATRE ET SIX HEURES**
« Sur un parking de parc des expositions, ce ne serait pas un problème que les quinze camions arrivent ensemble, mais à Bagnères-de-Bigorre ou Évaux-les-Bains on aurait un joyeux bazar », explique David Foulon, responsable Opérations logistiques chez A.S.O. Près de 100 personnes sont chargées de l'édification du Village : installateurs, caristes, chauffeurs, électriciens... Le montage commence vers 19 heures, l'opération dure entre quatre et six heures. « Lorsqu'ils ont fini, vers 1 heure du matin, les manutentionnaires rejoignent leur base de vie pour se restaurer dans un *catering*, reprend David Foulon. Il y a beaucoup de jeunes, d'étudiants, ils aiment l'ambiance du Tour même s'ils n'en profitent pas directement. Ils dorment dans des camions-couchettes ou des camping-cars, à un endroit calme en dehors de la ville, pas à côté d'une discothèque ou d'un supermarché, sinon au bout de deux ou trois jours, ils seraient lessivés. »

Après le départ de l'étape, donné à 13 heures, commence le démontage du Village jusqu'à 16 heures environ, un transfert vers la prochaine ville-départ qui peut durer cinq heures, puis son montage en début de soirée. Une opération renouvelée chaque jour et une partie de la nuit pendant trois semaines ! »

Logistique. Au cœur de la nuit, dans Carcassonne endormie, des dizaines de personnes s'activent au montage du village-départ (podium, traçage de la ligne de départ), jusqu'au lever du jour... où tout a pris forme. Une magie qui opère chaque jour sur le Tour de France.

@LeTour
LCL

1311

[redacted]

Top
départ

Le départ est donné ! Des milliards d'yeux sont dirigés sur la course et les coureurs grâce aux images réalisées par les pilotes de presse et cameramen. Téléspectateurs et auditeurs profitent des éclairages des consultants. En direct, les speakers créent l'animation et les photographes de presse se positionnent aux emplacements stratégiques pour réussir les meilleurs clichés. Sur les réseaux sociaux, les contenus créés par les spectateurs comme par les acteurs du Tour affluent et partagent les meilleurs moments et les coulisses de la compétition.

FLORENCE
2024

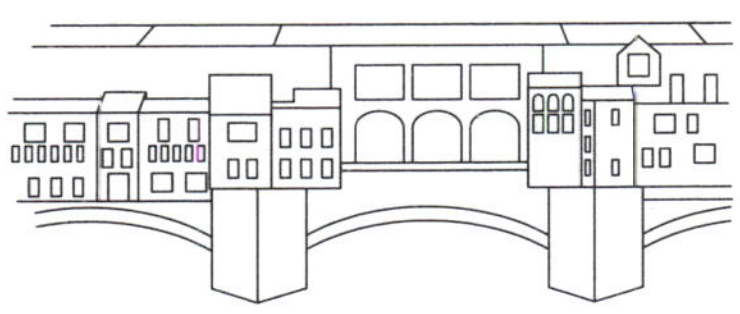

Un Grand Départ très attendu
La capitale de la Toscane a attendu une dizaine d'années avant de voir son vœu de ville de Grand Départ exaucé en 2024.

En 2020, au cœur de la pandémie de la Covid-19, Dario Nardella, le maire de Florence, envoie un SMS à Christian Prudhomme accompagné d'une photo des rues de sa ville désertées par ses habitants. Par ce clin d'œil dans une période où notre quotidien est bouleversé, il pense à la vie qui reprendra un beau jour, il pense au Tour de France ! En 2024, la capitale de la Toscane voit son vœu d'accueillir la Grande Boucle s'exaucer après une longue attente. Un premier souhait est émis au début des années 2010, par le maire de l'époque, Matteo Renzi, pour l'édition de 2014. Parallèlement, une velléité de candidature naît en Vénétie sous l'impulsion de la petite-fille d'Ottavio Bottecchia, le premier vainqueur italien du Tour de France en 1924, mais sans véritable volonté politique pour la soutenir.

L'Angleterre est finalement préférée à Florence. « Lors de la cérémonie des Jeux olympiques de Londres en 2012, se souvient Christian Prudhomme, la reine Elizabeth a fait une entrée très remarquée aux côtés de James Bond (Daniel Craig), et Bradley Wiggins, qui venait de devenir le premier britannique vainqueur du Tour, vêtu du Maillot Jaune, a sonné la cloche du spectacle chorégraphié. Comme le Maillot Jaune était associé à cet événement planétaire vu par un milliard de téléspectateurs, nous avons opté pour le Yorkshire pour 2014. »

La municipalité florentine insiste pour 2018 dans son désir de célébrer les 80e et 90e anniversaires des victoires (en 1938 et 1948) de son champion Gino Bartali. En vain.

Stefano **BONACCINI**

« Regarde comme Florence est belle. »

Les organisateurs reçoivent d'autres candidatures italiennes, séparément, de l'Émilie-Romagne et du Piémont. La première est inspirée de l'organisation des championnats du monde à Imola, en 2020, pendant la crise sanitaire.

En 2024, pour ce Grand Départ historique, en Italie, une première depuis la naissance du Tour de France en 1903, la direction d'Amaury Sport Organisation choisit Florence pour le rayonnement international de cette destination romantique, culturelle, artistique et désormais… sportive. Mais elle ne peut assumer, seule, la constitution d'un budget d'une dizaine de millions d'euros. L'Émilie-Romagne est une région très dynamique, économiquement, et le Piémont, outre l'intérêt que représente Turin, offre à l'épreuve un retour direct en France.

Le celèbre « Duomo », la cathédrale Santa Maria Del Fiore, formidable écrin pour le départ 2024 depuis Florence en Italie.

Lorsqu'il rencontre le président de l'Émilie-Romagne, Stefano Bonaccini, et l'ancien coureur Davide Cassani, personnage très influent dans le cyclisme italien et directeur d'une agence de promotion touristique de cette région, Christian Prudhomme apporte ce conseil : « Si vous voulez un Grand Départ en Italie, mutualisez vos candidatures. » C'est demander à des groupes et à des personnalités de sensibilités politiques différentes de devenir des partenaires... « Beaucoup de gens ont essayé de nous dissuader, cela semblait une entreprise impossible, surtout peu après la pandémie (l'Italie a été l'un des pays les plus meurtris en Europe), rapporte Stefano Bonaccini. Et pourtant, nous l'avons fait en jouant en équipe avec la Toscane, le Piémont et la ville de Florence, en collaboration avec le gouvernement et les autorités nationales, démontrant ainsi qu'en Italie, nous pouvons travailler ensemble au-delà des affiliations politiques. »

RIEN N'EST TROP BEAU POUR LE TOUR

Pour Cyrille Tricart, responsable des Grands Départs chez A.S.O., « ce Grand Départ réunit toutes les composantes qui font la force du Tour de France ». L'esthétisme avec Florence, l'aspect sportif sur les routes escarpées de l'Émilie, l'hommage à

La présentation des huit coureurs de l'équipe Movistar Team sur la *piazzale* Michelangelo, à Florence, deux jours avant le départ de l'épreuve, le 29 juin 2024.

trois grands anciens Maillots jaunes : le Toscan Gino Bartali, avant et après la guerre ; le Piémontais Fausto Coppi, dans les années 1940-1950 ; Marco Pantani, à la fin du XXe siècle.

Le Tour de France se fond aux chefs-d'œuvre florentins de l'art et de l'architecture de la Renaissance italienne. Plusieurs jours avant le démarrage de la course, l'organisation et la presse internationale prennent leurs quartiers au Teatro del Maggio Musicale. La présentation des équipes se déroule sur la piazza Michelangelo qui surplombe la ville. Le 29 juin, jour du Grand Départ, les coureurs traversent le Ponte Vecchio qu'aucun événement sportif n'avait jusqu'alors emprunté. Rien n'est trop beau pour le Tour !

« Un Tour réussi est un Tour qui part bien »

Sur le site de Nord Info, Jean-Marie Leblanc, directeur du Tour de France entre 1989 et 2006, relève qu'« un Tour réussi est un Tour qui part bien ». Ex-directeur de la communication chez A.S.O., Philippe Sudres complète les propos de son ancien patron : « La bonne tenue des réunions de préparation donne le ton du déroulement du Tour. » Elles sont nombreuses, techniques et sportives, à la taille de la gigantesque machine de l'organisation, à destination des équipes, des sponsors, des caravaniers, du service médical, de la télévision, l'ensemble des pilotes de voitures et de motos… La sécurité routière est naturellement mise en avant dans chacune d'entre elles.

La voix des SPEAKERS

« C'est partiiiiiiiiii ! »

Quatre heures d'animation par deux speakers précèdent le départ de l'étape, dont le temps fort est la présentation des coureurs au public.

Le podium installé au départ de l'étape est une véritable scène, une aire d'animation dotée d'un écran géant à double face, côté Village du Tour et côté public (lorsque la configuration des lieux permet ce voisinage). Il déploie ses 60 m² de superficie depuis un camion-remorque qui le transporte de ville en ville.

Quatre speakers officient durant le Tour de France : deux au départ, deux à l'arrivée. En 2015, le speaker « historique » Daniel Mangeas a été remplacé par un quatuor, sans doute parce que « la voix du Tour » était… irremplaçable. En outre, le concept de présentation au public a changé avec la volonté d'ambiancer l'avant-course.

Les deux animateurs de la matinale sont Marc Chavet et Michel Gélizé. Autour de la place de Jaude, à Clermont-Ferrand, lors de l'édition de 2023, les spectateurs se souviennent comment le duo a chauffé la foule pour qu'elle acclame encore plus fort les coureurs qui montent sur le podium, en détachant les syllabes : « Et voilà Ju-lian A-la-phi-lippe ! » Un vrai show. Et, justement, Marc Chavet est un habitué. La voix grave qui porte loin de ce commentateur

bilingue (Amaury Sport Organisation communique en français et en anglais) retentit aussi pendant les combats de MMA, de catch, les matchs de hockey.

« L'interaction est importante, cela s'inscrit dans un *stream* (flux) international, les gens suivent de partout dans le monde, le packaging est très intéressant pour les villes, les régions. Et, nous, on essaie de le rendre sexy », sourit-il.

L'ouverture du micro est fixée à H-4. « L'idée est de monter en puissance jusqu'au départ. On présente les enjeux sportifs de la journée, on fait les animations partenaires au Village, on commente la vidéo du résumé de l'étape de la veille. La présentation des coureurs commence une heure et dix minutes avant le départ. C'est le temps fort de la matinée, les gens viennent pour ça. »

Les speakers déclinent les palmarès des cyclistes, réalisent des interviews. « Je les côtoie assez pour sympathiser avec eux, poursuit Marc Chavet. Je suis assez proche de Peter Sagan, un boute-en-train, imprévisible lorsqu'il était plus jeune. Sur une vidéo, j'avais vu le Norvégien Sondre Holst Enger danser au départ du Tour de Croatie. Je lui ai demandé de le refaire lors du Grand Départ, en 2016, cette fois devant 15 000 personnes. » Le speaker se place sur la ligne de départ quelques minutes avant qu'il ne soit donné. « C'est intense, j'entre en éruption volcanique dans un décompte de 10 à 0, c'est partiiiiii ! »

← Marc Chavet est l'un des quatre speakers de l'épreuve.

↓ En 2020, lors de la présentation des équipes Jumbo-Visma et Groupama-FDJ, au Grand Départ à Nice.

TÉLÉVISION

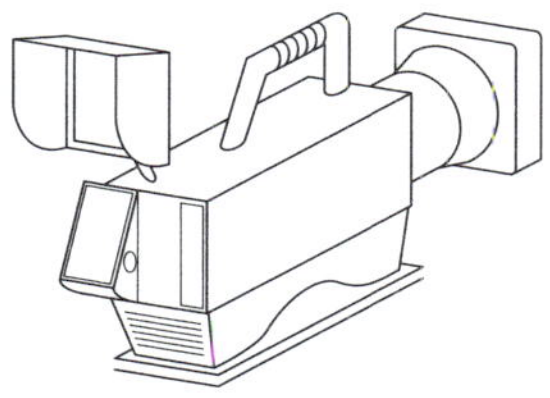

Une course en mondovision

Le Tour de France attire plus de 45 millions de téléspectateurs français, passionnés de sport et amoureux du patrimoine de notre pays.

Une formule largement répandue rappelle que le Tour de France a été inventé par la presse écrite, popularisé par la radio et magnifié par la télévision. Le feuilleton quotidien télévisé tient en haleine les téléspectateurs pendant trois semaines, à raison d'une centaine d'heures en direct sur France Télévisions et Eurosport, les diffuseurs officiels (gratuit pour le premier, payant pour le second).

Sur le Tour de France, la télévision s'immisce au cœur d'une action comme elle le fait pour traiter les sports où le fil conducteur est le ballon ou l'athlète. Elle capte les multiples scènes de la course souvent éloignées les unes des autres, ce qui lui confère une sorte de don d'ubiquité. Le personnage principal (ou plusieurs personnages à la fois) peut changer de peau à tout instant, être l'attaquant qui s'envole vers la victoire ou le favori qui décline à l'arrière, le porteur du Maillot Jaune ou de l'outsider qui le convoite, l'infortuné coureur propulsé dans un ravin…

Contrairement à l'enceinte fermée du stade, le reportage télévisé d'une étape se distingue par une pluralité d'images en intégrant la diversité des décors, en égrenant la beauté des sites, les montagnes notamment. La diffusion intégrale d'une étape peut durer jusqu'à cinq heures, ce qui donne le temps de s'arrêter face au petit café du village traversé par le peloton…

En 2023, la plus grande course cycliste du monde recueille des audiences records. Elle est suivie par 42,5 millions de Français

→ Supporters regardant la course à la télévision sur le bord de la route avant le passage des coureurs, en 2013.

L'audience mesurée « hors domicile »

Depuis 2020, le Tour de France bénéficie d'une nouvelle mesure d'audience de Médiamétrie, comprenant le « hors domicile » (au bureau, dans les bars...) sur différents écrans (téléviseur, ordinateur, smartphone).

En 2023, la plus grande course cycliste du monde recueille des audiences records. Elle est suivie par 42,5 millions de Français, soit 75 % de la population, sur les antennes et plateformes de France Télévisions.

France Télévisions, qui retransmet intégralement les étapes depuis 2017, établit également un record de durée d'écoute individuelle : un Français regarde en moyenne 5 heures et 55 minutes du Tour sur ses antennes. En 2023, France 2 enregistre la meilleure audience moyenne (depuis 2011) avec 4,2 millions et 44,1 % de parts d'audience : soit près d'un téléspectateur sur deux, chaque jour.

La course dans les massifs montagneux est naturellement la plus suivie pour son intérêt sportif. La meilleure audience moyenne sur une étape est celle entre Les Gets et Saint-Gervais-Mont Blanc avec 6,3 millions et un pic historique à 8,7 millions (le deuxième meilleur score des vingt dernières années).

Les amoureux de la « petite reine » ne sont pas les seuls à suivre au plus près la Grande Boucle. Vous avez sûrement déjà entendu l'un de vos proches, détaché de l'actualité sportive, vous raconter son intérêt pour la beauté des paysages de la France, ses monuments et châteaux depuis 2001, filmés en panoramique. C'est aussi la force de la télévision de nous faire voyager à travers le patrimoine historique et géographique de notre pays.

Dans le champ de la caméra, le coureur danois Jonas Vingegaard au Pla d'Adet, dans les Pyrénées, terme de l'arrivée d'une étape du Tour 2024.

LE TEAM RADIO

Par ailleurs, la production s'est enrichie, ces dernières années, avec notamment le suivi en temps réel de la course grâce au *tracking* et, en 2023, avec l'apparition de Team Radio qui relaie à l'écran les conversations entre les directeurs sportifs et les coureurs. Cette nouveauté a pour but de rendre la diffusion encore plus immersive pour les fans, comme cela se fait depuis longtemps déjà en Formule 1. Le téléspectateur a accès en partie seulement à ces échanges après le retrait des propos relevant de la stratégie par une équipe de modérateurs d'Amaury Sport Organisation. Reste de petites phrases souvent anecdotiques. « C'est une avancée mais, comme ce n'est pas du direct, que les discussions sont soumises à un filtre et qu'il y a le temps de la traduction (généralement depuis l'anglais), cela manque un peu de spontanéité, fait observer Alexandre Pasteur, le commentateur de France Télévisions. Ce qui fait défaut dans ce sport, c'est la restitution sonore de la course. »

Anthony Forestier est le réalisateur TV, le chef d'orchestre de la retransmission des images depuis 2019.

PIC D'AUDIENCE

6,3 MILLIONS DE TÉLÉSPECTATEURS

En 2024, le Tour de France subit la forte concurrence d'un contexte politique inédit et de l'Euro de football. Malgré des audiences à la baisse, France 2 reste la première chaîne en France tous les après-midi, à partir de 15 heures, sur les trois semaines de l'événement.

Le meilleur pic d'audience est atteint avec 6,3 millions de téléspectateurs, le 20 juillet, pour l'arrivée de la 20e étape au col de la Couillole.

Situé dans l'arrière-pays niçois, le col de la Couillole est la dernière montée affrontée par les coureurs en 2024.

TÉLÉVISION : la zone technique

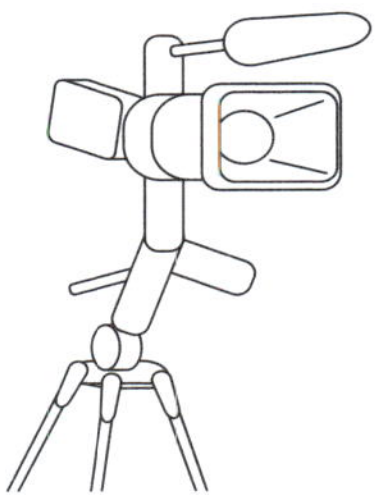

Le rendez-vous du monde entier

Les infrastructures techniques permettant la retransmission des images du Tour de France sur les quatre continents occupent un site aux dimensions d'un terrain de football.

La zone de production TV, appelée plus communément « zone technique », est le poumon de la diffusion télévisée et radiodiffusée du Tour de France. Contiguë à la ligne d'arrivée, elle s'étend sur 7 000 m² dans un champ agricole, un parc municipal, sur le parking d'une foire-exposition. Chaque jour, pendant plus de trois semaines, 400 personnes y travaillent. L'endroit a des airs de camping : après plusieurs heures de route et d'installation dans la matinée, des techniciens se restaurent sous un auvent ou s'accordent une petite sieste réparatrice, leur linge qui sèche près de là.

On peut presque se perdre dans la zone technique. Déambulez entre les semi-remorques en suivant les 30 kilomètres de câbles posés au sol à partir de plusieurs centaines de branchements, et essayez donc de retrouver votre chemin !

Dans ce vaste lieu bourré de technologie, les infrastructures principales sont siglées France Télévisions. Le diffuseur hôte met en œuvre des moyens humains et techniques importants pour la captation des images de l'épreuve qu'elle fournit à l'ensemble des chaînes ayant acquitté les droits télévisuels.

À l'heure du direct, on entend presque toutes les langues, et notamment les radioreporters colombiens s'égosiller. Faisons le tour des télévisions étrangères identifiées par des acronymes : NOS (Pays-Bas), RAI (Italie), ARD (Allemagne), ITV (Royaume-Uni), RTVE (Espagne). Depuis quelques années, le duel entre Vingegaard et Tadej Pogačar est suivi et relaté intensément par TV2 (Danemark) et RTV Slovenija (Slovénie). Un drapeau belge est posé à l'arrière de l'un des véhicules de Sporza, la filiale sportive de la chaîne flamande VRT. Les téléspectateurs francophones du plat pays sont, eux, à l'écoute de la RTBF (la Radiotélévision belge de la communauté française). Certaines chaînes disposent d'un studio servant de cadre à une émission après l'étape. C'est aussi le cas de radios comme RMC et RTL.

Lola **GALBAN**, responsable de production audiovisuelle

« Les mêmes images, à New York, Brisbane, au cœur de l'Afrique... »

Le circuit **MÉDIATIQUE**

Un circuit médiatique est établi après chaque étape. « Le vainqueur répond à la "flash" (courte) interview environ cinq minutes après l'arrivée : dans l'euphorie de la victoire, c'est un moment souvent chargé d'émotion, souligne Lola Galban, responsable de production et postproduction audiovisuelle. Elle est destinée à l'ensemble des diffuseurs à travers le monde, en anglais. L'interview du Maillot Jaune a lieu à sa descente du podium. » S'ensuit le passage des porteurs des maillots distinctifs (Jaune, vert, à pois rouges, blanc) et du lauréat de l'étape, dans une zone mixte, où ils répondent aux questions des journalistes de télévision, de radio, d'Internet et de la presse écrite.
Pour le Maillot Jaune, les obligations médiatiques durent presque une heure. Il lui reste à satisfaire au contrôle antidopage avant de rejoindre son hôtel.

La zone de production TV, qui s'étend sur 7000 m², est indispensable à la réalisation et à la transmission des images sur les chaînes de télévision.

Le système des droits audiovisuels obéit à la trilogie : vente (des droits aux chaînes de télévision), livraison (des moyens techniques), production (des images). Chez Amaury Sport Organisation, Lola Galban s'assure du succès de « la livraison à tous les diffuseurs de toutes les images dans les meilleures conditions, *via* la fibre ou le satellite », lors de la production du *live* TV et de la postproduction (l'ensemble des contenus hors direct). Sur le terrain, une équipe d'A.S.O. est dédiée à l'accompagnement des chaînes qui bénéficient d'un panel de services techniques et d'informations utiles au traitement journalistique de la course (le *servicing*).

« Le signal international garantit le flux direct des mêmes images et infographies (les informations incrustées à l'écran) à toutes les chaînes qui diffusent le Tour, que vous soyez à New York, à Brisbane ou au cœur de l'Afrique, rapporte-t-elle. Les chaînes y ajoutent des “privatives” : ce sont des reportages, des plateaux, des interviews… Nous mettons aussi à leur disposition des caméras dites “isolées”. Exemple, si un coureur norvégien arrive très en retard, cela aura un intérêt seulement pour les télévisions de son pays qui pourront profiter des images d'une caméra isolée à l'arrivée. »

Il existe aussi le super signal international. « On propose aux chaînes qui n'envoient pas de commentateurs un programme clé en main, en anglais, un résumé quotidien de 26 minutes, en plus des images du direct. On récupère les images de France Télévisions aussi pour alimenter nos réseaux sociaux, les contenus de nos sponsors comme “la minute Maillot Jaune” pour LCL. On produit 2 500 de ces contenus pendant la durée de l'épreuve. »

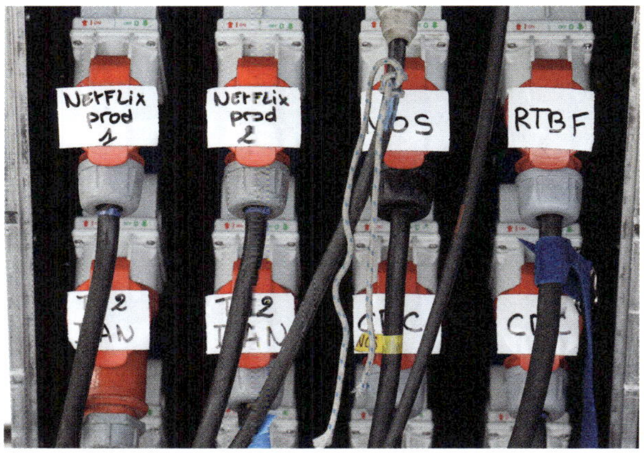

À chacun son installation câblée…

Studio mobile des commentateurs pour l'émission « Vélo Club » sur France 2.

LES ZONES de production TV dissociées

Lorsque Christian Prudhomme aspire à « rendre la montagne aux champions », c'est-à-dire déployer la banderole de l'arrivée au sommet du col du Granon, à 2413 mètres d'altitude dans les Alpes, en 2022, ou revenir au puy de Dôme, en Auvergne, en 2023, après trente-cinq années de contournement forcé, le renforcement des infrastructures logistiques, déjà très lourdes, est indispensable.

L'étroitesse de certains lieux, en montagne ou dans les petites communes, nécessite de scinder les moyens techniques en deux zones de production TV, dont une zone dissociée de celle de l'arrivée. Ce cas de figure est présent, en 2024, dans onze villes étapes d'une arrivée – soit la moitié de l'épreuve. C'est le cas de Colombey-les-Deux-Églises (Haute-Marne) qui compte moins de 700 habitants. Ou encore du col de La Couillole, site de l'arrivée de la 20e et avant-dernière étape, dans l'arrière-pays niçois, pour laquelle l'essentiel des moyens techniques est délocalisé dans le marché d'intérêt national de Nice. En 2011, trois zones dissociées, un record, sont définies pour permettre d'établir la plus haute arrivée de l'histoire du Tour au sommet du Galibier (2642 m). Les deux autres sont situées au col du Lautaret et dans la vallée au Monêtier-les-Bains.

POUR UNE COURSE EN DIRECT

Développer le drone

Depuis une douzaine d'années, le drone est employé dans le Tour de France pour la réalisation de prises de vues d'images aériennes du patrimoine, diffusées en différé : paysages, monuments, villes de départ et d'arrivée... Un cap est franchi en 2024 avec, pour la première fois, l'utilisation de cet aéronef pour filmer la course en direct.

« On suit des coureurs qu'on n'a jamais suivis à des vitesses pareilles, raconte le réalisateur de France Télévisions, Anthony Forestier, dans *La Dernière Heure*. Pour moi, ce sont les sports en mouvements qui nécessitent le drone. Selon des cyclistes, on se rapproche très fortement de leurs sensations sur leur vélo. On se rend encore plus compte des performances grâce à ces drones. »

Installées sur un engin pesant parfois seulement 2 kg et pouvant se déplacer à 200 km/h (!), ces minicaméras volantes apportent un plus à la production d'images grâce à un point de vue et un angle différents. Elles ne sont cependant pas destinées à remplacer la boule Wescam de l'hélicoptère que le drone est très loin d'égaler sur le plan de l'autonomie en vol (20 minutes, contre 2 heures et demie). « Ces deux modes de captation doivent se compléter, estime le réalisateur dans *Ouest-France*. Le drone est intéressant sur une zone précise. Sur une étape en ligne, une fois que le peloton est passé devant, c'est terminé. Il ne peut pas les suivre indéfiniment. »

Pour le cadreur moto Frédéric Haenehl, « le drone est utile sur certains sites, comme les vignes de Champagne lors de l'étape des chemins blancs, autour de Troyes ; ou à Nice, où il vole bas, près de la plage : un plan au ras de l'eau que l'hélico ne peut pas faire, ni nous depuis la moto, offre d'autres images. Ou encore sur les Champs-Élysées, à partir de 2025, pour filmer le sprint final du Tour de France à la place du travelling depuis la moto. Un joli plan ne suffit pas, la qualité de l'image doit être égale à celle provenant d'un hélico ou d'une moto », insiste-t-il. La compréhension et le confort du téléspectateur sont à préserver. « Le sprint vu d'en haut, l'hélico le fait très bien, et l'avantage c'est qu'il vole très haut en milieu urbain, qu'il n'y a pas un problème de sécurité au-dessus du public alors que la législation limite l'utilisation du drone », compare-t-il.

Le pilote ne peut approcher son appareil à moins de cinq mètres des coureurs. La mise en œuvre est fastidieuse entre les nombreuses contraintes techniques à appréhender (repérage des zones de tournage, images à tester à l'avance...), les autorisations administratives à obtenir pour une manifestation accueillant un très nombreux public, l'inconnu de la météo et, bien sûr, un entraînement très poussé pour le pilote...

24 heures chrono...

... du quotidien d'un commentateur

Alexandre Pasteur, commentateur numéro 1 du Tour de France, sur France Télévisions, explique son rapport quasi charnel au Tour de France et sa manière de le raconter aux téléspectateurs.

« Le Tour est pour moi une obsession. J'y pense tous les jours de l'année et même plusieurs fois par jour : une idée jaillie, une discussion, une ville que je traverse, quelqu'un au boulot qui m'en parle...

Le temps fort de mon année, ces trois semaines du mois de juillet passées en apnée, où je suis "possédé", où je mets ma vie entre parenthèses car il faut rester dans les rails.

Pour préparer le Tour, je bouffe énormément de courses à la télé. À partir de février, je me nourris de vélo à longueur de semaine. En plus de mes commentaires (sur des épreuves ayant lieu de mars à juin), je regarde les courses sur Eurosport Player (220 jours de course par an) et sur la chaîne *L'Équipe* qui propose aussi du volume.

Je me prépare comme les champions car le Tour c'est, au total, 120 heures de direct. Après trois semaines dans cette essoreuse, je finis lessivé. »

« Comment prononce-t-on le nom de votre village ? »

« Notre hôtel est situé à 60 ou 80 kilomètres de la ville de l'arrivée de l'étape. Nous partons vers 8 heures, 8 h 30, avec Marion Rousse et Franck Ferrand, l'historien du Tour – Laurent Jalabert est autonome. On s'imprègne des paysages, des reliefs, de l'état des routes. On traverse les villages. Pour lever un doute, on demande aux gens : "Comment prononce-t-on le nom de votre village ?" Ça touche si on écorche un nom. Je suis originaire de Métabief, dans le Doubs, que l'on prononce "métabié". »

« Le studio dans un camion "borgne" »

« Nous arrivons à la fin de l'étape, sur place, deux heures avant le démarrage de la course et de la prise d'antenne. Briefing avec Jean-François Kerckaert, rédacteur en chef adjoint, discussion avec Marion (Rousse) et "Jaja" (Laurent Jalabert), lecture de la presse, maquillage... Le studio est installé dans un camion "borgne", sans fenêtres, au milieu des autres véhicules de la zone technique. Ça ne me dérange pas de ne pas voir la lumière du jour. Je préfère être isolé, à l'écart de l'environnement du Tour. On nous apporte un plat chaud et un fruit, je mange pendant la pub, qui dure entre deux et trois minutes. Alain Brouez, le chef de plateau, est aux petits soins pour nous : café, barres chocolatées, jusqu'à nous indiquer la direction des WC pour ne pas perdre du temps lorsque nous sortons du camion. »

« Tout me ramène à un souvenir »

« Je ne suis pas un fan de statistiques, je les obtiens principalement sur le site anglophone procyclingstats.com. Je suis là pour raconter des histoires, pas pour abreuver les gens de stats. Il y a tellement de choses à raconter sur l'actualité de la course, en conservant un œil dans le rétro : le passage dans telle commune, sur tel col, les Tours de mon enfance, tout me ramène à un souvenir, une anecdote. Dans le Tour, il y a mille choses à raconter. »

« La première année, j'ai ressenti un vertige »

« Le Tour, c'est toujours un succès d'audience, mais cela n'impacte pas, aujourd'hui, ma manière de travailler. En 2017, lorsque j'ai commenté mon premier Tour pour France Télévisions, j'ai ressenti un vertige à l'idée que j'étais dans le fauteuil de Daniel Pautrat, de Jean-Michel Leulliot, Patrick Chêne, Christian Prudhomme... J'ai succédé à Thierry Adam qui l'occupait depuis dix ans, or les gens n'aiment pas le changement. Pendant une semaine, j'ai été pris par l'enjeu. Laurent-Éric Le Lay, le directeur des Sports, m'a dit : "Je ne retrouve pas l'Alexandre Pasteur d'Eurosport, il faut que tu te libères." C'est ce que j'ai fait. »

« "Kéké" et les "bonbons" »

« Pendant la retransmission, Jean-François Kerckaert est dans le car-régie avec le réalisateur Anthony Forestier. Il est très important pour moi, c'est la voix qui me guide pendant le direct. "Kéké" passe les pubs, me propose de passer l'interview d'un coureur, un "bonbon" dans notre jargon, qui a été réalisée avant le départ ; des images sur l'histoire du Tour... C'est moi qui décide si on les diffuse directement ou un peu plus tard. »

« J'ai un rôle de meneur de jeu »

« Depuis 2017, nous sommes quatre en cabine : Marion Rousse, Laurent Jalabert, Franck Ferrand et moi. J'ai un rôle de meneur de jeu. Et il y a deux motos-son : Thomas Voeckler sur la moto 1 derrière les échappés, Nicolas Geay sur la moto 2 à la fin de la course. Ils doivent passer par Jean-François Kerckaert pour demander la parole car leur micro n'est pas ouvert. Ils ont la liberté de raconter ce qu'on ne voit pas à l'image. »

« Le réalisateur est dans l'"engueuloir" »

« Avec Anthony Forestier, le réalisateur, nous avons une relation fusionnelle. Je fais la reconnaissance de plusieurs parcours d'étapes avec lui au début de l'année ; lui, il les fait dans leur ensemble. Tous les points GPS intéressants sont notés pour chacune des étapes. On croit que c'est de l'impro, pas du tout ! Le pilote hélico sait exactement où il doit se situer. Anthony dirige un dispositif de cinq caméras au sol, dont deux depuis l'hélico et deux fixes à l'arrivée que l'on surnomme "la lourde" et "la grue".

On ne se voit pas durant la course : il est dans le car-régie, qu'on appelle l'"engueuloir", devant un écran multi-images ; moi dans le studio. Pendant le direct, il me dit toujours ce qu'il va faire : "Alex, j'ai quelque chose de sympa à te montrer." Il me prévient pour que j'aie le temps de la commenter. »

Lors de l'étape Saint-Gervais–Courchevel, en 2023, Tadej Pogačar tombe, mais on ne le voit pas à l'image. L'information est sur X (ex-Twitter). « On ne l'annonce pas tant que je ne l'ai pas à l'image », me dit Anthony. Il est guidé par cette idée directrice : il ne veut pas qu'on commente si on n'a pas l'image, il faut attendre qu'elle passe pour le faire. Deux minutes après, un technicien dérushe et retrouve une image de Pogačar à terre. Anthony dit, que dans le Tour de France, il faudrait une caméra pour chaque coureur mais, évidemment, ce n'est pas possible. »

« Nelson m'a réveillé »

« En 2023, le Tour Femmes commence le lendemain de l'arrivée du Tour de France. Il est commenté par Nicolas Geay et Nelson Monfort. Toutefois je dois commenter la première étape pour que Nicolas ait un jour de repos dans la semaine, une obligation légale. Épuisé par les trois semaines du Tour de France que je viens de vivre, je m'endors à l'antenne pendant une minute. Nelson a dû me donner un coup de coude pour me réveiller... !

« Le temps fort de mon année : ces trois semaines de juillet passées en apnée, où je mets ma vie entre parenthèses car il faut rester dans les rails. »

Haut : le journaliste Daniel Pautrat auprès de Raymond Poulidor en 1965.
Bas : le duo Patrick Chêne et Robert Chapatte était familier des téléspectateurs à la charnière des années 1980-1990.

Haut à gauche : en 2001, le trio de commentateurs de France Télévisions est composé de Jean-Paul Ollivier, Bernard Thévenet, double Maillot Jaune (en 1975 et 1977) et de Christian Prudhomme, futur directeur du Tour. **Haut à droite :** de 2007 à 2016, Thierry Adam a été le commentateur principal du Tour. **Bas à gauche :** Laurent-Éric Le Lay, directeur des Sports à France Télévisions, diffuseur officiel de la Grande Boucle. **Bas à droite :** en 1976, TF1 et Antenne 2 se partagent la retransmission de l'épreuve. Le vainqueur, le Belge Lucien Van Impe, est interviewé par Jean-Michel Leulliot pour la deuxième chaîne.

24 heures chrono…

… aux côtés des reporters radio

Après la presse écrite et avant la télévision, la radio a fait beaucoup pour la popularité du Tour de France. Elle reste un média essentiel de la grande course de l'été. Fabrice Rigobert et Christophe Pacaud racontent.

Fabrice Rigobert anime les « Informés du Tour » sur France Info

France Info et France Bleu comptent parmi les médias officiels du Tour de France et disposent d'un studio dans le Village au départ de l'étape. Sur la Grande Boucle depuis vingt ans, Fabrice Rigobert, figure du service des sports de France Info, anime « Les Informés du Tour », variante des « Informés » (émission quotidienne de la station), de 11 h 20 à 12 heures, avec des invités liés à la région traversée ou de passage sur la course.

« J'aborde les problématiques environnementales, sociales, économiques, culturelles pour les évoquer au Tour de France par le prisme de cette actualité, en fonction des endroits traversés, en rapport aussi avec l'actualité nationale, énumère le reporter. Il n'y a pas de règle, on essaie d'être curieux, de s'intéresser à toutes sortes de sujets. » Exemple : la corrida à Mont-de-Marsan, dans les Landes, avant le départ de la 7e étape du Tour 2023.

En amont de l'émission, l'attachée de production s'assure de la présence des invités. « Lorsqu'on reçoit Michel-Édouard Leclerc, il s'exprime sur son implication dans le vélo [E. Leclerc est un partenaire majeur de l'événement], puis je l'interroge sur l'inflation. Lorsque c'est Sophie Binet, la secrétaire générale de la CGT, je lui demande la raison de sa présence sur le Tour et on glisse naturellement sur l'actualité sociale. Si un invité est annoncé en retard [l'accès à la ville-départ est souvent difficile], il faut prévoir une solution de secours, inverser une séquence, faire un peu plus long avec l'invité qui est à l'heure, demander à l'un de nos journalistes de présenter une "carte postale" de l'endroit en faisant intervenir des personnes dans le public. Sur la fin, on reçoit un grand témoin cycliste du passé ou actuel. » L'émission existe depuis 2022. « Comme les thèmes abordés sont variés, même les personnes qui ne sont pas des passionnées de vélo se laissent prendre au jeu », rapporte Fabrice Rigobert.

Pendant l'étape, qui s'achève vers 17 h 30, les auditeurs sont renseignés de son déroulement, toutes les demi-heures, par Fanny Lechevestrier, journaliste sportive à Radio France, l'ancien coureur et consultant Jean-François Bernard, et des journalistes qui suivent la course à moto. De 19 h 40 à 20 heures, Fabrice Rigobert retrouve le micro lors de l'émission « Le Club Tour France Info ». « C'est un rendez-vous auquel participent un journaliste de *L'Équipe* et un représentant de la presse locale ou étrangère, raconte-t-il. On débriefe l'étape et on évoque celle du lendemain en deux fois sept minutes. » La soirée est studieuse. « De 21 heures à 1 heure du matin à l'hôtel, je prépare mes interviews du lendemain. » Pendant trois semaines…

Christophe Pacaud et l'aventure de Radio Sports

Son vibrant « Bonnnnsoiiir à tous ! » résonne encore dans la tête des auditeurs de RTL au lancement de l'émission « On refait le match ». Christophe Pacaud est aussi un fidèle du Tour de France

↑ David Lappartient, le président de l'Union cycliste internationale, au micro de RMC Sport.

↗ L'ancien coureur Jean-François Bernard (3e du Tour 1987), ici en compagnie de la journaliste Fanny Lechevestrier, est consultant pour les chaînes de Radio France.

qu'il suit depuis 1988. Après vingt années sur RTL (avec un autre spécialiste du cyclisme, Christian Ollivier, ex-directeur du service des sports de la station) et quatorze autres sur RMC, il couvre l'édition 2024 pour Radio Sports. « J'ai rejoint une équipe formidable pour une belle aventure ! s'enthousiasme-t-il. Radio Sports est un *pure player* présent pour la troisième année consécutive sur le Tour qui a été cofondée par un passionné de cyclisme, Jérôme Armand. » Point matinal sur l'étape à venir, chronique culinaire le midi, flashs info pendant la course, avec intervention d'auditeurs à l'antenne…

Même s'il aime toujours autant le Tour de France, Christophe Pacaud regrette l'époque où « l'on rencontrait les coureurs et les directeurs sportifs dans le Village au départ de l'étape. Aujourd'hui, on a moins de proximité avec eux, dans une zone d'interviews, devant le paddock des bus ». L'émission « RTL chez vous » qu'il animait autrefois le mettait au contact de la population sur le bord des routes. « Tous les midis, je racontais la France : le maire du village, la petite histoire du jour, un micro-trottoir, des gens avec leur accent. L'accent de chaque région. » Après l'étape, il dirigeait le « Club Jalabert », aujourd'hui coanimé par Nicolas Georgereau et Hortense Crépin.

« Le Tour de France, l'été, est un événement intéressant pour une radio commerciale comme RTL [dont la présence est payante]. Les chiffres d'audience sont toujours très bons, cela apporte de la publicité », relève le journaliste.

Axel May et la moto d'Europe 1

Pour des raisons budgétaires, Europe 1 n'a plus de moto sur le Tour de France. « On vivait le Tour de l'intérieur », appréciait Axel May. Le reporter reste marqué par les rencontres avec la population. « Lorsqu'on s'arrêtait dans les villages, un attroupement se formait autour de la moto bleue d'Europe 1. Les gens me racontaient qu'ils écoutaient le Tour avec leur père, leur grand-père… Ils étaient sensibles à ses images qui leur rappelaient leurs souvenirs d'enfance. »

LES PILOTES DE PRESSE

DANS LA DESCENTE DES GRANDS COLS...

Dans le jargon du Tour de France, les chauffeurs sont appelés « pilotes » (comme pour les courses automobiles) tant leur dextérité au volant est grande. Depuis 1993, Didier Vuillin est un pilote de presse pour *L'Équipe*. Il l'a suivi pour la 30e fois en 2024. À bord de sa voiture prennent place deux journalistes du quotidien du sport.

« Dans les descentes des grands cols, les coureurs vont à la même vitesse que les voitures, ils peuvent atteindre les 100 km/h, raconte-t-il. Je prends les mêmes trajectoires que les cyclistes dans les virages. Comme eux, si la courbe est large, je la coupe au maximum. Dans le cas d'un enchaînement de virages en épingles à cheveux, à 90°, je rétrograde en passant rapidement de la quatrième à la deuxième, et en utilisant le frein moteur environ 30 mètres avant d'entrer dans le virage. Je réaccélère dès la sortie. J'essaie de ne pas donner d'à-coups. J'utilise le plus souvent possible le frein moteur pour ménager les patins de freins afin d'éviter leur surchauffe.

Chaque pilote du Tour a l'obligation de participer à un stage de conduite et de sécurité routière, tous les deux ans, quelques semaines avant le départ de la course. »

Tour de France 2024, descente du col de Menté, dans les Pyrénées, entre Loudenvielle et le plateau de Beille.

SUR LA MOTO
avec Thomas Voeckler

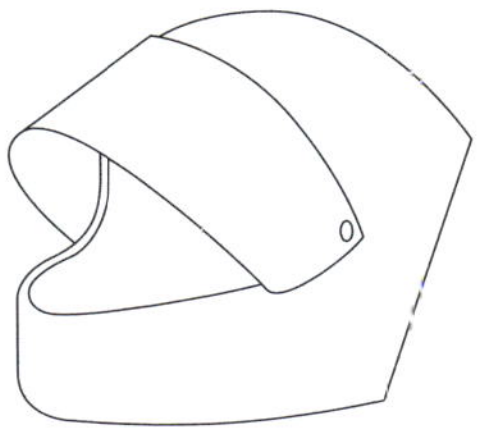

Profession consultant

« Je vois ce qu'on ne voit pas à la télé, mais je ne vois pas ce qu'on voit à la télé », résume l'ancien porteur du Maillot Jaune, consultant pour France Télévisions.

Thomas Voeckler a marqué durablement les esprits en portant le Maillot Jaune pendant vingt jours (en 2004 et 2011). Il était naturel de faire profiter les téléspectateurs de son expertise.

Le « chouchou » de la France de juillet s'est classé à la 4e place de l'édition 2011 et a porté le Maillot Jaune pendant vingt jours (dix en 2004, dix en 2011). Thomas Voeckler a mis un terme à sa carrière de cycliste en 2017 après un quinzième Tour de France. Dès l'année suivante, France Télévisions le recrute pour occuper le siège arrière de la moto-son numéro 1 placée en tête de la course. « Coureur, j'ai toujours eu de bonnes relations avec les médias. Quand j'ai arrêté, j'ai été sollicité. Pour moi, qui n'avais pas d'idée de reconversion, c'était un moyen de rester au contact de ce que j'aimais, de rester "visible" entre guillemets, car le vélo est un petit milieu, et de voir comment c'est "de l'autre côté". Cela me permet d'être au plus près du sport et des coureurs, de suivre l'évolution du matériel. Je me sens privilégié. »

Le passage de la profession de cycliste (dix-sept saisons) à celle de consultant TV s'est fait en douceur. « La première année, je me mettais dans la peau des coureurs, je stressais pour eux sur des

Thomas **Voeckler**

> **« La première année, je me mettais dans la peau des coureurs, je stressais pour eux sur des passages difficiles. »**

SCOTT
ARKEA
SAMSIC

passages difficiles, j'avais mal pour eux quand c'était dur. Aujourd'hui, j'analyse avec plus de recul. » Sur deux roues à moteur cette fois, il avoue que le Tour est « un peu une aventure de trois semaines ». La bicyclette n'est jamais très loin, pour une utilité ludique et pratique : « Un jour sur deux je vais au départ de l'étape à vélo, une heure et demie environ, je me douche au "cul" de la bagnole avec une bonbonne d'eau. Le vélo me permet de me sentir bien dans mon corps avant d'aborder des journées assez physiques avec quatre à six heures de moto, surtout les jours de chaleur : chaleur du moteur, chaleur de la route… J'ai l'avantage d'avoir fait de la moto dans mon enfance, en Martinique, derrière mon père, sur des routes tortueuses. Puis j'ai eu une moto pendant quelques années, je suis à l'aise avec l'engin. Et quand tu as été coureur, tu sais le moment où ça va freiner, quand ça va repartir, les trajectoires. Cela dit, ça m'est arrivé d'avoir peur. »

Il apprécie sa collaboration avec Joël Chary, le pilote de la moto, « très concentré, avec énormément d'expérience, il sait où je veux aller, on n'a presque pas besoin de se parler. Nous formons un véritable binôme ».

Avec l'œil de l'ancien coureur, Thomas Voeckler rapporte ce qu'il voit, ce qu'il entend, analyse les situations, livre des anecdotes, obtient des informations auprès des directeurs sportifs qui tiennent le volant. Il résume sa position dans la course par cette formule : « Je vois ce qu'on ne voit pas à la télé, mais je ne vois pas ce qu'on voit à la télé. »

« C'est parfois difficile de ne pas avoir d'images et une vision d'ensemble de la course. En contrepartie, je la vois en "vrai", je ressens la chose. À la radio, j'écoute la cabine des commentateurs, Alex Pasteur me donne la parole ou c'est le réalisateur. Hors antenne, ils me préviennent qu'ils vont me donner la parole sur un thème précis ou sur ce que je vois.

Dans le sillage du peloton lors de l'édition 2018 entre Trie-sur-Braïse et Pau.

La boule Wescam

Des plans aériens sont devenus réalisables à partir de la fin des années 1980 grâce à une transformation technique : héliportée, la boule Wescam (du nom d'une société canadienne qui fabrique ce type de caméra) permet de montrer les coureurs dans l'environnement ou de s'éloigner du peloton pour montrer la richesse du patrimoine historique.

Je n'ai pas le pouvoir d'ouvrir le micro sans demander l'autorisation. Je demande à Jean-François Kerckaert: "J'ai quelque chose à raconter." » Avant la course, il prépare des fiches selon la nature de l'étape et pendant son déroulement y ajoute des mots clés de ce qu'il voit avant d'intervenir. Il s'efforce d'être autodidacte « pour expliquer la course aux téléspectateurs qui ne regardent pas le vélo le reste de l'année ». À 20 kilomètres de l'arrivée, la moto-son « décroche » de la course pour se rendre à l'arrivée où commence un contre-la-montre pour l'ex-champion : « Je dois me changer rapidement derrière le podium, remplacer la combinaison par une chemise, pour réaliser des interviews. C'est "sport" car tout est minuté. »

Il savoure : « On se rend compte à quel point la France est belle. Après deux Tours sur la moto, je l'appréciais déjà plus qu'en quinze participations comme coureur. »

Thomas **Voeckler**

« Et quand tu as été coureur, tu sais le moment où ça va freiner, quand ça va repartir, les trajectoires. »

24 heures chrono...

... du couple motard-cameraman

Pilote et technicien hors pair, le motard et le cameraman forment un vrai couple qui s'entend et se complète parfaitement pour capter les plus belles images.

Le cadreur Frédéric Haenehl filme les coureurs en s'appuyant, au propre comme au figuré, sur son pilote Fabrice Roche, le doyen des motards du Tour.

« Vous montez derrière quelqu'un qui a votre vie entre ses mains. »

Frédéric Haenehl

Le succès du Tour de France auprès du public ne serait pas aussi éclatant sans la qualité exceptionnelle des images produites. On doit cette matière première exploitée par le réalisateur pour aboutir à un produit fini, aux binômes composés du pilote de la moto et du cameraman (appelé aussi « cadreur ») de la société Euromedia, leader européen de la prestation technique et des services audiovisuels.

Ces tandems d'acrobates qui travaillent sans filet forment même un « vrai » couple durant trois semaines tant l'entente et la complicité sont indispensables à l'accomplissement d'un travail exigeant sur le plan physique, nerveux aussi, réalisé dans des conditions difficiles, parfois imprévisibles, par tous les temps. Leur association est fondée sur une totale confiance du cadreur dans son pilote.

« L'un des boulots du motard, c'est d'imaginer ce que filme le cameraman. »

Fabrice Roche

« Vous montez derrière quelqu'un qui a votre vie entre ses mains », insiste Frédéric Haenehl, qui n'a pas oublié la peur que lui a procurée sa première descente d'un col de montagne en 2007 : « J'ai pensé : si je veux le job, je dois en faire abstraction – après la même expérience, cette expérience, certains collègues ont préféré arrêter. On est conscient de la dangerosité qu'impose l'obligation de suivre et de filmer un coureur qui va tambour battant, parfois à 100 km/h. »

Le passage au direct intégral

« Je suis un peu le doyen », sourit son pilote, Fabrice Roche, avec quarante Tours à son compteur en 2024, le premier en 1985, année de la dernière victoire d'un champion français, Bernard Hinault ! « Quand j'ai commencé, seule la dernière heure était diffusée en direct, aujourd'hui les étapes le sont de manière intégrale. Il y a également une évolution importante dans la transmission des images : au début des années 1990, s'il faisait très mauvais temps, on ne filmait pas car l'hélicoptère ne pouvait pas voler bas. L'arrivée de l'avion dans le dispositif technique a tout révolutionné. » Grâce à son survol en altitude, l'appareil permet de suivre la course en temps réel, dans une fonction de relais radio afin de retransmettre les images et le son envoyés à partir d'un système de transmission installé sur les motos, vers des ponts intermédiaires au sol. En résumé, cet avion sert d'antenne relais.

Le motard imagine ce que filme le cameraman

L'effectif est composé de cinq motos cadreurs (sept au total pour des étapes longues ou éprouvantes en montagne). Chaque jour, les équipages changent de position. « Nous sommes en liaison permanente avec le réalisateur qui nous dit si on est à l'antenne ou pas. Quand c'est le cas, une petite lumière rouge appelée "tally", que l'on voit dans l'œilleton de la caméra, s'allume, explique Frédéric Haenehl. Dans le cas d'une chute survenue hors antenne, les images, enregistrées dans le car-régie, sont diffusées en très léger différé. »

« L'un des boulots du motard, c'est d'imaginer ce que filme le cameraman, l'action qui se passe devant nous : il faut avoir la même réaction que lui, emmener la moto à l'endroit où il doit filmer et quand on l'a mis en position, se mettre à sa place, visualiser l'image… », détaille Fabrice Roche. Ils échangent *via* une liaison radio interne au duo. « La communication est très importante, cependant on essaie de ne pas trop parler car il y a un micro d'ambiance sur la caméra », rapporte le pilote. « Entre nous, ça doit être intuitif », enchaîne le cadreur. « Si on est devant le peloton et qu'un coureur s'échappe, on s'approche et on tourne autour de lui », reprend le pilote. En cas de réaction du peloton, mon job, c'est de regarder dans le rétro et prévenir Fred : "Attention, derrière ça repart !" On repositionne la moto de manière à avoir dans le cadre celui qui est en contre-attaque. »

LE BALLET des motos images

Cinq motos images couvrent la course. Frédéric Haenehl, l'un des cameramen, décrypte leur rôle.

LA MOTO ❶

Elle est placée en tête de course.
Pour le cadreur, c'est la moins dure physiquement car le corps n'est jamais dans la même position : debout, assis, de manière latérale à la hauteur des coureurs, devant ou derrière eux pour varier les plans... La principale difficulté réside dans les descentes de cols où l'on fait des plans-séquences des échappés pendant 20 bornes, que l'on soit à l'antenne ou non.

LA MOTO ❷

Sa place est juste devant le peloton.
Au début, c'est, pour le cadreur, la position la plus dure à tenir car ce n'est pas naturel de travailler derrière soi, assis dans le sens de la circulation et en devant filmer derrière en permanence. Je suis l'un des plus petits de l'équipe des cadreurs, je fais en fonction de la morphologie. J'ai développé une technique où je suis presque assis sur une extrémité de la cuisse, sur le bas des fesses, déhanché, mon corps orienté seulement à 20 degrés en arrière : si je devais pivoter mon buste à 90 degrés, ce serait intenable. Une fois qu'on l'a trouvée, cette position est naturelle. Et la moto la plus difficile physiquement et techniquement devient la plus facile physiquement et techniquement car on est assis toute la journée. Le temps et l'expérience permettent cette transformation.

LA MOTO ❸

Elle se trouve à l'arrière du peloton.
L'équipage change aussi parce que c'est celle où le travail est le plus dur, où le cadreur est debout, en plan-séquence, quasiment en permanence. Cette position permet d'anticiper les chutes, les crevaisons. Que je sois à l'antenne ou pas, je continue de filmer. Dans le second cas, je fais un plan un peu plus large. Ce plan "syndical", comme on dit dans notre jargon, demande moins d'attention qu'un gros plan sur le vélo ou sur les mains du coureur... Si un incident se produit dans le peloton, on a un plan minimum à proposer aux téléspectateurs. »

LA MOTO ❹

Elle est placée auprès d'un groupe (ou de plusieurs groupes) d'échappés situés entre le groupe de tête et le peloton.

LA MOTO ❺

Elle évolue en fonction des étapes, s'arrête pour faire de jolis plans de passage dans les villages. C'est la moto balai lorsque l'actualité l'exige, à l'arrière de la course : incidents, crevaisons, favoris en difficulté... ●

LES MOTOS REMPLAÇANTES

Pour les étapes classiques, le dispositif est de cinq motos images et deux hélicoptères. Il prévoit deux motos supplémentaires lorsque la distance des étapes atteint 200 kilomètres ou pour des étapes de montagne éprouvantes. Aux deux tiers du parcours, deux motos sont remplacées pour ménager pilotes et cameramen. Sept binômes sont mobilisés pour cinq motos en course.

PHOTOGRAPHES
de presse

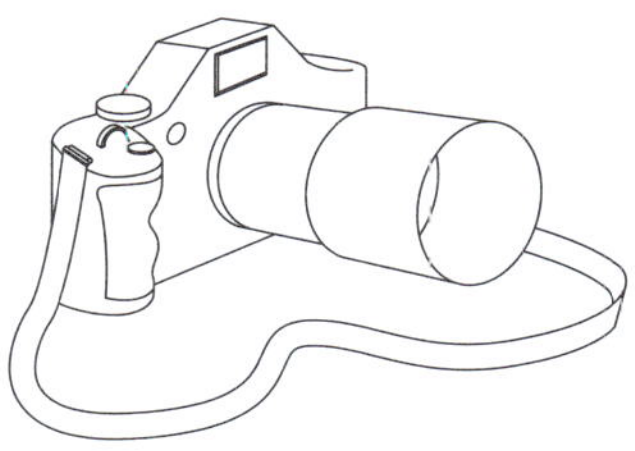

Une production quotidienne vertigineuse

Avant l'arrivée de la télévision, la photographie contribuait amplement à la popularité du Tour de France, à magnifier ses champions et à extraire de l'ombre ses sans-grade.

Les photographes attendent les coureurs derrière la ligne d'arrivée.

La photographie conserve une place importante dans le champ médiatique du Tour. Une place qui s'est même renforcée avec la publication des images sur les différents supports numériques.

Au Tour 2024, *L'Équipe* envoie deux photographes, un de moins qu'en 2023 car l'été est extrêmement riche en événements sportifs (Euro de football, Tour de France, Jeux olympiques et paralympiques). Bernard Papon et Étienne Garnier se répartissent la couverture de l'épreuve pour le quotidien du sport, son site Internet, ses comptes sur les réseaux sociaux et Presse Sports, l'agence maison qui commercialise leurs photos à travers le monde. À eux deux, ils réalisent plus de 600 photos quotidiennes, majoritairement depuis leurs motos placées à des échelons stratégiques de la course.

Bernard Papon est à l'avant : il a l'œil sur les attaques, le Maillot Jaune en montagne, se concentre sur la bataille des favoris. Étienne Garnier se positionne à l'arrière du peloton. « Je photographie les lâchés. En montagne, cela permet de faire aussi des photos avec les coureurs de dos. »

Le rôle du motard est essentiel : « Il est le prolongement de mon appareil photo, souligne Bernard Papon à propos de Steeve Meilleur qui le véhicule. J'estime que 80 % d'une photo réussie lui revient. Pour cela, il doit savoir "sentir" la course. S'il ne se place pas en fonction de l'avancée des coureurs, je ne peux pas faire ma photo. »

Chaque spécialiste dispose de deux appareils. « Le premier est muni d'un objectif de 28-300 millimètres, poursuit le reporter-photographe. Sa polyvalence permet, par exemple, de saisir une chute juste devant soi et à la fois un événement lointain grâce à son très grand champ de vision : c'est une optique passe-partout. Le deuxième est un objectif de 50 mm. En visant le personnage, on obtient de belles images et il a la vertu d'altérer un paysage sans intérêt pour uniquement privilégier l'action du coureur. Je conserve un troisième appareil dans une sacoche de la moto en cas de panne. »

Grâce à la technologie appliquée à son moteur, l'appareil peut capturer jusqu'à 30 images par seconde ! « On utilise rarement ce mode en rafales, le plus souvent pour décortiquer un sprint. Avec une telle vitesse d'exécution, c'est presque de la vidéo », compare Étienne Garnier.

Les informations sont diffusées en permanence, les images doivent répondre également à ce caractère d'immédiateté. L'appareil est connecté à un routeur, placé dans une poche du photographe. Grâce au réseau 5 G, les images sont envoyées depuis la moto, en roulant, afin d'être diffusées sur le site de *L'Équipe*, sur les réseaux sociaux et dans le journal du lendemain. Au siège du quotidien, des iconographes sélectionnent et légendent les photos. Seuls 10 % de la production photographique sont conservés.

Au total, huit motos de photographes évoluent dans l'environnement des coureurs, dont les grandes agences de presse comme l'Agence France-Presse, Reuters, Associated Press...

Dans les derniers kilomètres précédant le sommet d'un col, lorsque la foule est dense, la direction de la course décide souvent de limiter la présence des photographes au cœur de l'action pour des raisons de sécurité. Elle annonce sur les ondes de Radio Tour la constitution d'un pool de deux motos (toujours celles de *L'Équipe*. Pour ne pas léser les autres médias, momentanément empêchés, les photographes du pool partagent avec leurs confrères leur production d'images.

Jonas Vingegaard et Tadej Pogačar sont sous le feu des photographes à l'arrivée de la 15e étape du Tour de France 2023.

24 heures chrono...

... avec un journaliste de presse

« L'un des derniers terrains où on peut parler d'une forme d'aventure »
Chaque année, le journal *Sud Ouest* affecte deux envoyés spéciaux sur les routes du Tour de France. Julien Duby, spécialiste reconnu du cyclisme, a suivi son premier Tour de France en 2004. Il raconte son quotidien de reporter sur les routes de juillet.

En quoi consiste votre travail quotidien sur le Tour de France ?

On essaie d'être le plus exhaustif possible, de mêler récit et analyse, et évidemment de suivre les coureurs de notre région. C'est l'un des rares événements où un journal régional, généraliste, peut aller vers l'analyse sportive car le public s'intéresse suffisamment au Tour de France. Chaque jour, nous produisons deux pages d'articles et une page avec les classements, quatre pages dans certaines circonstances et plus encore lorsque la course traverse la zone de diffusion de *Sud Ouest.*

Vous écrivez aussi pour le site Internet de votre journal, le métier change...

Cette surcharge rend ce métier ininterrompu, beaucoup de journalistes ne débranchent jamais. La durée des scoops est limitée avec le numérique, mais la chasse à l'info demeure, et c'est toujours grisant. Les temps de répit, de la réflexion notamment, se sont réduits. Le temps du numérique s'accommode mal du temps de la vérification, mais il faut tenir bon : vérifier l'information en allant à sa source.

Comme tout le monde sait tout en temps réel, on ne peut pas se permettre de « s'arranger » avec la vérité, comme c'était parfois le cas de nos glorieux prédécesseurs qui n'avaient pas toutes les informations et qui n'avaient pas Internet, évidemment. On est obligés d'être précis, pointus, car les lecteurs ont les éléments en main pour se faire une opinion.

Que représente le Tour de France pour un journaliste de presse écrite ?

C'est l'un des derniers terrains où on peut parler d'une forme d'aventure. On n'est plus dans l'époque d'Antoine Blondin (auteur de chroniques célèbres dans *L'Équipe*, de 1954 à 1982), mais cette part d'aventure demeure du fait de l'itinérance du Tour, d'une histoire continue, de griserie, de fatigue aussi pour le reporter – ça fait partie du reportage au long cours. Nous ne travaillons pas en plein air, mais pas loin : sur certains sommets, à 1 500 mètres d'altitude, la salle de presse est dans un chapiteau soumis à des tempêtes de vent, des orages de grêle. J'ai le souvenir épique d'une toile qui laissait passer l'eau alors que la conférence de presse du Maillot Jaune était en cours. On n'est pas à Roland-Garros ou dans la salle de presse du stade de France. Le Tour de France a beau se moderniser année après année, il restera toujours des péripéties qui font le sel du quotidien du journaliste pendant trois semaines. On le vit parfois sur le moment comme des galères, et quand c'est fini, ça nous manque...

« L'aventure » pour le reporter, c'est la montagne...

Le Tour va chercher des endroits d'arrivées extrêmes, des lieux parfois difficiles d'accès. Je les aime, ces lieux, car ils viennent perturber l'ordre et la mise en scène médiatique, et nous permettre parfois de saisir des moments de vérité. Les bus des équipes ne pouvant accéder à certains sites en montagne, on se retrouve avec des stars internationales se changeant au cul de la bagnole comme il y a trente ans ; au col du Granon (en 2022), on découvre Romain Bardet assis dans l'herbe regarder loin devant lui. C'est dans ces endroits éloignés d'une zone d'interviews classique que l'on peut saisir des larmes, des moments de joie intimes. En sortant régulièrement des sentiers battus, les organisateurs ne choisissent pas la facilité d'abord pour eux-mêmes. Nous aussi, les journalistes, ne pouvons nous contenter de rester dans une salle de presse, d'attendre les communiqués des équipes. Même si c'est une galère de monter à la Planche des Belles Filles au milieu du public, des embouteillages, être privés de réseau Internet, on peut être récompensé en apercevant le visage du coureur face à la victoire ou la défaite. On voit le Tour de France dans ce qu'il y a, pour nous, de plus fort. Les lieux d'exception se rapprochent peut-être le plus de ceux qu'ont connus les anciens.

Les étapes sont diffusées dans leur intégralité à la télévision, les émissions à la télé et à la radio fleurissent, les sites commentent et analysent la course. Quelle place reste-t-il pour la presse écrite ?

Elle questionne, va au contact des coureurs, prend le temps. Lorsqu'une télé va garder trente secondes ou une minute de l'interview d'un coureur au pied du bus, on va rester plus longtemps, multiplier les interlocuteurs pour avoir une vision plus approfondie de la course, des sentiments d'un coureur, solliciter son directeur sportif, son entraîneur. Et sans vouloir paraître présomptueux, le journaliste de presse écrite qui est spécialiste de cyclisme apporte un décryptage de la course. Même si la télévision bénéficie de l'expertise de consultants, on peut apporter notre personnalité, notre liberté de ton, de l'analyse plus à froid. Les lecteurs attendent un langage de vérité.

Depuis quelques années, la fibre optique permet d'envoyer ses articles de n'importe quel endroit où l'on se trouve. L'esprit du compagnonnage règne-t-il toujours dans la salle de presse, le lieu de travail séculaire des journalistes ?

Évidemment, on a envie de la conserver en l'état, que chacun n'aille pas travailler dans son coin. C'est bien de pouvoir échanger avec des confrères, confronter nos avis, débattre avec un journaliste italien ou espagnol, ça nous fait sortir de notre prisme franco-français. Je suis toujours très attaché à la salle de presse à condition qu'elle ne se situe pas à plusieurs kilomètres de l'arrivée comme c'est parfois le cas, qu'elle nous garde proche de l'action.

LE PRIX JACQUES-GODDET du meilleur article

Chaque année, le prix Jacques-Goddet-Trophée Edeis l'Allié des territoires récompense le lauréat du meilleur article de presse en langue française écrit pendant le Tour de France. Ce prix a été créé en 2004 en mémoire de Jacques Goddet (1905-2000), fondateur du journal *L'Équipe* en 1946, directeur du Tour de France de 1937 à 1988, par Christophe Penot, écrivain et directeur du centre Cristel Éditeur d'Art à Saint-Malo. Un jury prestigieux (il accueille des présidents, des princes, les plus hautes personnalités de l'État) se réunit dans un célèbre restaurant parisien pour désigner, à partir d'une sélection de textes, un « papier » de qualité supérieure. Son auteur reçoit une lithographie originale de Jacques Goddet signée d'un grand peintre contemporain. En 2024, le lauréat est Christophe Bérard, journaliste au *Parisien* (à gauche sur la photo), ici en compagnie de Laurent-Éric Le Lay, directeur des sports de France Télévisions, Jean-Étienne Amaury, PDG d'Amaury Sport Organisation, et Christian Prudhomme.

LA SALLE DE PRESSE,
un lieu de confraternité

« Nous serons de bons compagnons de voyage. »

En octobre 2023, à Paris, lors de la présentation de l'édition 2024, Stefano Bonaccini, le président la région Émilie-Romagne, cite Gianni Mura pour nous convaincre de la chaleur de l'accueil des Italiens au Tour de France. Journaliste à *La Repubblica* et écrivain, s'exprimant dans un français chiadé, le doyen de la salle de presse du Tour de France (avec le Luxembourgeois Petz Lahure) a suivi sa dernière Grande Boucle en 2019, quelques mois avant sa disparition, à l'âge de 79 ans. Gianni Mura se singularisait de ses confrères par la rédaction de ses articles à partir d'une machine à écrire mécanique, excepté à la fin de sa carrière, quand sa rédaction l'obligea à utiliser un ordinateur (photo ci-contre). Cet îlot de « résistance » à l'informatique dans un environnement totalement numérisé exprimait sa nostalgie des Tours de France de jadis où la salle de presse était effervescente et rythmée par le crépitement des touches du clavier de ces machines, dont Gianni Mura possédait l'ultime exemplaire vintage.

Le centre de presse est installé généralement dans un gymnase de la ville-arrivée, avec la permanence de l'organisation du Tour de France (direction, services collectivités, direction sportive, hébergement, jury international...) et le bureau de l'opérateur Orange. C'est l'endroit où les journalistes rédigent leurs articles, un lieu de rencontres et d'échanges dans toutes les langues entre les envoyés spéciaux des journaux nationaux, régionaux, étrangers, des agences de presse internationales, des sites Internet.

À son entrée se trouve le bureau du service de presse d'Amaury Sport Organisation à la tête duquel Fabrice Tiano, chargé des relations presse, veille à ce que les reporters ne manquent de rien : remise des accréditations, réception du wifi, écrans de télévisions, alimentation électrique, accès aux classements et aux communiqués de l'épreuve. Les photographes disposent d'un espace pour la transmission de leurs images.
À proximité de la ligne d'arrivée, une zone mixte permet aux représentants des médias de réaliser des interviews quotidiennes des porteurs des maillots distinctifs (Jaune, vert, à pois rouges, blanc), du vainqueur de l'étape et du lauréat du prix de la Combativité. Ils ont également la possibilité d'interroger les premiers de l'étape et du classement général dans un camion dédié aux interviews. Un système de visioconférence permet aux journalistes restés en salle de presse de poser des questions.

acer

RÉSEAUX SOCIAUX

Le raz de marée

Le spectacle fourni par les coureurs et le rayonnement international du Tour de France produisent des scores toujours plus élevés sur les plateformes numériques.

Durant le Tour de France, la compétition se déroule aussi sur les réseaux sociaux. Coureurs, équipes, médias, organisateurs… y sont omniprésents. À elle seule, l'équipe digitale d'Amaury Sport Organisation (A.S.O.) produit dix contenus par heure en moyenne, chaque jour, sur les six plateformes numériques suivantes : TikTok, Instagram, Twitter (devenu X), Facebook, Strava, YouTube.

« Le premier enjeu de communication, c'est la plus grande médiatisation possible du Tour de France, résume Sixtine d'Avout, directrice de la communication chez A.S.O. : un enjeu sur la course, avec son éditorialisation, les *live* ; un enjeu autour de l'engagement d'un maximum de fans au bord des routes et devant leur écran pour donner à vivre et à voir ; un enjeu sur les territoires, leurs beautés, leurs richesses, la France comme écrin du Tour ; un enjeu pour un avenir durable à vélo ; un enjeu sur la sécurité des coureurs, des suiveurs, des spectateurs… On travaille pendant une année à mettre des actions en face de ces enjeux. »

Les supports officiels du Tour de France engrangent 304 millions de vues durant son déroulement en 2023, dont la moitié sur TikTok qui entre officiellement pour la première fois dans la Grande Boucle.

LIVE INTÉGRAL

De la première à la dernière minute, l'étape est retranscrite sur le site du Tour de France (letour.fr). « Nous racontons tous les faits de course : les échappées, les écarts, les chutes, les crevaisons, les coureurs lâchés… Nous les complétons avec d'autres contenus comme des témoignages de coureurs enregistrés avant le départ, des palmarès, des repères géographiques », énumère Louis Doucet, responsable éditorial au département médias-communication. »

Après l'arrivée, les rédacteurs recueillent les témoignages des coureurs primés : le premier du classement général et des classements annexes, le premier de l'étape, le lauréat du prix de la combativité.

Louis **DOUCET**

« En moyenne, nous produisons 80 à 90 dépêches quotidiennes, dans quatre langues : français, anglais, espagnol, allemand. »

L'INTÉRÊT DU TOUR À TRAVERS LE MONDE

L'analyse des données de Google Search montre une hausse globale de la recherche de 11 % à travers le monde. L'Amérique centrale enregistre la plus forte augmentation en 2023 par rapport à 2022. Celle-ci est largement motivée par l'intérêt du Costa Rica (+ 81 %) pour son ressortissant Andrey Amador, dont c'est la septième participation au Tour depuis 2011 et qui s'illustre par une longue échappée lors de la 11e étape.

L'Amérique du Nord connaît, elle aussi, un surcroît de la recherche avec les résultats de l'Américain Neilson Powless, porteur du maillot à pois rouges identifiant le meilleur grimpeur, durant douze jours.

On relève une légère baisse de l'intérêt en Amérique du Sud. Il existe plusieurs raisons à cette situation : le Colombien Nairo Quintana est absent, son compatriote Egan Bernal n'a pas retrouvé son niveau à la suite d'un très grave accident, aucun Sud-Américain ne figure parmi les trente premiers du classement final…

Depuis 2023, la collaboration avec TikTok est destinée à attirer les jeunes utilisateurs de l'application vers le Tour de France.

Matej Mohorič se prête au jeu des selfies *Made in Tour* qui alimentent les réseaux sociaux du monde tous les mois de juillet.

Les variations (entre 2022 et 2023) : Amérique centrale (+ 68 %) ; Amérique du Nord (+ 36 %) ; Asie (+ 32 %) ; Océanie (+ 27 %) ; Afrique (+ 25 %) ; Europe (+ 11 %) ; Amérique du Sud (- 2 %).

LES CANADIENS ENTHOUSIASMÉS PAR LE SCÉNARIO DU PUY DE DÔME

Au Canada, les chiffres (+ 49 %) sont boostés par la victoire de leur compatriote Michael Woods au sommet du célèbre puy de Dôme où l'épreuve retourne pour la première fois depuis 1988.

Comme l'Irlande, l'Espagne connaît un bond de 48 % de l'intérêt pour la recherche. Les raisons sont multiples : le Tour commence au Pays basque espagnol, trois coureurs ibères, Pello Bilbao, Ion Izagirre et Carlos Rodriguez, sont les lauréats d'une étape. Rodriguez est même provisoirement sur le podium avant de terminer à la 5e place à Paris.

En revanche, l'intérêt diminue aux Pays-Bas. Leur coureur le mieux classé, Wilco Kelderman, est seulement 18e. Si la meilleure équipe du monde, Jumbo-Visma, bat sous pavillon néerlandais, son attractivité pour les fans hollandais est limitée car sa tête d'affiche, Jonas Vingegaard, est danoise.

DEUX ÉQUIPES FRANÇAISES SUR LE PODIUM

Jumbo-Visma est l'équipe la plus performante sur les réseaux sociaux. Par rapport au classement du Tour 2022, AG2R-Citroën effectue un saut de trois places (de la 5e à la 2e) et Groupama-FDJ, porté par l'ultime participation de Thibaut Pinot, réalise un bond de cinq places (de la 8e à la 3e). En ajoutant TotalEnergies (7e), qui bénéficie de l'appui de Peter Sagan, et Cofidis (9e), dont deux des coureurs (Victor Lafay et Ion Izagirre) remportent chacun une étape, l'ensemble des équipes françaises figurent dans le top 10. À l'exception d'Arkéa-Samsic qui glisse vers le fond du classement (18e sur 22).

JUMBO-VISMA ACCROÎT SA NOTORIÉTÉ

Le nombre de suiveurs sur les réseaux sociaux des équipes est de 20,9 millions, dont 555 300 nouveaux adeptes (25 % viennent de Jumbo-Visma).

TIKTOK, un autre regard

La puissance de la plateforme rencontre celle du Tour de France et la renforce sous un autre angle.

Avec plus d'un milliard d'utilisateurs dans le monde, dont 150 millions en Europe, très populaire auprès des jeunes utilisateurs, la plateforme de vidéos mobiles TikTok rejoint le club des fournisseurs officiels du Tour de France (hommes et femmes) en 2023. Le succès est au rendez-vous dès la première année : la moitié des 304 millions de vues enregistrées sur les supports officiels le sont sur TikTok.

Pour Julien Goupil, le directeur des médias chez Amaury Sport Organisation (A.S.O.), « la singularité des contenus proposés par TikTok rencontre parfaitement l'ambition du Tour de France : faire rayonner l'épreuve partout, auprès de tous et avec le regard spontané et créatif de chacun ».

« Le double effet Netflix-TikTok nous a apporté un nouveau public qui est jeune, pas connaisseur, que l'on a vu manifester son enthousiasme dans les ascensions de cols », relève Sixtine d'Avout, directrice de la communication. L'arrivée de TikTok nous permet d'investir énormément en termes de création de contenus. Nous produisons plus de dix contenus par jour spécifiques à la plateforme. Dans notre accord de partenariat, il existe une stratégie d'amplification des contenus afin de les valoriser : des talents envoyés par TikTok sur le Tour créent des contenus additionnels. Ils sont présents dans la caravane, vont la rencontre du public. » Cette mise en avant des territoires s'effectue *via* la campagne « Une fenêtre sur nos régions ». Les formats courts sont privilégiés. La vidéo de quelques secondes seulement montrant l'attaque de Jonas Vingegaard dans les Pyrénées, en 2023, dépasse 5 millions de vues.

Chez A.S.O., un spécialiste du digital, affecté exclusivement au compte TikTok, produit des contenus spécifiques, des petites histoires décalées de l'actualité sportive, dans les coulisses, avec une musique attirante et toujours un texte court « à l'attention de consommateurs zappeurs qui passent d'une vidéo à une autre : nous visons cette cible en sachant que ce n'est pas à travers elle que nous cherchons à faire passer des messages », note Sixtine d'Avout. TikTok n'est cependant pas la plateforme qui génère la meilleure audience en 2023 : la vidéo aux plus de 5 millions de vues se classe troisième derrière des posts d'Instagram et de Twitter atteignant respectivement 9 et 7 millions de vues.

1,7 million

Le nombre d'engagements générés par Jonas Vingegaard qui est présent dans 8 des 10 posts les plus performants du Tour de France sur Instagram.

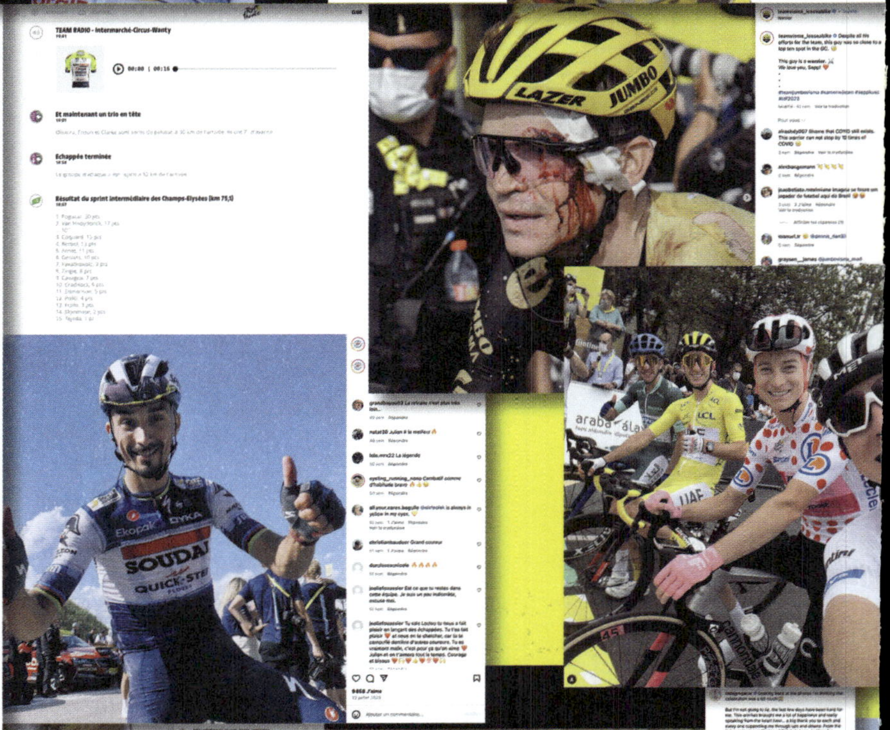

2,4 millions

C'est le nombre d'engagements enregistrés lors de la 6e étape, dans les Pyrénées, où Tadej Pogačar prend sa revanche sur Jonas Vingegaard qui l'avait dominé la veille.

TOP 10 DES ÉQUIPES

en nombre de vues sur les réseaux sociaux

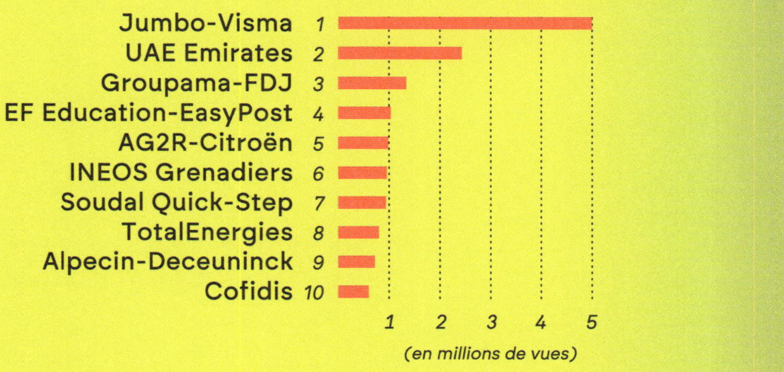

LES PLATEFORMES PLÉBISCITÉES

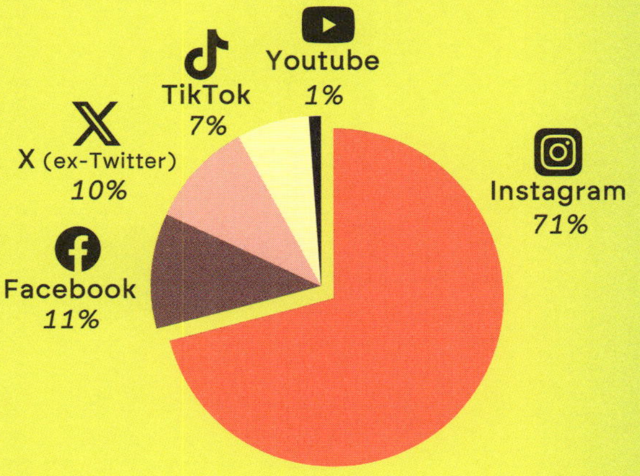

TOP 10 DES COUREURS

en nombre d'engagements

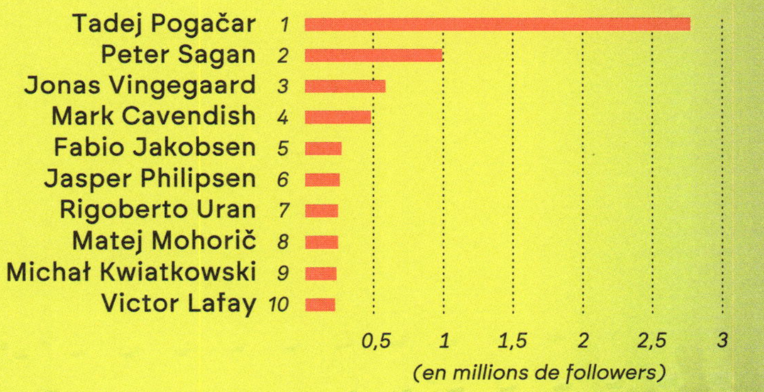

Le Tour fait le buzz

Quel est le buzz actuel autour du cyclisme ? Pour répondre à cette question, une analyse des réseaux sociaux a été réalisée durant le Tour de France 2023 (1er au 23 juillet) par la société Redtorch à partir des plateformes suivantes : Facebook, Instagram, Twitter (aujourd'hui X), YouTube, TikTok. Les vues comprenaient des réactions, des commentaires, des partages et des retweets. Les vues vidéo ont été collectées sur toutes les plateformes, sauf Twitter et Instagram.
Pour Alex Ross, cofondateur de Redtorch, « le monde du cyclisme professionnel a des raisons d'être optimiste » à la lumière du rapport établi à l'aide de sa collection d'outils intitulée SportOnSocial, de recherches documentaires et de technologies tierces.

Le total des vues atteint 18,5 millions. Le team Jumbo-Visma en a généré 5 millions à lui seul. Groupama-FDJ figure sur le podium grâce à l'effet Pinot.

L'ensemble des 22 équipes ont produit 10 009 messages. Si Soudal Quick-Step est celle qui en a affiché le plus (852), Jumbo-Visma concentre les publications les plus populaires. La première, avec un résultat de 177 000 engagements, réunit Jonas Vingegaard (1er) et son adversaire Pogačar (2e) se serrant la main sur le podium des Champs-Élysées. Puis, avec 172 000, le visage ensanglanté de Sepp Kuss, équipier du Maillot Jaune, après une chute. En troisième, avec 163 000, Wout van Aert est dans les bras de son leader, le champion danois.

Par ailleurs, avec un gain de 139 201 abonnés (68 % sur Instagram), le team Jumbo-Visma figure largement en tête des équipes par croissance des suiveurs. Enfin, l'ensemble des vidéos regardées pendant le Tour 2023 est de 49 millions ! L'équipe TotalEnergies cumule, à elle seule, presque un tiers des vues (14,1 millions), en grande partie grâce à TikTok (97 % du total des vues de l'équipe), dont le jeune public se passionne pour le personnage Sagan. Les formations françaises trustent le podium.

VINGEGAARD ET POGAČAR, LES ROIS DES INTERACTIONS

Le plus grand nombre d'interactions avec les publications (déterminé par le nombre de réactions, de commentaires et de partages) valorise les deux meilleurs coureurs de l'édition de 2023, Jonas Vingegaard et Tadej Pogačar, sur Instagram. En premier, grâce à 253 000 engagements (comptes Le Tour de France et Tissot), une photo cadrant le visage de Vingegaard, au départ du contre-la-montre (16e étape entre Passy et Combloux) qu'il a survolé, avec le commentaire « *Who is the strongest* » (Qui est le plus fort). En deuxième position, avec 237 000 vues (comptes Le Tour de France et Tadej Pogačar), au départ de la 2e étape à Vitoria-Gasteiz, l'image de Pogačar souriant au premier plan et, en enfilade, Neilson Powless, porteur du maillot à pois, Adam Yates avec le Maillot Jaune et son frère Simon avec le maillot vert. Complète le podium, avec 213 000 vues (comptes Le Tour de France et Team Emirates), l'attaque de Pogačar lâchant Vingegaard dans les Pyrénées, lors de la 6e étape s'achevant à Cauterets-Cambasque remportée par le coureur slovène.

POGAČAR À LA FOLIE !

La personnalité de Tadej Pogačar plaît énormément aux fans de cyclisme. Et comme il utilise beaucoup plus souvent les réseaux sociaux que son grand rival Jonas Vingegaard, il n'est pas surprenant que les trois messages ayant provoqué le plus grand nombre d'interactions aient été envoyés par le champion slovène : 401 000 lors de sa victoire au Markstein (20e étape) ; 395 000 pour une image où on le voit croquer dans une baguette de pain tout en pédalant (jour de repos) ; 388 000 lorsqu'il salue le public dans une posture théâtrale, à l'arrivée à Cauterets-Cambasque (6e étape).

Tadej Pogačar accumule le plus d'engagements (2,7 millions, 92 % du total du team UAE) et la plus forte croissance de suiveurs (93 500). Son déclin sportif n'empêche pas Peter Sagan, dont c'est la dernière participation au Tour, de se maintenir en deuxième position.

LA COMMUNICATION DE L'ÉQUIPE AG2R
Anatomie d'un succès

Son dispositif lui permet de rivaliser les autres formations en termes d'audiences.

Au classement des équipes les plus performantes sur les réseaux sociaux lors du Tour 2023 dominé par Jumbo-Visma (Visma-Lease a Bike en 2024) figure à la deuxième place AG2R-Citroën (devenue Decathlon-AG2R La Mondiale). Cet excellent résultat surprend, même si l'équipe gagne l'étape alpine reine au col de Loze grâce à son grimpeur autrichien. L'une des raisons de cette réussite tient dans sa diversité et sa créativité.
« Sur un événement mondial comme le Tour de France, les performances sportives comptent autant que les contenus que l'on propose, expose Baptiste Ollier, responsable de la communication réseaux sociaux et relations presse de l'équipe. Selon le réseau social utilisé, on ne communique pas de la même façon. Un contenu pour Instagram n'est pas forcément fait pour Facebook ni pour TikTok. Chaque réseau social correspond à un public, il y a des codes à respecter dont on essaye d'être le plus proche et gagner en communautés, en engagements : likes, commentaires de post... »
« Un community manager suit la première partie du Tour, et un second lui succède jusqu'à l'arrivée. Cela permet de renouveler la motivation, d'apporter de nouvelles idées. On essaie d'être pédagogues pour les gens qui ne connaissent pas ou peu le vélo et qui représentent un enjeu important pour capter un nouveau public, explique-t-il. Sur TikTok, le réseau des jeunes, on diffuse des vidéos où on explique de manière basique le rôle d'un mécanicien, par exemple. Sur Strava, où il n'y a que des cyclistes, les vidéos sont techniques car elles s'adressent à des connaisseurs. »
L'aspect de la vidéo est soigneusement travaillé avec l'apport de vidéastes professionnels et d'un expert du montage.
« Dans notre stratégie, poursuit Baptiste Ollier, on ne fait pas intervenir des influenceurs. On préfère inviter des sportifs de haut niveau à rencontrer l'équipe, comme on l'a fait avec le biathlète Quentin Fillon Maillet. Montrer les coulisses de l'équipe à travers le regard d'une personne extérieure à l'équipe, cela a été le cas de Jean Sulpice, chef doublement étoilé sur le lac d'Annecy, fan de notre équipe, qui pratique lui-même le vélo. Les gens qui le suivent aiment la gastronomie, le lac... Cela permet de croiser nos communautés et de l'élargir. »

L'ARDOISE traverse les âges

L'ardoisier est un personnage incontournable dans l'histoire du Tour de France. Depuis 2010, l'ardoisier est une ardoisière : Claire Pedrono, ex-cycliste, chargée d'affaires en banque d'entreprises, prend ses vacances en juillet pour vivre la course au plus près, à l'arrière d'une moto, vêtue d'une combinaison entièrement jaune.

Ses outils de travail ont traversé les époques sans être remplacés par des écrans : une ardoise et une craie. Elle reçoit l'information depuis les motos infos des écarts entre les groupes et la communique aux coureurs en pleine action. « Sur mon ardoise, j'écris l'avance que les échappés ont sur le peloton, puis j'attends le peloton pour l'informer de son retard et des noms ou des numéros de dossards des hommes qui sont à l'avant », explique-t-elle sur le site francetvinfo.fr.

Même si les cyclistes sont prévenus des écarts, *via* leurs oreillettes, par leurs directeurs sportifs, Claire Pedrono reste convaincue de l'utilité de son rôle. « Les échappés donnent tout de même un coup d'œil à l'ardoise, puisque pendant l'effort, la mémoire visuelle est meilleure que la mémoire auditive », assure-t-elle.

L'ardoisier en 1956.

L'ardoisière au XXIe siècle.

Dans le **peloton**

Les 176 coureurs des 22 équipes présentes sur le Tour sont au cœur de l'action. Pendant trois semaines, leur quotidien est rythmé par l'enchaînement des étapes. Les directeurs sportifs sont la voix qui les conseille avant, durant et après l'effort. Les mécaniciens sont au petit soin des matériels. De nombreuses données techniques sont récoltées et analysées chaque jour pour performer et se démarquer des concurrents.

24 heures chrono...

... dans la peau d'un coureur du Tour

Même lorsqu'ils ne pédalent pas, les coureurs sont très occupés durant les trois semaines du Tour de France.

Pendant le Tour de France, les cyclistes passent entre quatre et cinq heures par jour sur leur vélo. Après le lever et le petit déjeuner, ils effectuent dans le car de leur équipe le trajet jusqu'à la ville de départ de l'étape (donné généralement peu après midi). Ils s'habillent dans le bus qui est leur vestiaire, participent au briefing précédant la course, animé par les directeurs sportifs et se rendent sur le podium pour la présentation au public.

Un protocole alimentaire pour la récupération des calories dépensées et la régénération des muscles sollicités durant la course est suivi peu après l'arrivée. Transfert à l'hôtel, massage, dîner, appels téléphoniques à leurs proches : l'après-course est bien remplie.

Trois coureurs racontent comment ils vivent cette très longue journée qui se répète pendant trois semaines : Pierre Latour (TotalEnergies), Aurélien Paret-Peintre (Decathlon-AGR La Mondiale) et Anthony Perez (Cofidis).

→ Avant le départ de l'étape

Pierre Latour

« Avant le petit déjeuner, je tourne en rond, j'ai faim. On passe un peu de temps à parler dans le camion-restaurant où on est vraiment bien entre coureurs. Je fais une petite sieste dans le bus en allant au départ, quand je commence à être fatigué, parfois au bout de trois-quatre jours car la première semaine est souvent stressante, les coureurs sont nerveux, ça roule à bloc, ça frotte.

Je prépare tout ce que je vais manger pendant la journée, les vêtements que je vais mettre : le cuissard été ou normal, ou les chausses "aéro" ou normales – ce n'est pas la même matière, elles sont censées permettre d'aller plus vite, je ne sais pas si c'est vrai (il sourit). On fait le briefing avant la présentation des équipes au public, si possible,

← Pierre Latour, personnage sympathique, toujours disponible pour les journalistes.

Le Savoyard Aurélien Paret-Peintre est fidèle
à ses Alpes : c'est un grimpeur.

comme ça on est tranquille : elle ne dure pas une éternité, on a tous regardé le relief de l'étape sur l'application VeloViewer avec le détail du parcours de l'étape : les montées en StreetView, les distances, les pourcentages… Le briefing, c'est surtout pour établir le rôle de chacun, être informé des points stratégiques, connaître le sens du vent… »

Aurélien Paret-Peintre

« Les prévisions météo sont données par les directeurs sportifs. J'ai l'habitude d'amener une valisette avec tous les types de vêtements, je préfère être prévoyant même si, généralement, il fait beau temps pendant le Tour. Par précaution, j'emporte au départ un deuxième cuissard si la fermeture du premier cassait. Dans le bus, je lis *L'Équipe* sur l'appli, j'écoute de la musique, je bois un petit café. »

Anthony Perez

« Pas de place pour l'improvisation ! La journée est réglée à la minute – la veille, on reçoit le programme par WhatsApp. Je me lève 1 h 45 avant le départ du bus pour émerger, manger tranquillement. Je fais une séance d'étirements musculaires, j'utilise mon "pistolet" de massage parce que, la nuit, tu sens les toxines "redescendre" et tu as mal aux jambes le matin. Les basketteurs s'en servent pour leurs bras. J'aime bien avoir le temps, alors je prépare ma valise la veille, une valisette avec les affaires de la course que j'amène avec moi dans le bus. Avant de quitter l'hôtel, j'appelle ma femme et mes enfants. Dans le bus, je regarde le parcours de l'étape sur l'appli, puis, c'est le briefing : pour qui on va rouler, qui a sa chance aujourd'hui… »

« Pas de place pour l'improvisation ! La journée est réglée à la minute. »

Anthony Perez

Anthony Perez est apprécié pour son tempérament sur le vélo et son parler-vrai.

Après le départ de l'étape

Pierre Latour

« Je préfère rentrer en bus plutôt qu'en voiture, même si ça va moins vite : je me couche complètement sur une banquette, je mets des bottes de pressothérapie pendant une demi-heure, je suis comme prémassé, ça favorise le retour veineux, ça soulage. J'ai évolué dans ce domaine : je fais plus de "bottes" qu'autrefois et parfois j'utilise un stimulateur musculaire. Le plus fatigant pour moi, mentalement et physiquement, ce qui pèse le plus au fil des jours, c'est d'être attentif à tout : à être placé [dans le peloton], aux adversaires, au public... Il m'arrive d'être encore bien excité, bien énervé, quand j'arrive dans la chambre, parce que je me suis fait peur, ça a beaucoup frotté. La nuque est bloquée car j'étais crispé toute la journée. »

Aurélien Paret-Peintre

« Avec le staff, on dit souvent : quand la ligne est passée, une autre course commence, celle pour la récupération. On répond à la presse, on file au bus, plus il part tôt, plus on gagne du temps sur la récupération. Pédaler sur le *home-trainer*, ce n'est pas systématique : si la fin d'étape était dure et qu'on est montés dans les tours, c'est préférable d'en faire. Dans le bus, j'aimerais garder mon cuissard pendant une demi-heure, me poser... Mais comme on vit en communauté, il faut que tout le monde adhère au programme avec toujours des points à respecter. Le signal de départ du bus, c'est quand tous les coureurs sont douchés – il y a deux douches. En moyenne, il y a une heure à une heure et demie pour se rendre à l'hôtel. Pendant le trajet, on commence le protocole de récupération : manger, se réhydrater, enfiler les bottes de pressothérapie. Quand les résultats sont là, qu'on est dans une bonne dynamique, ça nous encourage à continuer à s'appliquer sur la récupération. Dans le cas inverse, on s'interroge : j'ai tout fait bien et pourtant... »

Anthony Perez

« Même si la course ne s'est pas bien passée, il n'y a pas de place pour la résignation. De suite je bois un litre d'eau. Puis il y a les boissons de récupération, la douche, le rangement des affaires, les bottes de pressothérapie, le pistolet de massage. Un appel à ma femme, à mon père. Dans le bus, j'ai déjà fait une petite partie des choses. Dans la chambre, c'est important de réussir à faire baisser les tensions mentales, à souffler, respirer doucement pour se calmer. En général, je refais une nouvelle séance d'étirements et je réutilise le pistolet. J'ai aussi des rouleaux de massage sur lesquels je me fais rouler le dos, la nuque. Ça fait mal, mais c'est bien de le faire avant de dormir… Ces moyens pour récupérer, ce sont des choses que j'ai mises en place au fil des années. Si tu fais tout ça dès ton premier Tour de France, c'est trop de charge mentale à supporter et tu pètes un plomb. Après sept ou huit étapes, tout change, c'est un peu désordonné. Les journées sur le vélo passent très lentement et quand on l'a posé, tout semble s'accélérer, on a l'impression qu'on est presque déjà à l'étape du lendemain. Après l'étape, le cerveau s'éteint, il se met en mode "veille" pour que ton corps puisse récupérer. Les quelques instants où je sors du Tour, c'est quand j'appelle ma famille, je lui raconte ma journée, elle me raconte la sienne. »

« C'est un moment de relaxation qui apaise, avec toujours la même personne qui nous masse selon nos affinités. »

Aurélien Paret-Peintre

Pierre Latour de TotalEnergies, en juillet 2023, sur l'étape entre Saint-Léonard-de-Noblat et le puy de Dôme.

→ Le massage

Pierre Latour

« Le massage commence sur le dos, tu parles de ta journée avec l'assistant. Puis il m'arrive de m'endormir : je m'endors plus facilement à plat ventre et puis quand je me retourne, après vingt ou trente minutes, je lui ai déjà tout raconté. Lorsqu'on arrive tard à l'hôtel et que je suis fatigué, je préfère ne pas aller au massage pour dîner et me coucher le plus rapidement possible. »

Aurélien Paret-Peintre

« C'est un moment de relaxation qui apaise, avec toujours la même personne qui nous masse selon nos affinités. C'est un moment important qui dure entre quarante-cinq minutes et une heure. On parle de la course avec l'assistant qui nous masse : il est passionné, il a envie de savoir comment ça s'est passé. Avec lui, je sors du vélo. Depuis toutes ses années, il connaît ma vie. Après l'étape, c'est la première personne avec laquelle on est seul : on peut lui confier nos satisfactions, nos espoirs, nos craintes… Il existe un vrai climat de confiance. L'assistant a un œil extérieur intéressant et cela peut arriver de lui confier des choses qu'on ne confierait pas à la direction sportive. »

Anthony Perez

« Je ferme les yeux, je m'endors souvent, c'est le seul moment avant le dîner où tu peux te poser : dans le bus ça bouge, dans la chambre je fais mes exercices et je range mes affaires. »

→ La chambre

Pierre Latour

« Par affinité, bien sûr. Et, si possible, trouver quelqu'un qui a un peu les mêmes horaires que toi pour dormir : trois semaines, c'est long ; c'est mieux d'être avec un coéquipier qui est calé comme toi. Chez AG2R, j'ai fait chambre avec Tony Gallopin – après son abandon, je me suis retrouvé avec Oliver Naesen –, Cyril Gautier, Clément Venturini, et chez Total avec Anthony Turgis. »

Aurélien Paret-Peintre

« J'ai fait tous mes Tours de France en chambre avec Benoît Cosnefroy. On a une vie en commun en dehors du vélo, on n'habite pas loin l'un de l'autre, on se voit souvent. C'est important de partager la chambre avec quelqu'un qui est proche, qui a le même rythme que toi, quelqu'un qui connaît tes habitudes, à qui tu peux raconter tes galères, sortir du vélo aussi. Je n'ai pas de réveil, Benoît se réveille avant moi, il ne fait pas de bruit. Je reste jusqu'à 8 heures dans le lit. »

Anthony Perez

« J'ai fait quatre Tours en chambre avec Christophe Laporte. Lorsqu'il est parti chez Jumbo, j'en ai fait un avec Pierre-Luc Périchon et un autre avec Victor Lafay. Christophe est l'un de mes meilleurs amis, je le connais depuis l'âge de 17-18 ans. Lorsque nous étions amateurs, au club d'Aix-en-Provence, nous étions en chambre ensemble déjà. Il ne m'est jamais arrivé de m'engueuler avec mon compagnon de chambre, j'espère que ça ne m'arrivera jamais (*il rigole*). Je le préviens : "Avec moi, pas de télé !" Jamais, jamais, je ne supporterais pas ! En fait, on ne passe pas beaucoup de temps ensemble : une demi-heure le matin, une demi-heure le soir. »

→ Le sommeil

Pierre Latour

« Je n'ai pas trop de problèmes pour m'endormir. Si mon voisin regarde une série sur un écran, ça ne me dérange pas. Je suis réveillé à 7 heures, je me lève tôt, ça peut être dérangeant pour l'autre. Avec l'accumulation de la fatigue, notamment en dernière semaine, le sommeil se dégrade. Tu tardes à t'endormir, tu as sommeil, mais tu ne le trouves pas. Si tu es blessé, tu ne peux pas te mettre comme tu veux dans le lit. Une année, j'avais des quintes de toux, les nuits étaient difficiles, j'étais isolé dans une chambre pour ne pas contaminer mon coéquipier. Dans certaines équipes, les coureurs ont un matelas et même un oreiller personnels, ce n'est pas notre cas. Je ne dors jamais avec la climatisation, ça me rendrait malade. Je l'allume à fond pendant

Anthony Perez est radieux à l'arrivée de la 2e étape du Tour 2023 à Saint-Sébastien : il vient d'apprendre la victoire de son coéquipier Victor Lafay.

que je suis sorti pour le dîner, je coupe en revenant dans la chambre. On revient avec une collation pour la manger avant de dormir : ce sont des produits laitiers, un yaourt protéiné, une panna cotta… C'est pour se caler pour la nuit. J'apporte un peu de lecture. Ma nuit est plus linéaire après un livre qu'un écran. »

Aurélien Paret-Peintre

« Le soir, dans le lit, les appels en visio permettent de garder un lien fort avec les proches. Je dors bien. Paradoxalement, c'est quand je commence à être fatigué par l'accumulation des efforts que je dors moins. Je me réveille plus tôt, la nuit est plus courte. »

Anthony Perez

« Je ferme les yeux, je m'endors souvent, c'est le seul moment avant le dîner où tu peux te poser : dans le bus ça bouge, dans la chambre je fais mes exercices et je range mes affaires. »

« Dans certaines équipes, les coureurs ont un matelas et même un oreiller personnels. »

Pierre Latour

Dans le décor somptueux des Alpes du Sud, le Maillot Jaune Tadej Pogačar est entouré de ses équipiers du team UAE lors de la 19e étape, en 2024, reliant Embrun à Isola 2000.

NUTRITION

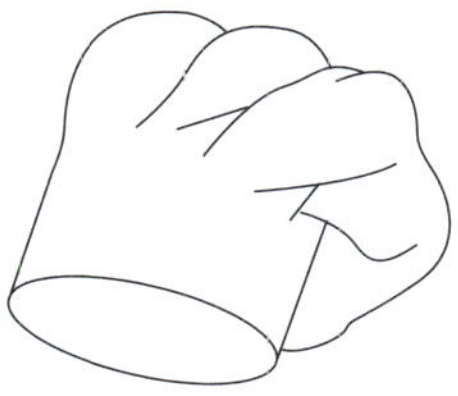

L'équilibre du plaisir et de la performance
L'alimentation et les apports nutritionnistes pendant le Tour de France sont des éléments primordiaux de la performance.

Après sa carrière de coureur cycliste, avec trois participations au Tour de France (en 2011, 2012 et 2016), Fabrice Jeandesboz est devenu diététicien-nutritionniste. Installé dans les Côtes-d'Armor, il intègre l'équipe Cofidis durant le Tour. Il détaille les protocoles et les stratégies alimentaires établis avec le cuisinier hongrois de l'équipe, Attila Szász-Kolumbán, triathlète et spécialiste de l'Ironman.

AVANT LE TOUR

« Un mois avant le départ du Tour, on étudie le parcours et le profil des étapes. Le cuisinier élabore ses menus en collaboration avec un *data scientist*, ingénieur en mathématiques appliquées, Quentin Douzery, qui effectue des prévisions selon l'historique des coureurs. Il utilise un logiciel interne à l'équipe où sont mentionnées l'ensemble des données de puissance des coureurs, pour prévoir la dépense calorique spécifique à chacune des étapes. Cela nous permet de planifier la nutrition des coureurs, les quantités d'aliments au petit déjeuner, pour la collation post-étape, au dîner. Cela permet d'être au plus précis avant la course. Bien sûr, dans le sport, il existe une part d'aléas : quelle sera la dépense calorique exacte ? En tant qu'ancien coureur, j'ai l'avantage de pouvoir analyser les choses un peu plus en amont. »

LE PETIT DÉJEUNER

« Avant la course, le petit déjeuner remplace le repas du midi : pains, flocons d'avoine sous forme de porridge, chauffé avec une boisson végétale, assaisonnée de miel, de sirop d'agape, de fruits, parfois avec du chocolat noir. Aux pâtes, on conseille le riz qui est plus digeste. Si le relief de l'étape est prononcé, on ajoute des protéines, souvent une omelette cuite avec un peu de jambon.

Le coureur finit de manger trois heures avant le départ de l'étape. Il mange encore dans le bus, une heure et demie avant la course, ce qu'on appelle des "emballés" : gâteau de riz, petits sandwiches avec du fromage à pâte fraîche... »

Le cuisinier élabore ses menus en collaboration avec un *data scientist*

LA COLLATION

« La veille, le cuisinier prépare la collation postétape, en individualisant les portions : un coureur de 60 kg ne mange pas autant qu'un coureur de 80 kg.

La période de trois heures qui suit l'arrivée de l'étape est très importante pour récupérer tous les nutriments. Il est essentiel de recharger rapidement le stock de glycogène, les glucides qu'il a perdus, et de consommer des protéines pour reconstruire les muscles : une boisson sucrée, un jus de raisin, des boissons de récupération. Et, un peu plus tard, une barquette salée avec des féculents (pâtes ou riz), un peu de protéines, comme des dés de jambon ou de la viande blanche qui est moins grasse. Si l'étape a été difficile, en montagne, avec une forte dépense énergétique, on ajoute une collation sucrée : flan, cake ou tarte. Il y a donc jusqu'à trois collations après l'arrivée de l'étape et avant le dîner. On peut dire que lorsqu'ils ne sont pas sur leur vélo, les coureurs passent leur temps à manger. »

LE DÎNER

« Le coureur consomme de la viande et des féculents. On procède en fonction de l'étape qui vient de se dérouler et de celle du lendemain. Si l'étape était relativement plate, que ça n'a pas roulé trop vite – c'est rare dans le Tour –, qu'on estime que la dépense calorique n'est pas importante, on prépare des choses plus légères le soir, des entrées à base de légumes, un fruit en dessert. Dans le cas d'un enchaînement d'étapes de montagne, on lui propose une entrée avec beaucoup de glucides, des pâtes ou du riz et un dessert un peu plus riche. Si le coureur a eu une dure journée, on lui sert un "dessert plaisir" au niveau gustatif. »

↑ Les coureurs de TotalEnergies prennent leur repas préparé par leurs cuisiniers dans le camion-nutrition de l'équipe.

Le **CAMION-RESTAURANT**

Pas de doute, la France reste le pays de la cuisine, y compris pour les cyclistes. Dès la moitié des années 2000, le manager Jean-René Bernaudeau a l'idée d'un camion aménagé en cuisine et en restaurant, avec la collaboration de l'un de ses sponsors, Fleury Michon, entreprise de l'industrie agroalimentaire basée en Vendée, comme l'équipe cycliste. L'objectif est d'y faire préparer des repas équilibrés par un chef et d'y servir les coureurs. Le véhicule porte toujours le nom de « La table de J.R. » (Jean-René). Aujourd'hui, en plus de celle de TotalEnergies, cinq équipes ont adopté ce moyen logistique : INEOS Grenadiers, BORA-Hansgrohe, Movistar, Bahrain-Victorious et Israël-Premier Tech.

COMBIEN DE CALORIES BRÛLÉES ?

Les dépenses énergétiques d'un coureur varient en fonction de la longueur et du profil de l'étape, et aussi du rôle qu'il tient pendant dans la course : si vous roulez en tête du peloton, face au vent, vous brûlez plus de calories que celui qui reste à l'abri. Et, bien sûr, sa constitution a également un impact sur ses besoins. Après une difficile étape de montagne, Jonas Vingegaard (60 kg) doit reprendre les 7 000 kcal environ qu'il a brûlés et Wout van Aert (75 kg) jusqu'à 10 000 ! Par comparaison, la dépense calorique quotidienne d'un sédentaire est de l'ordre de 2 000 kcal. Un pèse-personne est posé devant la porte de la chambre des coureurs afin qu'ils contrôlent en permanence leurs poids et les quantités nécessaires à leur prise alimentaire.

LE RAVITAILLEMENT EN COURSE

Pendant la course, le cycliste ingère des gels qui apportent des glucides isotoniques et de la vitamine B1 très rapidement. La boisson énergétique est le produit d'alimentation phare : elle allie hydratation et glucides avec des apports micronutritionnels et est digeste. Le coureur prend le départ de l'étape avec les poches remplies de nourriture, des « sucres rapides » (aussitôt assimilés par l'organisme) qui fournissent de l'énergie aux muscles pendant l'effort. Il est nécessaire pour lui de se ravitailler régulièrement pour faire face aux dépenses caloriques et éviter une fringale. La zone de ravitaillement est une zone spécifique à la transmission des musettes par les assistants sportifs aux coureurs de leur équipe. Les musettes sont ces petits sacs de toile contenant gâteaux de riz, cakes, barres et gels énergétiques... Les assistants portent le maillot de leur équipe afin de permettre aux coureurs de les identifier de loin et de s'approcher d'eux pour la transmission de la musette, un exercice qui réclame une certaine dextérité.

Les dépenses énergétiques d'un coureur varient en fonction de la longueur et du profil de l'étape

LE CUISINIER
est un *rookie*

Lors du Tour de France de 2023, Pierre Pasquier vit un rêve éveillé. Âgé de 23 ans, BTS en management de la restauration en poche, et après trois années de formation à la diététique, il sert les repas à huit coureurs dans le camion-restaurant de l'équipe TotalEnergies, avec une autre jeune nutritionniste-cuisinière, Mathilde Goichon. Il raconte son expérience qui s'est poursuivie en 2024…

« Notre Tour de France à nous est aussi un réel défi car tous les jours, on fait une nouvelle recette, on tente des choses, ce n'est pas un restau à la carte ni un buffet où les coureurs se servent. Tout est pesé, tout est grammé, en tenant compte de cas particuliers. Edvald Boasson Hagen est atteint de la maladie cœliaque qui provoque une intolérance au lactose et l'oblige à suivre un régime sans gluten. Il ne peut manger ni produits laitiers ni blé, or on sait que les coureurs mangent beaucoup de pâtes. Il faut s'adapter, lui proposer des produits à bases d'autres farines.

En arrivant à l'hôtel, on fait la connaissance des cuisiniers qui ont acheté des ingrédients de qualité très élevée, sur la demande de l'organisation du Tour. Ils sont contents de nous accueillir, font des efforts pour nous faciliter la tâche. Parfois, en complément des menus, nous allons faire des courses. Pour satisfaire les coureurs, on se met la barre le plus haut possible car on sait que le Tour, c'est éprouvant, qu'ils font des étapes de malades. Les coureurs ne mangent jamais tous ensemble. Selon leurs habitudes, le moment où ils se font masser, le temps des obligations médiatiques, ils dînent entre 19 h 30 et 21 h 30. *Idem* le matin où certains prennent leur petit déjeuner à 7 heures, d'autres comme Peter Sagan à 9 h 30.

La spécificité d'une cuisine ambulante, c'est que dans les frigos, le renouvellement est continu. On doit tout ranger avant de reprendre la route pour se rendre dans un autre hôtel. Tous les jours, c'est un recommencement.

La multiplication des points de ravitaillement, en dehors de la zone dédiée, s'est développée grandement ces dernières années. « Lors de ces "ravito" délocalisés, on donne aux coureurs des bidons d'eau fraîche, des gels énergétiques, des ballotins de glace en cas de forte chaleur, détaille Blaise Chauvière, assistant dans l'équipe TotalEnergies. Cette stratégie évite aux équipiers un effort important qui consiste à remonter tout le peloton pour faire bénéficier leur leader de bidons (un bidon rempli pèse 500 grammes) qu'ils sont allés chercher auprès de la voiture de leur équipe. »

Il est interdit d'établir des points de ravitaillement dans les vingt derniers kilomètres de l'étape, sauf autorisation du jury des commissaires en cas de températures élevées. Lors d'une journée caniculaire, le coureur boit près de cinq litres d'eau !

↑ Dans une zone de ravitaillement, l'Australien Chris Harper attrape un bidon tendu par l'un des assistants de l'équipe.

L'UNE DES CLÉS DE LA RÉUSSITE DE VINGEGAARD

« Quelle est la clé de notre réussite ? Si je devais en mentionner une, je dirais la nutrition, répond Richard Plugge, manager général de la formation néerlandaise Visma-Lease a Bike (ex-Jumbo-Visma). Elle nous permet d'apporter une vraie différence à nos coureurs, surtout sur une épreuve de trois semaines comme le Tour de France. »

Ce n'est pas un hasard si la meilleure équipe du monde est celle qui a investi le plus massivement dans la nutrition, un domaine essentiel dans sa stratégie globale qui tend vers la haute performance. Elle dispose de trois diététiciens et neuf chefs qui se répartissent les tâches durant la saison cycliste, les compétitions comme les stages en altitude indispensables pour préparer les grandes échéances dont la plus importante : le Tour de France.

L'ogre **SAGAN**

En 2023, à l'âge de 33 ans, Peter Sagan a disputé son dernier Tour sous les couleurs de l'équipe française TotalEnergies. Le coureur slovaque en a longtemps été la grande star et y a puisé un palmarès éloquent : sept fois lauréat du maillot vert et douze étapes remportées entre 2012 et 2019. Le triple champion du monde se singularisait des autres coureurs par la composition de son petit déjeuner qu'il prenait tardivement. « Gargantuesque ! s'exclame le nutritionniste de l'équipe TotalEnergies, Pierre Garnier. Son assiette était bombée. Il mangeait 400 grammes de pâtes chauffées à la poêle avec trois œufs, du jambon et du fromage, avec un filet d'huile de qualité apportée d'Italie par son équipier et ami Daniel Oss. Il ajoutait une banane, du porridge (flocon d'avoine, beurre de cacahuètes) et un thé vert. Il terminait son repas environ trois heures avant le départ de la course pour avoir le temps de digérer et garder de l'énergie le plus longtemps possible. »

En collaboration avec l'un de ses sponsors (entre 2015 et 2023), la chaîne de supermarchés Jumbo, Martijn Redegeld, responsable nutrition de l'équipe, a développé en interne une application dédiée à ce domaine, baptisée The Athlete's FoodCoach, qui comporte près de 5 000 préparations en fonction des besoins énergétiques de chacun. Après chaque étape, le coureur télécharge les données de son compteur, ce qui permet d'identifier dans quelles zones d'intensité il a roulé et donc dans quel réservoir énergétique, comment le remplir à nouveau.

« La notion de plaisir dans l'alimentation étant extrêmement importante, les menus sont très éloignés du cliché de l'assiette haricots vapeur-riz-poulet grillé, souligne le nutritionniste. Pendant le Tour, nos coureurs ne mangent jamais deux fois la même chose : nous y mettons un point d'honneur. » Même les pizzas et les hamburgers sont au menu, mais préparés sans gras ni fromage… Les repas de Jonas Vingegaard et de ses équipiers sont publiés sur le compte Instagram de l'application.

Même les pizzas et les hamburgers sont au menu, mais préparés sans gras ni fromage

UN VÉGAN DANS LE PELOTON

L'EXEMPLE DE SIMON GESCHKE

Oui, il est possible de participer au Tour de France et le terminer en étant végan ! Simon Geschke est un cas probablement unique dans le peloton dont il est l'un des vétérans (il est né en 1986). Inspiré par un documentaire montrant l'impact de l'agriculture animale sur l'environnement, le coureur allemand de l'équipe Cofidis adopte une alimentation végan depuis 2016. Ce régime exclut toute protéine animale – viande, poisson, œuf, miel, beurre… –, et intègre des protéines végétales : plats à base de pois chiches, haricots rouges, lentilles, graines de courge, tofu, sauce cacahuète, pâtes sans œufs… Une alimentation riche en fibres et pauvre en produits acides. Lors du petit déjeuner, il consomme du lait de soja et du sirop d'agave. « J'essaie d'avoir les bons équilibres entre les glucides et les protéines, de manger des fruits et des légumes frais, des protéines végétales… », explique Simon Geschke dans *Ouest-France*. « Quand on est végétarien, il n'y a pas de soucis, mais avec le véganisme il y a quand même des risques de carence », souligne Lionel Le Mer, cuisinier de l'équipe Cofidis, auprès de CheckNews. Pour disputer une épreuve de trois semaines sans s'exposer à des risques pour sa santé, l'athlète a recours à des compléments alimentaires : vitamine D, apport en fer (qu'il consommait déjà avant d'être végan), apport en zinc, vitamine B12… Cette supplémentation exige une vigilance particulière car certains composants non renseignés sur la liste des ingrédients sont susceptibles de figurer parmi les produits interdits par le règlement antidopage, notamment des stéroïdes anabolisants. Or un sportif est responsable de toute substance retrouvée dans son organisme. Le véganisme est devenu un art de vivre chez Simon Geschke qui donne à son chien des croquettes sans viande…

DIRECTEUR
sportif

Un rôle à plusieurs faces
Le directeur sportif assiste le coureur et gère la stratégie de l'équipe, avant et pendant l'étape. Son métier évolue constamment sous l'effet de nouvelles technologies.

Au sein des vingt-deux équipes participant au Tour de France, les coureurs sont dirigés par un directeur sportif qui est épaulé par plusieurs adjoints (tous sont d'anciens coureurs). Au volant de la voiture d'équipe, il guide et assiste le coureur *via* une liaison radio, de son micro vers les oreillettes portées par les coureurs. Son passager, un adjoint, regarde l'écran TV, suit les informations GPS. Les fonctions sont multiples car ce métier a beaucoup évolué.

« Le soir, on analyse l'étape du jour et on prépare celle du lendemain, quelles cartes nous essaierons de jouer… » raconte l'un d'entre eux, le Français Christian Guiberteau, employé par l'équipe néerlandaise DSM-Firmenich-PostNL. Nous responsabilisons beaucoup nos coureurs. Chaque matin, un coureur différent relate le parcours, un dialogue s'instaure entre eux, tout en respectant les lignes directrices posées par la direction sportive la veille. Romain Bardet, par son expérience, a un rôle de capitaine. Son avis compte. »

L'utilisation de l'application VeloViewer est généralisée à l'ensemble des encadrements. « On visualise le parcours sur un écran pour checker certains points qui présentent un danger ou qui ont un caractère stratégique, rapporte-t-il. Parfois, le directeur sportif complète cette présentation par un PowerPoint. C'est important que les coureurs aient une bonne connaissance du parcours car les consignes passées par l'oreillette peuvent être inaudibles dans plusieurs cas : l'éloignement de la voiture du directeur sportif, le bruit de la foule et de l'hélicoptère. Le directeur sportif qui anime le briefing est celui qui donne les instructions pendant la course : les coureurs s'habituent au son de sa voix. » Il est installé à l'avant du véhicule conduit par l'un de ses adjoints (un mécanicien est assis à l'arrière) à la suite du peloton.

Grischa Niermann, directeur sportif de la team Visma Lease a Bike, établit la stratégie du contre-la-montre avec Jonas Vingegaard.

Christian **GUIBERTEAU**, directeur sportif

« Dans les descentes des grands cols, les coureurs vont plus vite que nos voitures. »

RELIÉ AUX COUREURS PAR DES OREILLETTES

« À l'oreillette, on rappelle ce qui a été dit lors du briefing, reprend Christian Guiberteau. Par exemple, cette recommandation : "On arrive à un point important de la course, on se met en position, on roule à fond, mais n'oubliez pas de vous alimenter." On doit pouvoir s'adapter à une situation inédite, changer de tactique. »

Le débat sur l'utilisation excessive des oreillettes par les directeurs sportifs s'invite quelques jours avant le départ du Tour de France 2024 avec le projet de limiter leur utilisation à deux coureurs (sur huit) par équipe à partir de 2025. Présenté comme des outils profitables à la sécurité, le recours massif aux oreillettes crée une véritable cacophonie et une tension partagée par tous lorsque les directeurs sportifs transmettent à leurs coureurs un ordre identique, avant un point stratégique, celui d'être à l'avant de la course et de rester en bloc !

Pour Christian Guiberteau, il est nécessaire de trouver un équilibre dans l'emploi de cet outil pratiqué depuis une trentaine d'années. « Le stress

qu'engendre l'oreillette se situe dans cette réception commune d'une même information. Cependant, ne pas informer les coureurs de la traversée dangereuse d'un village ou de la présence d'un virage à tel kilomètre avec un vent de côté serait une faute de notre part. Il ne faut pas parler en permanence aux coureurs, mais le faire avec parcimonie, à bon escient, avec des mots rassurants. La meilleure prévention vient d'eux pour eux-mêmes : un geste de la main pour prévenir d'un danger le coureur qui vous suit. »

Lorsqu'un cycliste de ses couleurs est échappé, il revient à la voiture numéro 2, occupée par un directeur sportif adjoint, d'accompagner son action. « On l'encourage, on lui donne des indications d'après ce que l'on voit, ce que l'on ressent : si on pense que l'adversaire mime une fatigue, on cherche à voir ce qu'il a vraiment dans le ventre en disant à son coureur d'attaquer à la prochaine côte. »

L'ordre des vingt-deux véhicules dans la colonne est déterminé par celui des coureurs au classement général. Les dépassements sont autorisés pour apporter une assistance technique, une crevaison ou un problème mécanique. L'intervention terminée, le conducteur doit reprendre sa place initiale. « Ça frotte et parfois ça tape, témoigne Christian Guiberteau. Mais je trouve que les conditions s'améliorent depuis quelques années. Auparavant, c'était un cyclisme de vieux briscards, vraiment une "guerre" entre directeurs sportifs pour dépasser l'autre. Aujourd'hui, on ne s'énerve plus de ne pas apporter un bidon à un coureur parce qu'on est bloqué. »

En montagne, la conduite demande beaucoup de dextérité. « Dans les descentes des grands cols, les coureurs vont plus vite que nous, il faut avoir un œil dans le rétroviseur et veiller à leur sécurité. » Lorsqu'ils doivent dépasser des coureurs distancés pour rejoindre le peloton de tête, les directeurs sportifs s'appuient sur leur propre passé de cycliste : ils connaissent d'avance la trajectoire que prendra le coureur.

L'application **VELOVIEWER**

Utilisée, sur abonnement, par les cyclistes de tous les niveaux, l'application VeloViewer est un outil de travail précieux pour l'ensemble des équipes du Tour de France.
Ses graphiques d'itinéraires et de segments 3D sont utilisés par les directeurs sportifs dans leur préparation de chacune des étapes.

« Tout a commencé en 2012, lorsque ma femme était enceinte de notre deuxième enfant et se couchait à 20 heures chaque soir, raconte le créateur de VeloViewer, Ben Lowe, un développeur de logiciels basé à Sheffield, en Angleterre. Ayant ce temps libre associé à l'envie de rafraîchir mes compétences web, j'avais besoin d'un projet dans lequel me lancer. Un ami cycliste venait de me présenter Strava (application mobile permettant d'enregistrer des activités sportives *via* GPS), et j'ai découvert leur API (interface de programmation d'application), alors j'ai commencé à créer une page web... »

Son invention est remarquée par le team Sky et, en 2016, VeloViewer devient le fournisseur officiel de la plus grande équipe du monde. Deux ans plus tard, plusieurs autres, comme la FDJ, s'associent au fondateur de cette application pratique, ludique et facile d'utilisation. L'une de ses caractéristiques est son contenu évolutif.
À partir du GPX (le GPS eXchange Format est un format de fichier permettant l'échange de coordonnées géographiques provenant du GPS) de l'organisation du Tour de France, les directeurs sportifs ajoutent des points sensibles de l'itinéraire relatifs à la sécurité, à la tactique de course, qu'ils ont relevés.

LES ÉCLAIREURS

La plupart des équipes envoient en amont de la course des éclaireurs munis de l'application VeloViewer.

Ces membres du staff sont chargés d'inspecter la route et de relever les conditions météo. « Nous complétons des informations publiées par le directeur sportif de l'équipe sur VeloViewer avant l'étape. Par exemple, un rond-point qu'il n'a pas vu », raconte l'entraîneur Franck Alaphilippe, associé au directeur sportif adjoint Iljo Keisse durant le Tour 2023 pour Soudal Quick-Step.

Le binôme consigne dans le groupe WhatsApp créé à cette attention « une route mouillée à tel endroit, l'orientation et la vitesse du vent que nous mesurons à l'aide d'un petit appareil, raconte Franck Alaphilippe. Ces informations sont répercutées aux coureurs par le directeur sportif.

En 2023, nous roulions très lentement dans les derniers kilomètres des étapes en plaine susceptibles de convenir à notre sprinter Fabio Jakobsen. À l'arrivée de la 4e étape, la dernière courbe du circuit automobile de Nogaro posait question : fallait-il la négocier en pédalant ou pas ? Pour me faire une opinion, j'avais demandé l'avis d'un motard de la Garde républicaine qui l'avait empruntée. »

24 heures chrono...

... aux côtés d'un mécanicien

Rouages essentiels du cyclisme
Responsable technique de l'équipe Decathlon-AG2R La Mondiale, Gilbert Martinet détaille une journée de travail des mécaniciens, rouages essentiels du cyclisme, sur le Tour de France.

Le mécanicien de l'équipe Deceuninck-Quick-Step vient régler le vélo de Julian Alaphilippe après un incident lors du Tour de France 2019.

« Un gros travail est effectué pour la préparation de tous les vélos, avec des réglages effectués au millimètre. »

Les mécaniciens

« Sur le Tour 2024, l'équipe a quatre mécaniciens : deux suivent la course, les deux autres acheminent le camion-atelier et lavent les vélos sur le parking de l'hôtel après la course. Le séchage terminé, les deux mécanos présents dans la course examinent les huit vélos. Ils vérifient les vitesses et tous les organes de sécurité : freinage, usure des plaquettes de frein, des pneus... Si besoin on change un pneumatique – l'usure des pneus est aléatoire, selon l'état des routes, les conditions climatiques –, une pièce défectueuse... S'il y a de la casse à la suite d'une chute, le changement du cadre demande 1 h 30 à 2 heures de boulot en plus...

Le check-up est important sur tout ce qui concerne le contrôle de serrage, à l'aide d'outils adaptés comme des clés dynamométriques. On respecte des couples de serrage préconisés par le fabricant : pour des raisons de sécurité, on ne peut plus (comme autrefois) serrer un écrou, une vis, avec une clé qui ne permettrait pas de mesurer le couple de serrage.

On utilise vingt-quatre chaînes pour l'ensemble du Tour. Lors des deux journées de repos, on change les huit chaînes utilisées par les coureurs. Pour éviter les frottements, on nettoie les roulements et on applique une graisse afin d'optimiser leur performance.

Le matin, avant le départ de l'étape, les mécanos vérifient la charge des batteries des transmissions (pour le changement des vitesses). »

Les vélos

« Les coureurs roulent sur Van Rysel, une marque de Decathlon, un vélo performant partout. Auparavant, la plupart des marques proposaient un vélo aérodynamique pour le plat et un vélo plus léger pour la montagne. Cette mode est passée. Sur le Tour, les huit coureurs disposent, au total, de 40 vélos, dont 16 pour le contre-la-montre.

Quelques jours avant le départ, un gros travail est effectué pour la préparation de tous les vélos, avec des réglages effectués au millimètre. »

Les roues

« On a trois profils de roues selon la nature des parcours : pour une étape roulante avec de la vitesse, une autre adaptée aux parcours montagneux et la troisième avec un profil intermédiaire qui passe partout. »

Les pneus

« Nous avons un modèle unique de pneumatiques avec deux sections différentes, et un modèle spécial chrono également avec deux sections. Avant le départ du Tour, le secteur de la Performance détermine la pression des pneus pour chacune des étapes. On applique à la lettre ses consignes avec des ajustements de dernière minute en fonction de la météo. La pression est liée au type de pneumatiques : *tubeless*, pneu avec chambre à air ou boyau – il n'y en a pratiquement plus. Le standard est le

« On a trois profils de roues selon la nature des parcours. »

tubeless (système qui présente des risques de crevaison réduits grâce à sa résistance supérieure à celle d'un pneu avec chambre à air). Les pressions sont personnalisées (selon le poids des coureurs, la météo), à l'avant comme à l'arrière. »

Le dépannage en course

« Lorsqu'on change une roue, l'utilisation générale des freins à disques impose l'emploi de visseuses pour sortir les axes traversants. En cas d'urgence, on n'hésite pas à changer de vélo plutôt qu'une roue. Dans la course, le mécanicien est assis à l'arrière du véhicule, toujours à droite pour des raisons de sécurité. Sur le toit, le vélo de rechange du leader est positionné le plus près du mécano, c'est celui qui lui est accessible le plus rapidement. »

Les coureurs

« Certains coureurs mettent l'accent sur des détails, les réglages… Avant le départ, ils vérifient de manière systématique que les roues tournent bien et sont à l'écoute du moindre bruit en course. D'autres ne sont pas très sensibles au matériel. Ils font tous confiance aux mécaniciens qui ont une énorme responsabilité car le cyclisme est un sport mécanique. »

Dépannage neutre

Depuis 2021, la firme japonaise Shimano (fabricant de pièces et composants pour cycles) assure le dépannage neutre des coureurs. L'un de ses véhicules d'assistance intervient lorsqu'un coureur est stoppé par un incident mécanique et que la voiture de son équipe n'est pas disponible pour le dépanner.

En kit

Après la course, chaque vélo est minutieusement vérifié par les mécaniciens, en particulier toutes les pièces modulables indiquées ci-dessous.

PNEUS

(crevaison ou usure)

CHAÎNE

(usure)

PLATEAUX ET CASSETTES

(selon le relief du parcours, pour escalader les cols les plus pentus, on ajoute un troisième plateau)

ROUES
(selon le profil du parcours)
RAYONS
(bris)

LE VÉLO

UNE MÉCANIQUE DE PRÉCISION

Le prix moyen du vélo d'un coureur est estimé à 12 000 € ce coût élevé s'explique par les matériaux utilisés comme le cadre en fibre de carbone, les technologies intégrées, les qualités aérodynamiques...

Pour des raisons de sécurité, le poids minimum d'une bicyclette imposé par l'Union cycliste internationale est de 6,8 kg.

Deux marques de cycles françaises sont engagées au Tour de France 2024 : Look avec l'équipe Cofidis et Van Rysel avec l'équipe Decathlon-AG2R La Mondiale. Les marques les plus représentées sont italiennes et américaines. Les chiffres suivants sont publiés par *Le Cycle*.

Équipe : Visma-Lease a Bike
Marque : Cervélo (Canada)
Poids : 7 kg
Prix : 12 000 €

Équipe : UAE Emirates
Marque : Colnago (Italie)
Poids : 7,2 kg
Prix : 15 000 €

Équipe : Soudal Quick-Step
Marque : Specialized (États-Unis)
Poids : 7 kg
Prix : 14 000 €

Équipe : Movistar
Marque : Canyon (Allemagne)
Poids : 7,2 kg
Prix : 12 000 €

Équipe : Astana Qazaqstan
Marque : Wilier (Italie)
Poids : 7 kg
Prix : 12 000 €

Équipe : Bahrain-Victorious
Marque : Merida (Taïwan)
Poids : 6,8 kg
Prix : 12 000 €

Équipe : Alpecin-Deceuninck
Marque : Canyon (Allemagne)
Poids : 7,2 kg
Prix : 10 000 €

Équipe : Arkéa-B&B Hotels
Marque : Bianchi (Italie)
Poids : 6,9 kg
Prix : 13 000 €

Équipe : Red Bull-BORA-Hansgrohe
Marque : Specialized (États-Unis)
Poids : 7 kg
Prix : 14 000 €

Équipe : Cofidis
Marque : Look (France)
Poids : 7 kg
Prix : 14 000 €

Équipe : Decathlon-AG2R La Mondiale
Marque : Van Rysel (France)
Poids : 7 kg
Prix : 9 000 €

Équipe : EF Education-EasyPost
Marque : Cannondale (États-Unis)
Poids : 7 kg
Prix : 12 000 €

Équipe : Groupama-FDJ
Marque : Wilier (Italie)
Poids : 7 kg
Prix : 14 000 €

Équipe : INEOS Grenadiers
Marque : Pinarello (Italie)
Poids : 7 kg
Prix : 14 000 €

Équipe : Intermarché-Wanty-Gobert
Marque : Cube (Allemagne)
Poids : 7,4 kg
Prix : 7 800 €

Équipe : Lidl-Trek
Marque : Trek (États-Unis)
Poids : 7,8 kg
Prix : 12 400 €

Équipe : DSM-Firmenich-Post NL
Marque : Scott (Suisse)
Poids : 6,8 kg
Prix : 13 000 €

Équipe : Jayco-AlUla
Marque : Giant (Taïwan)
Poids : 7 kg
Prix : 12 000 €

Équipe : Israël-Premier Tech
Marque : Factor (Australie)
Poids : 6,8 kg
Prix : 15 000 €

Équipe : Lotto-Dstny
Marque : Orbea (Espagne)
Poids : 6,8 kg
Prix : 12 000 €

Équipe : TotalEnergies
Marque : Enve (États-Unis)
Poids : 7 kg
Prix : 14 000 €

Équipe : Uno-X
Marque : Dare (Taïwan)
Poids : 7 kg
Prix : 12 000 €

22 ÉQUIPES
176 coureurs bien entourés

Le nombre de coureurs inscrits au Tour de France est de 176. Ils sont répartis au sein de 22 équipes de 8 cyclistes chacune.

L'encadrement est composé d'un manager, d'un directeur sportif, de deux ou trois directeurs sportifs, de sept ou huit assistants sportifs, d'un médecin, d'un kinésithérapeute-ostéopathe, de quatre ou cinq mécaniciens, d'un ou deux cuisiniers. La partie « relations publiques » comprend généralement un responsable des partenariats, un attaché de presse, un community manager, un vidéaste...

Le directeur ou le manager général

C'est le patron de l'équipe. Il recherche des financements pour assurer la pérennité de sa structure et des partenaires techniques (pour être fourni en vélos, accessoires, équipements). Il est le responsable de la gestion du personnel et du recrutement des coureurs.

Le directeur sportif

Il a la charge de la stratégie appliquée en compétition. Avant le départ de l'étape, il anime quotidiennement un briefing. Durant la course, il suit le peloton (son adjoint accompagne les coureurs de l'équipe qui sont échappés) et adresse ses consignes aux cyclistes *via* leurs oreillettes.

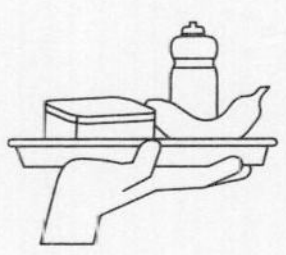

Les assistants sportifs

Les assistants sportifs sont dévoués au bien-être des coureurs : le matin, ils préparent leur petit déjeuner et le contenu des musettes pour le ravitaillement qu'ils leur tendent durant l'étape. Après la course, ils leur servent une collation et les massent à l'hôtel. Ils s'occupent de laver les vêtements des coureurs. Leur disponibilité et leur polyvalence sont indispensables au bon fonctionnement d'une équipe.

Les kinésithérapeutes et les ostéopathes

Les kinésithérapeutes massent les coureurs après chaque étape dans une chambre d'hôtel. Les ostéopathes interviennent à la demande, en cas de douleurs et, fréquemment, après la chute d'un cycliste.

Les mécaniciens

Les mécaniciens sont installés à l'arrière des voitures des directeurs sportifs qui suivent la course. Ils interviennent pour régler un problème mécanique, changer une roue en cas de crevaison ou, le cas échéant, donner aux coureurs un vélo de secours en le détachant de la galerie. Après l'étape, ils lavent les bicyclettes, effectuent des réglages et changent les pièces défectueuses.

Le médecin

Son rôle principal est de veiller à la santé des coureurs face aux importants efforts physiques qu'ils répètent durant trois semaines. Les coureurs blessés ou malades pendant une étape sont pris en charge par le service médical de l'organisation. Le médecin de l'équipe intervient avant et après la course pour apporter des soins, prescrire des médicaments, panser les plaies des sportifs accidentés.

Le cuisinier

Le cuisinier de l'équipe investit les cuisines de l'hôtel ou dispose d'un espace privé dans un camion-cuisine de l'équipe. Pendant la journée, il fait les courses et prépare le dîner en tenant compte des recommandations du nutritionniste pour chacun des athlètes.

Le responsable partenariat

Il est le relais entre la direction de l'équipe et ses sponsors. Une équipe cycliste compte plusieurs partenaires : privés, institutionnels, techniques. Sur le Tour, il est chargé des relations publiques avec les invités sur le Tour issus des parrainages.

L'attaché de presse

Il est le lien entre les coureurs et les médias. Il reçoit des demandes d'interview et les programme (ou les refuse) selon les disponibilités des coureurs. Chaque jour, il publie des communiqués de presse avec des témoignages de cyclistes et des directeurs sportifs de son équipe.

Le community manager

Il publie des informations, des photos et des vidéos (il est accompagné d'un vidéaste) sur les différents réseaux sociaux afin de créer une communauté s'intéressant à la vie de l'équipe, au-delà des seuls résultats sportifs.

Le chauffeur du bus

Durant la durée de l'épreuve, le chauffeur du bus de l'équipe transporte les coureurs, chaque matin, de l'hôtel au départ de l'étape, et après la course, dans un établissement proche de la ville de l'arrivée. Le véhicule emprunte essentiellement un itinéraire bis, appelé « hors course ».

BUS des équipes

Paysage du Tour de France

Vestiaires itinérants pour les coureurs, vitrine publicitaire pour les sponsors, les cars des équipes ne passent pas inaperçus.

Les autocars des équipes cyclistes font partie intégrante du paysage du Tour de France. Ils attirent la curiosité du public par leurs dimensions (une douzaine de mètres de longueur), leur décoration stylisée aux couleurs des sponsors et, naturellement, par la présence des coureurs dont ce sont les vestiaires. Ils les transportent de l'hôtel à la ville-départ de l'étape le matin, et de la ville-arrivée à l'hôtel l'après-midi. Dans leur version tourisme, leur capacité est d'une cinquantaine de places. En configuration sport, ils offrent espace et confort aux usagers. Réalisé par des entreprises spécialisées dans la carrosserie industrielle ou dans la création de véhicules événementiels, l'aménagement est sur mesure afin d'obtenir un outil logistique indispensable au bon fonctionnement des équipes.

Le bus de l'équipe Decathlon-AG2R La Mondiale comporte quatorze places, deux cabines de douches, un WC, une cuisine, trois TV (par satellite) et est équipé du wifi. Dans la plupart des véhicules, une grande banquette en forme de U sert aux réunions. Dans sa partie inférieure, on trouve une machine à laver et un sèche-linge. En soute sont entreposés huit home-trainers.

La mise en service du premier autocar date de 1977 pour les besoins de l'équipe espagnole Super Ser. Le confort est alors rudimentaire. Dans les années 1980, à travers l'équipe qu'elle parraine, la Régie Renault voit l'opportunité de faire sa publicité. Au début de la décennie suivante, le car de la formation néerlandaise PDM fait l'envie de tous.

Dans les aires de départ et d'arrivée, afin de permettre le stationnement de vingt-deux bus, plus cinq ou six voitures, un parking long d'un kilomètre est réservé aux équipes (il est accessible uniquement aux personnes munies d'une accréditation dans la zone départ et ouvert au public sur le site de l'arrivée).

LES NOMS DE TOUS LES COUREURS Y SONT ÉCRITS

À l'aide d'un rétroprojecteur, les directeurs sportifs y tiennent un briefing – les sièges des cyclistes pivotent pour se placer devant l'écran. Les coureurs se changent à l'intérieur puis se rendent sur un podium pour être présentés aux spectateurs. Les journalistes agglomèrent les bus dans le but de réaliser des interviews.

Les grands et les petits sponsors apparaissent sur le bus, ce qui représente une belle vitrine pour eux. Les noms des coureurs de l'effectif (jusqu'à trente), auxquels est accolé un petit drapeau de leur pays, y figurent. L'équipe Cofidis mentionne également ses cyclistes féminines. Certains véhicules intègrent un écran géant à l'extérieur qui retransmet la course.

Sur les bus fleurissent des slogans publicitaires et des messages comme « *Ride your dreams* » (chevauchez vos rêves) chez Visma-Lease a Bike. Lors du Tour 2023, on aperçoit à l'arrière du Lion's Coach de MAN une grande photo où le coureur Yves Lampaert enlace l'anonyme Dirk Clarysse, un membre du club des supporters de l'équipe belge Soudal Quick-Step. Cette image symbolise la proximité entre les sportifs et les fans qui règne dans le cyclisme. Derrière un pare-brise, l'alignement de lions en peluche, mascotte du Maillot Jaune, témoigne de la réussite d'un coureur et du collectif. Il y a aussi des hommages pour ne pas oublier. À l'avant du car d'Astana on découvre une plaque au nom de Michele Scarponi, coureur italien de l'équipe kazakhe décédé en 2017 lors d'un entraînement. Sur le bus de Bahrain-Victorious, on peut lire le message #rideforgino (courir pour Gino) à la mémoire du jeune coureur suisse Gino Mäder, mort en course en 2023.

Jonas Vingegaard descend du bus de l'équipe Visma-Lease a Bike à la décoration particulièrement soignée.

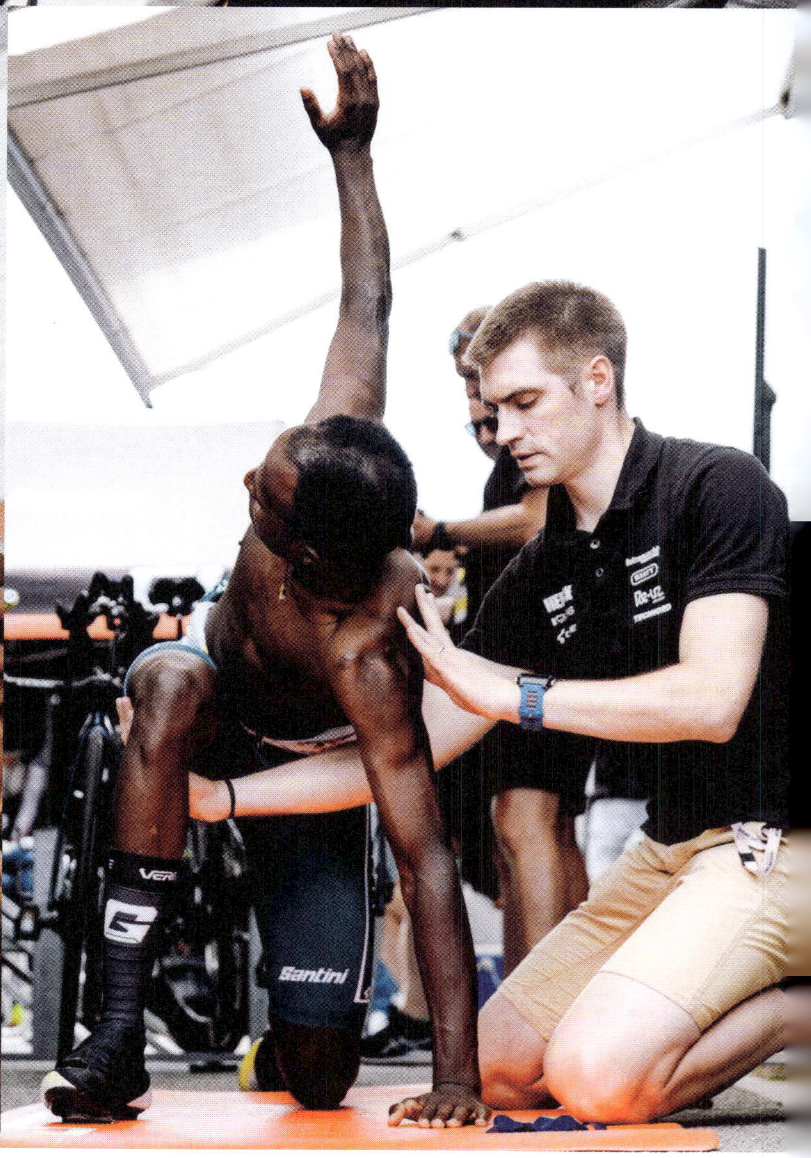

Haut : à table avec les coureurs et le staff de l'équipe Intermarché-Wanty. **Gauche :** des chaussures aux couleurs de sa nationalité érythréenne. **Droite :** avec son préparateur physique en plein exercice.

Haut : un dernier selfie à l'arrivée du Tour 2014 à Nice avec les fidèles supporters de son fan-club qui l'ont suivi durant toute l'épreuve. **Gauche :** le coureur porte toujours une croix de l'Église chrétienne orthodoxe. **Droite :** Saliem Hizkel, l'épouse de Biniam Girmay.

Journée de REPOS

Les coureurs restent actifs

La journée de repos n'en est pas tout à fait une pour les coureurs qui doivent veiller à ne pas se laisser aller.

Pendant la durée du Tour de France, deux journées sont consacrées au repos des coureurs, les deuxième et troisième lundis de l'épreuve, au lendemain d'une étape souvent majeure. Deux jours sans étape mais pas sans rien faire non plus car, après tant d'efforts déployés, ils sont attentifs à ce que ces moments précieux de récupération ne les fassent pas « sortir » du Tour, psychologiquement et physiquement.

Une grasse matinée est fortement déconseillée car l'organisme doit éviter de subir un bouleversement. En revanche, les cyclistes s'accordent une sieste l'après-midi.

Généralement, ils roulent pendant deux à trois heures, de manière décontractée, « pour tourner les jambes », selon l'expression du peloton (s'il pleut, ils pédalent sur un *home-trainer*). Pour assurer leur sécurité, sur des routes ouvertes à la circulation automobile, ils sont encadrés par des voitures de leur équipe.

Sur la base de programmes individualisés, les progrès en matière d'entraînement commencent à modifier les habitudes : comme il est important de maintenir la tension nerveuse afin de ne pas s'exposer à des déboires le lendemain, à la reprise de la course, certains effectuent un entraînement intensif d'une heure plutôt qu'une sortie plus longue et de faible intensité. Tim Heemskerk, l'entraîneur de Jonas Vingegaard, rapporte que le Maillot Jaune a « maintenu son organisme en mode compétition en prévision du contre-la-montre », entre Passy et Combloux (16e étape du Tour 2023), qu'il a survolé vingt-quatre heures plus tard. Pendant ce temps-là, Tadej Pogačar diffusait sur un réseau social des photos où on le voit plonger dans la piscine de l'hôtel. Mais peut-être était-ce de l'esbroufe pour « endormir » son grand rival...

NE PAS TROP MANGER...

Dans le domaine de l'alimentation, il est important aussi de veiller à ne pas perturber le métabolisme de l'athlète. Un apport énergétique trop important (pour une activité physique moindre) présente un risque de diarrhées et un affaiblissement qui peut être fatal à son rendement.

Lors d'une journée de repos, les coureurs – les leaders principalement – sacrifient à leurs obligations médiatiques. Une conférence de presse est organisée dans un salon de leur hôtel. Pendant la pandémie de la Covid-19, pour éviter le danger de l'infection, les interviews étaient réalisées en visioconférence. Hors crise sanitaire, beaucoup d'équipes maintiennent cette formule afin de préserver le plus possible la tranquillité des coureurs.

Ce jour-là est l'occasion de retrouver la famille, de passer un peu de temps avec sa femme et ses enfants. Tradition qui se perd car le coureur a peu de temps, y compris pour les siens. On croise les agents de sportifs dans les couloirs des hôtels. Ils s'entretiennent avec les managers d'équipe sur l'avenir des coureurs qui leur ont confié leurs intérêts, pour obtenir une prolongation de leur contrat. Dans le cas contraire, ils s'attachent à leur trouver un nouvel employeur pour l'année suivante. « Les négociations sont menées en amont. Sur le Tour, on peaufine les contrats, on finalise les accords, explique l'un de ces agents, Philippe Raimbaud. Même si 90 % des choses sont déjà réglées, le Tour est l'endroit où il faut être. »

1

Jour de repos à Orléans en 2024 : Remco Evenepoel et ses équipiers de Soudal Quick-Step effectuent un entraînement léger avec un maillot célébrant le 50e anniversaire de la marque de cycles américaine Specialized avec les trois couleurs du drapeau de la Belgique.

2

Girmay Biniam répond aux questions des journalistes durant une conférence de presse lors du premier jour de repos du Tour 2024 à Orléans.

3

Pendant la journée de repos à Orléans, Dorian Godon et Sam Bennett de l'équipe Decathlon-AG2R La Mondiale, se prêtent au jeu des autographes.

CLIMAT

La gestion de la chaleur

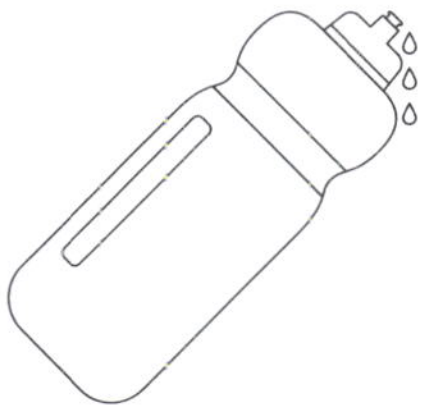

La chaleur est couplée à l'histoire du Tour de France qui se déroule depuis toujours pendant la période estivale.

Durant le Tour 2018, Geraint Thomas s'hydrate.

« Les coureurs boivent énormément, insiste Blaise Chauvière, ancien coureur professionnel et assistant sportif de longue date chez TotalEnergies. Sur la totalité de l'épreuve, entre 2 500 à 3 500 bidons (de 55 cl), soit, dans la fourchette haute, un bidon par kilomètre ! Face à l'effort physique, les boissons sont riches en glucides. Par fortes températures, on privilégie des boissons riches en minéraux afin de limiter la perte hydrique de la transpiration qui est très importante. »

« Nous avons aussi notre propre machine à glace pour en fabriquer et en congeler 20 à 40 kg par jour. S'il fait très chaud au départ de l'étape, vers midi, le coureur porte une veste réfrigérante pour faire chuter la température corporelle. C'est également le cas lors d'un échauffement sur home-trainer avant un contre-la-montre. Pendant l'étape, on place des glaçons dans un bas ou une chaussette, à l'intérieur de la musette transmise au coureur dans la zone de ravitaillement. Cela lui permet de se rafraîchir la nuque. »

En 2023, au terme de la première étape à Bilbao, Tadej Pogačar, l'un des grands favoris à la victoire finale, s'est assis dans un bain de glace, la ligne d'arrivée à peine franchie. Pour s'acclimater à la chaleur, l'ancien coureur Thibaut Pinot (3e du Tour 2014) a installé un sauna à son domicile.

En 2024, un nouveau protocole est mis en place par l'Union cycliste internationale « pour réduire le risque d'accidents liés à la chaleur ». Il recommande des mesures à prendre par l'organisateur, comme fournir aux équipes des boissons fraîches et de la glace pilée, augmenter le nombre de motos de ravitaillement (au Tour, les pilotes de deux motos « fraîcheur » transmettent des bidons aux coureurs), modifier l'heure de départ ou éventuellement neutraliser des sections de course… Le protocole précédent prévoyait déjà la réduction de la distance de l'étape.

LE MAILLOT
qui respire bien

La société française Ekoï propose de nouveaux modèles de maillot présentant une technologie « graphène » (le graphène est un cristal bidimensionnel d'atomes de carbone répartis régulièrement sur un réseau hexagonal en forme de nid d'abeilles) reconnue pour sa conductivité thermique très élevée.

Une thermorégulation s'opère grâce aux fils horizontaux en graphène disposés sur l'avant et l'arrière du maillot, des points les plus chauds aux points les plus froids.

D'après l'équipementier, par une température de 30 degrés son utilisation générerait une réduction de la température à la surface du textile de 2,6 degrés. Il est porté par Michael Woods, de l'équipe Israël-Premier Tech, lors d'une étape caniculaire en 2023 remportée par le Canadien au sommet du puy de Dôme. Sa conclusion : « C'est un maillot qui respire bien. »

DANS LA VALISE DE GUILLAUME MARTIN

Le coureur Guillaume Martin est un habitué du Tour de France. En 2024, il y participe pour la septième fois consécutive (8e et 10e du classement en 2021 et 2023). Il est aussi l'auteur de trois ouvrages traitant de la philosophie et de son application au sport. En 2023, l'Académie française lui décerne le prix Jacques-de-Fouchier pour *La Société du peloton – Philosophie de l'individu dans le groupe* (Grasset, 2021).

Sur le Tour 2024, il emporte dans sa valise *Habiter en oiseau* de Vinciane Despret (Actes Sud, 2019), « un livre un peu écologiste », et *L'Île de la Sentinelle*, de Benjamin Hoffmann (Gallimard, 2022) : 384 pages (!) « Située à mille kilomètres des côtes de l'Inde, l'île de la Sentinelle abrite le dernier peuple entièrement coupé du monde moderne. Une histoire vraie qui m'a fascinée. »

« Je m'intéresse aussi à la philosophie anarchiste, à la fin du XXe. Pendant le Tour, je lis les textes d'un certain Albert Libertad », sourit-il. •

Cofidis
cofidis
mobel
CORIMA
CORIMA
LOOK
CORIMA
Cofidis
mobel

DATA

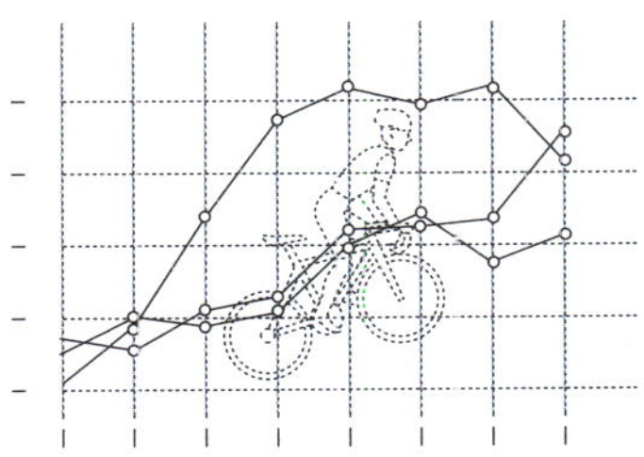

L'enjeu de leur exploitation

Les données occupent une place prépondérante dans le sport et dans le cyclisme. Pour les désigner, on emploie plus généralement le terme anglais de *data*.

La *data* est utilisée depuis longtemps. Son origine se trouve dans le secteur des télécommunications pour qualifier les données circulant par un réseau téléphonique ou informatique (autres que les données vocales). L'arrivée d'Internet puis des réseaux sociaux a totalement transformé les usages et les techniques, en donnant la possibilité de collecter et d'exploiter une quantité massive de données quasiment en temps réel.

L'intelligence artificielle ouvre la voie à une exploitation encore plus poussée de ces données que la nouvelle génération de coureurs a pleinement adoptées. Avec le risque d'être moins à l'écoute de son corps, de perdre en perception de la course et de ne pas développer son instinct…

Le sujet passionne autant qu'il divise.

Samuel **BELLENOUE**, entraîneur

« On croit mesurer des choses, mais le capteur n'est pas toujours précis. »

RESTER PRUDENT !

Samuel Bellenoue, responsable de la performance au sein de l'équipe Cofidis, appelle à une utilisation modérée des *data*.

« Aujourd'hui, nous avons beaucoup d'outils à notre disposition pour mesurer la puissance et la fréquence cardiaque du coureur, le dénivelé de la route, la température…, énumère-t-il. On est tombés dans une sorte de mode avec tous ces capteurs. On croit mesurer des choses, mais le capteur n'est pas toujours précis, et certaines données ne sont pas vraiment exploitables. Les *data* peuvent être utiles, il faut les prendre au sérieux avec beaucoup de recul. »

« Chez Cofidis, on travaille depuis deux ans avec un *data scientist*, Quentin Douzery, un ingénieur en mathématiques appliquées. Avec les données archivées pour chaque coureur, il réalise un modèle, mesure le travail mécanique qu'il doit effectuer en tenant compte de la distance de l'étape et du dénivelé. Le résultat permet de calculer les apports énergétiques nécessaires au coureur pour fournir ce travail et à notre nutritionniste de planifier les quantités d'aliments au petit déjeuner, pour la collation post-étape, au dîner. »

« Il y a la théorie et la pratique, relève l'entraîneur. Dans la course, tu es dépendant des autres. Sauf le team UAE qui a les meilleurs et décide du rythme de la course. Au niveau de notre équipe, on utilise les *data* pour des choses standardisées comme le contre-la-montre que l'on découpe en identifiant les zones d'intensité pour chaque coureur en fonction de son potentiel, de la distance et du dénivelé du parcours, avec des détails de gestion fine sur l'intensité : sur le plat, il roule dans sa zone cible en puissance moyenne ; en montée, il augmente ses watts, et il récupère un peu dans la partie descendante. »

Le GPX de l'organisation du Tour de France (format de fichier permettant l'échange de coordonnées géographiques provenant du GPS) apparaît sur l'écran du compteur placé sur le guidon du vélo. Dans les commentaires, on relève des critiques sur un excès de son utilisation, ce que réfute Samuel Bellenoue. « Le coureur n'a pas tout le temps le nez sur le compteur, il faut qu'il regarde la route. Beaucoup de choses sont un peu fantasmées car, en plein effort, on ne peut pas avoir l'attention suffisante pour "checker" en permanence. Le coureur s'entraîne régulièrement dans ses zones d'intensité, et s'il donne un coup d'œil, c'est pour avoir la confirmation qu'il est bien dans la "bonne" zone. Si on demande à Sepp Kuss (coureur majeur de l'équipe Visma-Lease a Bike) de se mettre à 6 watts/kilo dans la montée du col, il n'a pas besoin de regarder son capteur. »

« Ne détourne-t-on pas le coureur de son métier ? interroge l'entraîneur. Nous évoluons dans une dictature de la *data*. Le paradoxe, c'est que, face à cette dictature, on retrouve un cyclisme un peu romantique, avec du panache. Les coureurs sont pris un peu entre ces deux éléments antinomiques. La vérité est forcément entre les deux. »

À l'intérieur de la salle de contrôle de l'équipe Visma Lease a Bike.

↑ Séance de récupération sur home-trainer après la course pour Wout van Aert et Jonas Vingegaard.

UN ALGORITHME POUR REPÉRER LES FUTURS TALENTS

Kevin Yven est *data scientist* chez INEOS Grenadiers, l'héritière du team Sky qui se singularisa durant une décennie par sa volonté de « développer les gains marginaux ». Le rôle de ce jeune scientifique, formé à l'Institut national des sciences appliquées, à Rennes, est de développer les outils d'analyse pour optimiser la performance dans les domaines suivants : le recrutement, la sélection en interne, le suivi de l'entraînement et de l'analyse des courses, le développement du matériel.

En 2020, durant ses études, pour l'équipe Arkéa, il met en place un algorithme inédit destiné à repérer les futurs talents. « C'est une plateforme d'analyses pour collecter les données de 650 coureurs, de 25 nationalités, qui nous ont donné accès à leurs données d'entraînement *via* TrainingPeaks, renseigne-t-il. L'idée était de permettre à n'importe quel coureur amateur équipé d'un capteur de puissance de faire partie du processus de recrutement de l'équipe. Dans ce cas de figure, les données sont la première étape du recrutement, quelque chose auquel on peut avoir accès sans avoir encore rencontré le coureur et qu'on peut étendre à une échelle mondiale. Une fois que ce premier filtre est fait, il entrait ensuite dans le processus de recrutement classique. Le but était donc de faire du *scouting* de manière beaucoup plus large. »

« Afin de finaliser nos choix, nous nous sommes basés sur les données de ces coureurs, explique Yvon Caër, à l'époque responsable du pôle Détection de l'équipe Arkéa. Nous les avons confrontées avec les données que pouvaient nous apporter nos relations dans le but d'obtenir des informations autres que chiffrées pour effectuer notre recrutement. »

« Le mode de détection et de recrutement m'a tout de suite plu, car il était innovant, et parlant pour un coureur comme moi habitué aux *data* et plateformes d'entraînements telles que Training-Peaks », raconte Kévin Vauquelin, engagé à l'âge de 20 ans, à la suite de ce processus. Le vainqueur de la 2e étape du Tour de France était alors l'un des meilleurs juniors français, trois fois médaillé mondial sur piste. Son CV n'était-il pas suffisant pour se voir offrir une place chez les professionnels ?

Si elles sont un outil précieux, les *data* ont aussi des limites. Recruté en même temps que Kévin Vauquelin, l'Estonien Markus Pajur n'a jamais percé dans le cyclisme de haut niveau.

LA SALLE DE CONTRÔLE
de l'équipe Visma

L'équipe Visma-Lease a Bike innove dans le domaine de la collecte et la restitution de données. Elle n'en fait pas secret, bien au contraire.

Quelques jours avant le départ du Tour 2024, à Florence, ses dirigeants présentent aux médias leur *control room* (salle de contrôle), un van équipé de technologies récentes pour centraliser la récolte de données en temps réel pendant l'épreuve. « C'est un outil unique dans le cyclisme. Il nous permet d'analyser encore plus de données en direct et d'avoir une meilleure vue d'ensemble de la course. On pourra ainsi fournir des informations aux directeurs sportifs dans les voitures et les aider à prendre des décisions tactiques rapidement », explique Mathieu Heijboer, directeur de la Performance dans la formation néerlandaise.

L'Union cycliste internationale annonce qu'elle procédera à « des vérifications pour s'assurer que ce dispositif est conforme au cadre réglementaire en vigueur ».

La montre connectée

Grâce à un capteur intégré, la montre connectée offre une mesure de la fréquence cardiaque au poignet. Elle analyse d'autres paramètres de santé comme la saturation du sang en oxygène, le niveau de stress...

L'ÉQUIPE COFIDIS
en quelques chiffres

Pour un Tour de France, l'organisation d'une équipe passe par le recrutement de moyens humains et matériels colossaux. Tour d'horizon de ce qui accompagne l'équipe composee de 8 coureurs et de 25 membres du staff.

ÉQUIPE

8
coureurs

25
membres du staff

12
véhicules

TECHNIQUE

4
mécaniciens
(+ 1 pendant les contre-la-montre)

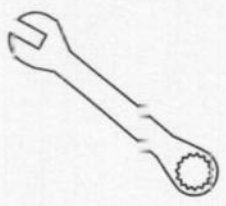

1
camion-atelier

1
camionnette-atelier

1
autobus

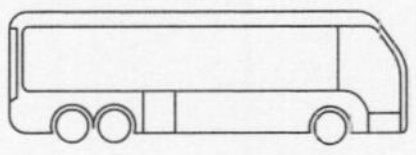

MATÉRIEL

40
vélos

80
boyaux en réserve

80
paires de roues

16
cadres de secours

Pendant la durée de la course

1800
pneus et boyaux gonflés

NUTRITION et ALIMENTATION

Pendant la durée de la course

3 000
bidons de 55 cl d'eau

1600
barres énergétiques et gels

Par jour

50
litres d'eau dans les bidons

20
fruits

essentiellement des bananes

VÊTEMENTS et ACCESSOIRES

48
maillots

32
combinaisons

16
casques

200
musettes

100
casquettes

Sur **la route**

La course est lancée. Autour des coureurs, des maillots et des résultats, les cérémonies protocolaires s'organisent. Sur le bord des routes, le public s'enthousiasme derrière les athlètes et la caravane publicitaire. En arrière-plan, des regards professionnels veillent : informés en canal direct, les membres de la direction sportive et les arbitres surveillent la course et les chronomètres et les médecins se tiennent prêts à intervenir à n'importe quel moment. L'image de marque du Tour, des coureurs et des équipes est soignée avec des engagements forts à porter pour séduire toujours plus de publics et les sponsors.

LA CARAVANE, c'est magique !

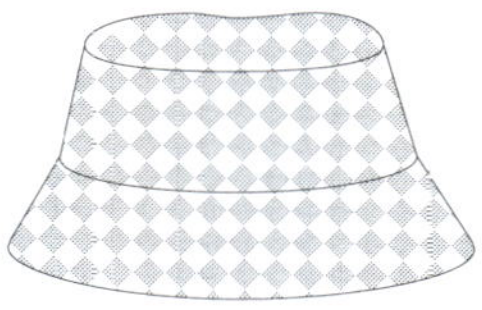

La caravane publicitaire est indissociable du Tour de France et lui est même indispensable : un spectateur sur deux vient pour la voir passer !

La caravane passe en 2024 entre Orléans et Saint-Amand-Montrond.

Le Tour de France est un spectacle, et comme dans tout spectacle, il y a une première partie qui remplit et justifie l'attente. Le rôle de la caravane publicitaire va même au-delà de cette vocation qui consisterait à faire patienter les spectateurs en les divertissant jusqu'au passage des coureurs puisque, selon un sondage réalisé en 2023, 49 % d'entre eux s'installent sur le bord du parcours pour assister au défilé de ses véhicules ! La caravane fait partie intégrante du grand jeu de la route !

Quand le Tour passe, la France est sur le pas de la porte

« Quand le Tour passe, la France est sur le pas de la porte »... La célèbre citation de Tristan Bernard pourrait aussi s'appliquer au cortège coloré, musical, bruyant qui précède la course avec quelques véhicules dès 1929 et qui ravit petits et grands. Mais c'est en 1930 que la caravane publicitaire du Tour de France est officiellement créée (à l'époque, pour financer les dépenses inhérentes à l'organisation de l'épreuve).

Une présence populaire, gagnante pour tous : gratuité des festivités pour les spectateurs, manne financière importante pour l'organisateur, exposition remarquable pour la trentaine de marques représentées...

La caravane est composée d'environ 160 véhicules, dont la plupart attirent l'œil par leurs dimensions (environ 6 mètres de long, 2 de large et près de 4 de haut), leurs formes et leur décoration uniques, et de 600 personnes.

Depuis quelques années, elle se veut écoresponsable en bannissant le plastique des objets conçus pour leur distribution. Elle s'élance de la ligne de départ entre une heure et demie et deux heures avant les coureurs, et s'étend sur 10 à 20 kilomètres.

LCL
CARAVANE
9182
LCL
LCL
LCL
LCL
LCL
#MAILLOTJAUNELCL

DES *GOODIES* SOUS CONTRÔLE

Les *goodies* sont en matière recyclée. Certains partenaires distribuent des cadeaux en sachets recyclables. Les emballages plastiques (hors contrainte légale comme pour certains produits alimentaires) et les cadeaux en plastique à usage unique sont interdits.

Lancés en direction des spectateurs depuis des véhicules roulant entre 30 et 40 km/h, les objets publicitaires peuvent devenir des projectiles dangereux s'ils sont inadaptés à une distribution. C'est pourquoi ils doivent répondre à des critères de poids et de conditionnement. Tous les véhicules festifs font l'objet de visites de chantier, depuis leur conception jusqu'à leur réalisation, par une commission de sécurité.

Année après année, la popularité de la caravane ne se dément pas.

BON GOÛT
AUCISSON
ASSIQUE
cette française

LA CRÉATIVITÉ AU SERVICE DE LA PUBLICITÉ

L'apparence des véhicules de la caravane, transformés et customisés, ne doit rien au hasard. Leur physionomie est confiée à des esprits créatifs : directeurs artistiques, concepteurs-rédacteurs, designers missionnés par les marques partenaires.

Quant à la réalisation des véhicules – des camionnettes standard auxquelles sont greffés des éléments de décor en résine, polystyrène et autres fibres de verre – elle est confiée à l'atelier Mandarine, à Pantin (Seine-Saint-Denis), qui crée, chaque année, près de 60 véhicules pour Vittel, Century 21, Krys, Haribo... Leur confection exige environ 3500 heures de travail et l'intervention d'une dizaine de corps de métiers : décorateur, menuisier, peintre, électricien, mécanicien, soudeur, technicien du son.

Pour la marque de bières sans alcool Tourtel par exemple, « il fallait allier deux contraintes : transporter 10000 cannettes sans avoir besoin de ravitailler en cours d'étape, tout en maintenant les échantillons à une température de 4 à 5 °C, explique Benoît Maugrion, le directeur général de Mandarine. Pour y parvenir, nous avons imaginé des compartiments réfrigérés par des pains de glace, camouflés sous les décors. »

LA VIE DU CARAVANIER

La croisière s'amuse. C'est aussi le cas de la caravane pourrait-on penser, à voir le sourire qu'affichent (presque) toujours les caravaniers. Pourtant, leur rôle pendant trois semaines, s'il côtoie le plaisir des spectateurs, n'est pas de tout repos. On trouve tous les âges, des étudiants (les plus nombreux) comme des retraités (plus rarement). En 2023, travaillant pour la marque E. Leclerc, les profils professionnels sont variés : ambulancier, formateur, responsable commercial, douanier, podologue, viticulteur, moniteur de ski, professeur d'EPS... L'équipe du Gaulois,

L'atelier de fabrication de la caravane publicitaire de l'usine Fabrik.

160
Le nombre de **VÉHICULES** qui composent la caravane publicitaire.

600
Le nombre de **CARAVANIERS**.

10 à 15
En **KILOMÈTRES**, la longueur du cortège qui est fractionné en plusieurs parties.

10 millions
Le nombre d'**OBJETS** distribués pendant la durée du Tour de France.

1 million
Le nombre de sachets en papier de **BONBONS HARIBO** distribués.

« volaille officielle », est composée de 18 caravaniers (10 hommes et 8 femmes), à bord de 8 véhicules. L'anecdote fait rire Rémi, qui roule pour Senseo : « Tous les jours, les gens crient : “Un café, s'il vous plaît !” mais franchement comment on pourrait faire ?! » Ils sont en vacances ou prennent un congé sans solde auprès de leurs employeurs habituels pour vivre « l'aventure du Tour de France ».

Le matin, tout ce beau monde se lève tôt (entre 6 heures et 6 h 30) pour rejoindre dès 9 heures le parking réservé à la caravane dans la ville où est donné le départ de l'étape.

La distribution des objets promotionnels obéit à une consigne importante : lancer les *goodies* en visant les pieds des spectateurs. Les distributeurs sont harnachés et reliés à des points d'ancrage au véhicule pour des raisons de sécurité. Lorsque vous êtes juché sur un char, mieux vaut être jeune et en

Une caravanière anonyme

> **« Je pourrais faire ce travail même si je n'étais pas payée. »**

bonne forme car le confort est précaire, ça tangue, parfois même les hôtesses et les hôtes tournent le dos au sens de la circulation.

Les aménageurs des véhicules s'intéressent à l'ergonomie des postes afin d'éviter les troubles musculo-squelettiques. Chansons populaires et slogans publicitaires amplifiés par des haut-parleurs provoquent une cacophonie : joyeuse pour les oreilles du public, mais dont l'accumulation des décibels durant plusieurs heures serait difficilement supportable pour les caravaniers sans des boules Quies.

Les conducteurs participent à une session de formation d'une journée et demie spécifique à la conduite sur le Tour de France, notamment le freinage d'urgence pour la sécurité des spectateurs et du personnel embarqué : il arrive, en effet, que des enfants et même des adultes, excités par l'ambiance de la caravane, empiètent sur la chaussée pour récupérer un objet. Pour postuler à ce poste, il faut au minimum avoir obtenu son permis depuis trois ans.

LA SÉCURITÉ DE LA COLONNE

La caravane publicitaire est escortée par 13 gardes républicains qui assurent sa fluidité. Trois médecins y sont affectés. Deux véhicules de la Mission Police veillent à la sécurité routière de la caravane et même des risques d'agression, des faits extrêmement rares (une année, une spectatrice tenta de frapper des hôtes et des hôtesses avec un parasol).

Sur des porte-chars

En amont du site de départ de l'étape, deux parkings de 10 000 m² chacun sont réservés à la caravane publicitaire à des fins de préparation. Des véhicules, dont le gabarit et la conception les interdisent de circuler en dehors de l'itinéraire du Tour de France, sont transportés par 15 porte-chars. L'approvisionnement en petits cadeaux est assuré par 25 semi-remorques de livraison. Il serait impossible pour la caravane d'effectuer l'intégralité du parcours du Tour de France avec un chargement de centaines de milliers d'objets.

Sa vitesse d'évolution est toujours basée sur la moyenne la plus basse des coureurs. Sa vitesse maximale est fixée à 70 km/h, hors agglomération. Parrainés par Radio France et l'application WAZE, quatre véhicules circulant devant, au milieu et derrière le cortège diffusent des messages de prévention en plusieurs langues à l'attention du public afin de l'informer et le sensibiliser sur la bonne conduite à tenir lors du passage de la caravane.

De plus, tous les véhicules composant la caravane publicitaire sont reliés entre eux par radio. En charge de la régulation et la sécurité du cortège, la direction de la caravane informe les conducteurs en permanence de leur position par rapport à l'échelon course. Si les coureurs roulent à une vitesse supérieure à la moyenne horaire prévue, ils doivent à leur tour augmenter l'allure et renoncer momentanément à la distribution des objets.

Sur certains points très particuliers (passages sous ou sur les ponts, routes étroites, forte pente...), le gabarit de certains véhicules de la caravane peut les empêcher (par leur hauteur, longueur ou poids) d'emprunter le parcours de la course. Dans ce cas, ils suivent un itinéraire de déviation avant de rejoindre le parcours de la course.

↑ **Un lion de 4,07 m, une poule de 3,90 m**
La marque Le Gaulois présente des «cocottes» de 3,90 m de hauteur. Elles ne sont pas loin de la «poule position» au sein de la caravane où le char de tête est logiquement celui du parrain du Maillot Jaune. Sur ce véhicule historique, la crinière du lion incarnant la banque LCL mesure 4,07 m.

Lancer les *goodies* en visant les pieds des spectateurs

PUBLIC
au bord des routes

3 500 kilomètres de sourires !

Le Tour de France draine un public considérable, enthousiasmé par ce spectacle haut en couleur, entièrement gratuit, qui lui laisse des souvenirs impérissables.

On se souvient pour toujours des images, même furtives, de la première fois où l'on a vu passer devant soi, en chair et en os, les coureurs du Tour de France chevauchant des bicyclettes rutilantes sous le soleil de juillet. On conserve précieusement, le temps de l'enfance, un objet lancé par la caravane publicitaire, gadget sacré de la magie de la Grande Boucle.

Indissociable de l'événement, le public est estimé entre 10 et 12 millions de personnes par Amaury Sport Organisation. Il s'est rajeuni. En se féminisant, il accompagne aussi notre époque.

Le public du Tour, ce n'est pas le public du foot ou de tout autre sport collectif, et pourtant, c'est le plus collectif de tous les publics. Celui du foot choisit son camp, il passe de l'explosion de bonheur au désespoir muet. Celui du Tour est toujours joyeux. Christian Prudhomme, qui goûte à chacun d'entre eux, a coutume de dire que « le Tour, c'est 3 500 kilomètres de sourires ».

Lorsqu'il a demandé à ses proches collaborateurs une définition personnelle du Tour de France de leurs rêves, la vérité est venue de la bouche d'un enfant (le fils de Stéphane Boury, responsable des sites d'arrivée) : « Le Tour de France de mes rêves, c'est celui qui passe devant chez moi. »

Le seul événement mondial auquel vous pouvez assister sur votre pas de porte revêt les attributs d'un miracle économique et sociétal : il est un business qui rapporte beaucoup et à la fois un spectacle gratuit pour le public.

La minute que « dure » le passage des coureurs devant vos yeux est une minute si intense qu'elle vous semble éternelle. Cette minute-là se prépare avant d'être vécue, elle habille plusieurs mois d'attente de la fête dans les villages pavoisés. Une ambiance de kermesse préside sous des chapiteaux de fortune, on échange, on s'amuse, on rit beaucoup, on s'enivre des effluves de la saucisse et de la ventrèche grillées et de l'odeur des frites qui dansent dans l'huile.

Le Tour de France de mes rêves, c'est celui qui passe devant chez moi

Le Tour se vit en famille, entre amis, autour d'un pique-nique, dans la campagne empanachée entre la route des « géants » et les champs moissonnés, près des fermes coiffées d'ardoises. Dans les maisons de retraite, les visages se colorent, le Tour a le pouvoir d'effacer les rides des aînés qui l'attendent à l'ombre comme les résidents de l'Ehpad de Prades, dans les Pyrénées-Orientales, recevant, en 2021, la visite surprise d'un enfant du pays, le Premier ministre Jean Castex, qui s'arrête pour les saluer avant de rejoindre la course. En 2023, au départ de l'étape à Clermont-Ferrand, au centre de la place de Jaude, devenue la place Jaune, du haut de sa statue équestre, Vercingétorix, le chef des Gaulois, porte un Maillot Jaune et tient un drapeau jaune. La foule s'agglutine derrière les barrières, des spectateurs se tiennent sur un escabeau. Les terrasses ensoleillées sont bondées. « Lors du départ à Issoire, en 2011, j'étais là avec mon père. Cette fois encore, je voulais être présent avec mon fils pour

44 %

DE PUBLIC FÉMININ

Le public du Tour de France se féminise : 44 % sont des spectatrices, soit 9 % de plus qu'en 2017. En 2023, 54 % des personnes se rendant pour la première fois sur la route du Tour étaient des femmes.

6h53

C'EST LA DURÉE MOYENNE QUE LES SPECTATEURS PASSENT SUR LA ROUTE DU TOUR DE FRANCE (source : Kantar, 2022).

74 % viennent en famille ou avec leur conjoint, 53 % sont des locaux.

← Passage du peloton dans un village du Sud-Ouest, entre Agen et Pau.

Une bande de copains sur le bord de la route.

que lui aussi se souvienne plus tard de ce moment », raconte un spectateur dans *La Montagne*. Le Tour est un motivateur de transmission.

Il apaise « la France qui va mal, ces temps-ci », lit-on dans *Ouest-France* : « Elle se cherche, elle s'interroge, entre une inflation qui rince, un climat social tendu et des faits divers qui perturbent le moral des gens et les travaillent de l'intérieur. » Pour Gaspard Bremond, le journaliste du plus grand quotidien français, « le Tour est le meilleur antidépresseur de France en juillet. La Grande Boucle est une pause, une parenthèse, dans ce récit national qui perd parfois de son sens ». Le récit du Tour va dans tous les sens, c'est une « arme » de distraction massive !

POUR ANNETTE, « C'EST JUSTE DE LA BEAUTÉ »

En 2021, le journaliste de *L'Équipe* Yohann Hautbois réalise un reportage sur le montage du Village Tour de France, à Carcassonne. En pleine nuit, il y fait une étonnante rencontre. Voici un extrait de son article :

« Annette a 73 ans, elle vit à 30 kilomètres de Toulouse, elle a toujours aimé les coureurs italiens, Marco Pantani et surtout Vincenzo Nibali, dont elle a déjà récupéré une casquette et un bidon, par le passé. Sa maman était de Venise, son papa de Padoue et elle a gardé son regard d'enfant sur ce Tour qu'elle suit depuis l'âge de 8 ans : "Avec papa qui aimait beaucoup le cyclisme, on allait dans les cols puis on rentrait écouter la fin de l'étape à la radio." Sur son vélo, elle était Poulidor, sa sœur endossait le rôle d'Anquetil et quand son papa est mort à 47 ans, en voulant sauver, en vain, le grand frère d'Annette tombé dans une cuve vinicole, elle a continué d'aimer ce sport, porté en héritage. Elle l'aime tellement qu'elle a débarqué jeudi à Carcassonne pour assister à l'arrivée de la 13e étape et qu'elle s'apprêtait à assister, hier, au départ de la suivante en direction de Quillan quand on l'a rencontrée. À 4 heures du matin, assise sur le banc de l'arrêt de bus Jacobins, face à la place Général-de-Gaulle, elle a raconté une vie de passion pendant que, sous ses yeux, le Village et la ligne de départ prenaient forme et occupaient une nuit passée loin de sa couette après que "des amis" de ses enfants eurent oublié de l'héberger. Avec son petit sac à dos enlacé autour du bras, elle aurait pu rentrer chez elle, on lui a soumis l'idée, elle nous a presque passé un savon ("Vous voulez que je rate le départ ?"), comme elle engueulait son défunt mari qui n'aimait pas le vélo mais qu'elle traînait, quand même, dans les cols pendant plusieurs jours. "Qui n'aime pas le Tour de France ? Ma fille non plus ne comprend pas que je reste sept heures pour voir passer des cyclistes, alors que c'est juste la beauté." »

Jamel, chocolatier

« Le Tour, c'est l'évasion. On oublie tout! On n'a plus de souci, c'est un moment de détente comme on en connaît peu. Je suis venu m'aérer l'esprit, là... »

Damien, Sacha, Alban et Nathan, des jeunes

« Dans une ville comme la nôtre, d'habitude, c'est morose, il n'y a pas grand-chose, et là tout le monde sourit... »

Doriane, qui s'occupe de personnes handicapées

« Les résidents ont mangé plus tôt pour venir sur le Tour. Pour eux, c'était très important d'être là, de partager ce moment au milieu de tous, cette fête. »

Daniel, retraité

« C'est comme une fête d'anniversaire, le passage du Tour. Chacun prend ce qu'il a à prendre. Des souvenirs heureux, sans calcul. »

Nathan **VAN HOOYDONCK**

« Merci de laisser les coureurs faire leur course. »

NE GÂCHONS PAS LA FÊTE

Les excès et l'imprudence de spectateurs représentent une source de danger pour les coureurs. Le danger est omniprésent pour les cyclistes en plein effort face à la foule nombreuse qui représente un réel facteur de chute. Chaque année, on recense des accidents à cause d'imprudents, d'étourdis, d'excités et, plus rarement, de personnes alcoolisées. Un phénomène largement répandu est celui de l'utilisation du téléphone portable, la mode du selfie, des vidéos, notamment pendant le déroulement d'un sprint où les coureurs foncent à plus de 70 km/h. « Le message que l'on doit sans cesse répéter c'est : profitez de l'instant avec vos yeux et pas avec votre téléphone, insiste Thierry Gouvenou, le directeur technique de la course. Sur le téléphone, vous ne voyez rien et vous risquez de mettre en danger tout le peloton. Malheureusement, il suffit d'une personne pour que la sécurité soit remise en cause. »

« Les gens attendent depuis plusieurs heures sur le bord de la route ; moi j'étais comme ça quand j'étais minot, j'attendais le Tour avec impatience, raconte Anthony Perez, coureur de l'équipe Cofidis. Parfois, c'est chaud. On voit de tout : des mamans qui ne tiennent pas les gosses par la main et les écartent de la chaussée au dernier moment, des personnes handicapées, dont le fauteuil roulant empiète sur la route, des chiens agités... On reste en alerte ! »

Le thème de la sécurité est encore plus sensible en montagne en raison de la densité et les excès du public. Il y a toujours davantage de cordages dans les montées, mais il est impossible de les sécuriser intégralement. Comment éviter l'utilisation de fumigènes qui provoquent des difficultés respiratoires chez les coureurs et les privent soudainement de visibilité ? Impossible de fouiller tout le monde comme à l'entrée dans un stade...

Ces deux spectatrices sont aux premières loges pour apercevoir le coureur français Pavel Sivakov dans une position aérodynamique.

NOTRE AMI
le diable

Dieter Senft, diminutif « Didi », est surtout connu par des millions de personnes pour être « El Diablo ».

Le Diable est un septuagénaire allemand, avec une barbe de Père Noël, personnage emblématique présent sur le Tour depuis une trentaine d'années, aisément reconnaissable à son costume rouge, ses cornes et son trident. « Quand je m'habille en Diable, je suis une autre personne, plus audacieuse, plus optimiste. Depuis toujours, je regardais le Tour de France à la télévision. En voyant les cyclistes atteindre la flamme rouge, j'ai voulu rejoindre le Tour de France et être El Diablo », explique-t-il à Eurosport. « J'ai l'impression de l'avoir vu toute ma vie à la télé, et là je viens de faire un selfie avec lui, c'est incroyable ! », s'enflamme Mark, un Américain de Miami, dans Le Dauphiné libéré. Le Diable ne parle pas, il vocifère : « Même moi, je ne sais pas ce qu'il dit, témoigne Dietmar, un compatriote. Il ne fait que pousser des cris et faire des photos, il adore ça. » Les coureurs, eux aussi, le tiennent en sympathie. En 2018, Julian Alaphilippe, porteur du maillot à pois rouges, pactise avec le Diable en saisissant sa fourche dans l'ascension d'un col pyrénéen, une image folklorique déclenchant l'hilarité générale. Le Diable se déplace d'étape en étape dans son van hors d'âge. Depuis 1993, il a seulement raté quatre éditions, l'une pour cause de maladie, les autres pour raisons financières. Il engloutit sa maigre retraite, à laquelle s'ajoutent quelques centaines d'euros émanant de sponsors, en suivant des courses à travers l'Europe et en inventant des bicyclettes à sa démesure : plus de 100 machines, dont la plus grande du monde (8 m de long, 4 de haut) est entrée dans le Guinness Book des records ! Il a construit un tandem pour couples fâchés (de manière qu'ils pédalent dos à dos), un vélo tordu et même un vélo tour Eiffel pour célébrer les Jeux olympiques à Paris.

En 2022, 250 gendarmes sont positionnés dans la montée de l'Alpe d'Huez, soit un militaire tous les 50 mètres ! Certains proviennent de renforts de l'étranger et sont affectés sur les lieux où se trouvent le plus grand nombre de leurs compatriotes.

L'imprudence d'une spectatrice, volontairement placée dos à la course pour brandir une pancarte (avec un message personnel) face à la caméra, provoque une violente chute collective sur une petite route bretonne, au début du Tour 2021. « Tony Martin (l'une des principales victimes) a vu cette dame, mais il s'est dit : "Je ne m'écarte pas", rapporte Anthony Perez. Les coureurs ne dévient pas leur trajectoire, c'est aux spectateurs de bouger, souvent on passe à ras. Et puis si Martin s'était écarté sur la gauche, on ne l'aurait pas laissé passer. Parce que celui qui laisse sa place recule aussitôt. »

Face au préjudice moral et financier important qu'entraîne un abandon sur le Tour, la responsable est condamnée pour « mise en danger d'autrui » et « blessures involontaires ». Les syndicats de coureurs intentent pour la première fois une action en justice avec l'objectif d'attirer l'attention du public sur la nécessité d'adopter « une attitude responsable et respectueuse envers les coureurs ».

En 2023, contraint de quitter la course sur blessure, le Belge Steff Cras publie ce texte plein de rage sur un réseau social : « Lorsqu'un spectateur monte de plus d'un mètre sur la route et ne bouge pas à l'arrivée du peloton, il vaut mieux rester chez toi. »

Quelques jours plus tard, un autre Belge, Nathan Van Hooydonck, heurte un spectateur et embarque dans sa chute plusieurs coureurs. « Si vous assistez à cet événement incroyable, merci de laisser les coureurs faire leur course », réagit la formation INEOS Grenadiers sur Twitter.

Partout où il passe dans la France en vacances, le Tour génère l'enthousiasme et la fête.

Six véhicules délivrent des messages de prévention en français, en anglais et dans la langue du pays traversé à destination du public (quatre à l'échelon de la caravane publicitaire et deux devant les coureurs). En complément, une campagne de sensibilisation aux bons comportements est diffusée sur les antennes de France Télévisions et de Radio France, ainsi que dans la presse quotidienne régionale.

LE BRUIT DE LA FOULE

Entre le stress inhérent aux enjeux de la compétition et le vacarme provoqué par un nombreux public, le coureur du Tour de France est dans un... tourbillon pendant trois semaines.

« Le bruit dans le Tour, c'est impressionnant. Au fil des jours, le cerveau sature », témoigne Anthony Perez, coureur de l'équipe Cofidis. Dès le départ de l'étape, les gens gueulent, tapent sur les balustrades, on entend le bruit des motos, des voitures, des hélicoptères au-dessus de la tête, raconte-t-il. Après l'arrivée, dès que je remonte dans le bus, je mets un casque antibruit pour me calmer. Mais on ne s'en débarrasse pas comme ça, on a l'impression d'entendre encore les gens crier. C'est une espèce d'acouphène que l'on traîne de la fin de l'étape jusqu'à l'heure du dîner, un bourdonnement qui succède à un brouhaha incessant. J'apprécie les descentes des grands cols, les gens n'y viennent pas, c'est le seul endroit où il n'y a pas de bruit, où je me sens libre, rayonne le Toulousain. Là on change complètement de monde, on voit enfin le paysage alors qu'auparavant on ne voyait que les gens. »

GIRL
POWER
FFL
ALLEZ
ALAIN PHILIPPE
TADEJ
CALL
ME
XOXO

LE PUBLIC DU TOUR,
miroir de la société

Un public rajeuni et une ambiance comparable à celle des stades de foot président sur le bord de la route. Un phénomène récent.

Le visage et le comportement du public changent, se métamorphosent. «On s'en est tous aperçus : le public est de plus en plus jeune, plus nombreux et bruyant», relève, dans *La Voix du Nord*, l'ancien coureur Denis Flahaut.

Aux premiers jours de l'édition de 2023, de Bilbao à Saint-Sébastien, on observe la traditionnelle ferveur des aficionados qui se manifeste bruyamment, dans les cols pyrénéens, agitant l'*ikurrina*, le drapeau basque. Leur enthousiasme concède seulement un étroit tunnel de têtes et de mains dans lequel les cyclistes se fraient un passage. Mais les incidents sont rares car les Basques sont de vrais connaisseurs du sport cycliste.

Dans les Alpes, l'ambiance est différente. On n'est pas seulement là pour encourager les participants, mais aussi pour se montrer, brandir des messages d'encouragement sur banderoles fatiguées sur lesquelles fleurissent les jeux de mots comme «Allez Julian Alain Philippe», et les «Ça va Bardet» lorsque la course traverse l'Auvergne, la région de Romain Bardet. Surtout, on augmente sensiblement le volume sonore.
L'événement est vécu à la manière des fans de football dans le «virage Pinot», sur le col vosgien du Markstein pour l'adieu au Tour d'un champion très aimé, adorant le foot et le PSG. On assiste à des scènes qui appartenaient jusqu'alors aux tribunes des stades.

«Le col de Joux Plane avait des airs de discothèque à ciel ouvert», témoigne un reporter de *L'Équipe*. Au pied de la montée, Margaux et Clara, les compagnes de Benoît Cosnefroy et Aurélien Paret-Peintre, coéquipiers chez AG2R, y tiennent une buvette avec des membres du fan-club des deux amis. Figurant loin des meilleurs, Benoît Cosnefroy descend de son vélo pour les saluer, boire une gorgée de bière et esquisser des pas de danse avec ses supporteurs déchaînés, une attitude inimaginable quelques années auparavant de la part d'un coureur du Tour de France.
Depuis longtemps, la télévision fait éclore chez quelques originaux des déguisements souvent amusants, parfois grotesques; la possibilité d'être vu par ses proches à la télé, avec un pari à la clé, distille dans des esprits fantaisistes l'idée sotte de courir à la hauteur des coureurs, ce qui les met en danger. Les réseaux sociaux incitent à environner la course d'une ambiance excessivement festive «partagée» en direct.

«Cette identification d'une épreuve, qui n'est jamais que du sport, à ce que la société offre de plus tangible au même moment, paraît assez magique, relevait, en 2017, l'écrivain et philosophe Jean-Louis Ezine, féru de cyclisme, dans la *Revue des Deux Mondes*. Mais, au fond, ce qui se produit pour le cyclisme se produit dans tous les domaines. Il est normal que, dans chaque domaine, on trouve le reflet de ce qu'est notre pays à un moment donné. On pourrait dire que le Tour de France est un miroir promené sur notre monde.» ●

Reconnaissable à sa couleur orange, le public basque est sans doute le plus fervent de tous.

Welkom
31
E.Leclerc
YAMAHA

L'ALPE D'HUEZ,
un mythe pour tous

Au fil des années, « la montagne des Hollandais » est devenue l'ascension et le sommet de toutes les nationalités.

Grimper l'Alpe d'Huez est un moment inoubliable pour les coureurs du Tour de France; inoubliable pour leur tête saturée de bravos et leurs jambes face à la rudesse de l'obstacle. Des dizaines de milliers de spectateurs se massent tout au long des 14 kilomètres (à 8 % d'inclinaison de moyenne) de l'ascension jusqu'au sommet de la station de l'Oisans. Ses caractéristiques singulières avec 21 virages et son ambiance incomparable font de « l'Alpe » (comme on la surnomme) la montée la plus réputée du cyclisme alors qu'elle ne possède pas l'ancienneté des grands cols alpins et pyrénéens empruntés au début du XXe siècle.

Les Pays-Bas entretiennent une relation particulière avec l'Alpe d'Huez. Surnommée « la montagne des Hollandais » en raison des victoires de ses ressortissants (Joop Zoetemelk, Hennie Kuiper et Peter Winnen chacun deux fois, puis Steven Rooks et Gert-Jan Theunisse), entre 1976 et 1989, la formule serait devenue désuète si la tradition de la présence de supporters bataves n'y était pas restée très ancrée.

Des centaines d'entre eux colonisent le virage n° 7 de l'ascension, appelé « virage des Hollandais », plusieurs jours avant le passage de la course. Ils sont équipés de leur propre pompe à bières qui coule à flots durant la nuit. Avec comme conséquence des débordements navrants. « Il a fallu intervenir dans le cimetière (dont le muret épouse le virage), leur dire que ce n'est pas un lieu où faire la fête ! » confie le maire Jean-Yves Noyrey au site Ici.

Pour l'anecdote, autrefois, la salle de presse se trouvait dans… l'église de la station et le curé de la paroisse était un prêtre… néerlandais. Plutôt que compter sur les offrandes des fidèles, il vendait des bières aux journalistes assoiffés !

Porté par les succès de Jonas Vingegaard, le contingent de supporters danois grossit régulièrement. Avec le renfort des Norvégiens, ils imitent les Néerlandais en annexant massivement la courbe suivante, le virage n° 6. Lorsqu'il était adolescent, le futur double vainqueur du Tour de France passait des vacances en famille dans un camping du Bourg-d'Oisans, au pied de la montée, et escaladait régulièrement ce mythe du vélo en rêvant d'exploits. En 2022, son rêve devient réalité. ●

←
On doit le terme de « virage des Hollandais » à la présence de centaines de supporters bataves liée aux victoires de leurs compatriotes dans les années 1970-1980 à l'Alpe d'Huez.

LE TOUR DES JEUNES

Lors de chacune des étapes, un groupe de huit jeunes cyclistes sélectionnés par les comités départementaux effectue, sous forme de randonnée, les vingt premiers et les vingt derniers kilomètres de chaque étape.

Il précède d'environ une demi-heure la caravane publicitaire et est escorté par des motocyclistes de la Garde républicaine comme les « vrais » coureurs du Tour.

En 2001, Pierre Rolland, alors âgé de 14 ans, comptait parmi ces jeunes qui rêvaient de disputer le Tour de France.

Rêve exaucé à treize reprises pour l'Orléanais avec deux victoires d'étape en montagne.

Continental
Continental
Continental

CÉRÉMONIES protocolaires

La remise des maillots à chaque étape

Entre les éditions 2020 et 2023 du Tour, le protocole de remise des maillots avait été réduit à peau de chagrin compte tenu de la situation sanitaire.

En 2024, ces moments clés de célébration retrouvent de leur superbe. Deux speakers se chargent d'animer les heures qui précèdent l'arrivée des coureurs en renseignant le public sur le déroulement de la course, avant de présenter la cérémonie de remise des maillots. Ce duo est constitué de l'expérimenté François Belay, présent depuis une vingtaine d'années, et du « petit dernier » Damien Martin, un néo-trentenaire qui, par passion de ce sport, commente les courses cyclistes, micro en main, depuis son adolescence.

DES HÔTESSES ET DES... HÔTES

Une très ancienne tradition veut que le porteur du Maillot Jaune (et ceux des autres maillots distinctifs) soit entouré par deux hôtesses sur le podium protocolaire. Face à cette pratique jugée sexiste, une pétition demandant la fin des « miss » dans le Tour de France recueille 38 000 signatures, en 2019. Dès l'année suivante, Amaury Sport Organisation opte pour la mixité. Depuis cette date, hôtesses et hôtes se partagent les podiums et les espaces de relations publiques. En 2020, l'un des tout premiers « misters », Alan Silvestri, mannequin de profession, raconte sur RMC : « Être ici sur le podium, c'est une fierté. Par rapport à la parité, sans faire de politique, c'est très bien parce que cela donne du travail (aux hommes) et c'est bien qu'il y ait un homme et une femme, estime le modèle. Être présent sur un événement comme celui-ci, c'est quelque chose qui restera gravé dans ma tête, durant toute ma carrière. »

LA COVID-19 MODIFIE LE PROTOCOLE

En 2020, première année de la pandémie de coronavirus, le Tour de France est reporté à la fin de l'été. Afin d'éviter les contacts et le risque de transmission du virus de la Covid-19, les maillots des différents classements ne sont plus remis sur le podium protocolaire à leurs récipiendaires. La cérémonie est réduite à son strict minimum : le sportif qui est distingué entre sur la scène pour être filmé par la télévision, photographié et saluer le public, déjà vêtu de sa tunique distinctive. Cette dernière lui est remise dans les coulisses directement par Fabrice Pierrot, le responsable de l'impression des logos des sponsors sur les maillots de leaders (lire par ailleurs).

Biniam Girmay, triple vainqueur d'étape lors de l'édition 2024, entre dans l'histoire et truste les podiums.

BRAVO !
VILLENEUVE-SUR-LOT
Continental
TOUR de France 2024
VILLENEUVE-
SUR-LOT

ÉTERNEL CHAMPION

L'exemple de Raymond Poulidor

L'immense popularité de Raymond Poulidor (1936-2019) continue de nourrir l'histoire du Tour de France et inspire les artistes.

Vive Poupou, merci Poupou, Poupou toujours

Le Tour de France n'oublie pas les champions qui ont écrit son histoire et les célèbre régulièrement. Jusqu'à l'acte de vénération pour Raymond Poulidor, un nom populaire, connu de tous. Un surnom surtout : « Poupou » a bâti sa légende sur maints échecs, souvent provoqués par la malchance, parfois la maladresse, dans sa quête du Maillot Jaune ; il ne l'a jamais porté, ne serait-ce qu'un seul jour, en quatorze participations au Tour, sous de Gaulle, Pompidou et Giscard d'Estaing, jusqu'à l'âge de 40 ans.

En 2023, le Tour lui rend un vibrant hommage en partant de chez lui à Saint-Léonard-de-Noblat, en Haute-Vienne, où il s'est éteint quatre ans auparavant. La petite commune de 4300 habitants est pavoisée. Une peinture murale géante représente le coureur lors de son fameux duel avec Jacques Anquetil, sur les pentes du puy de Dôme, en 1964. « Vive Poupou », « Merci Poupou », « Poupou toujours » : les messages de gratitude fleurissent au détour des ruelles. Dans l'une d'entre elles, Daniel Pautrat, commentateur du Tour sur TF1 dans les années 1970, dédicace son livre : *Un héros dans le cœur des Français*. Sur une scénographie signée par le journaliste Philippe Bouvet, auteur de l'ouvrage *Nos années Poulidor*, une très belle exposition présente *Poulidor, l'intemporel*. La première œuvre à voir est une peinture de l'artiste burkinabé Harouna Ouedraogo. Elle a déjà été exposée dans la galerie parisienne de Christiane Peugeot, héritière de la grande dynastie industrielle : cette illustration de la séquence du puy de Dôme, aussi inattendue que remarquable, était le tableau préféré de Raymond Poulidor. Puis une œuvre originale de Sanfourche (1929-2010), pointure mondiale de l'art brut sur laquelle le créateur a écrit : « Mr (*sic*) Poulidor merci ».

Et comme le Tour est bien plus qu'un événement sportif, cette photo bouleversante où Raymond Poulidor et l'Allemand Rolf Wolfshohl, qui furent coéquipiers dans le Tour de France, se recueillent devant le tombeau des martyrs, à Oradour-sur-Glane.

En 2020, la course avait traversé Saint-Léonard-de-Noblat. Des images aériennes magnifient une création gigantesque de la renommée plasticienne franco-autrichienne Caroline Platter, installée dans la région : un portrait géant de Raymond Poulidor occupe le terrain de football sur une surface d'un hectare. Ce travail titanesque est achevé la veille du passage des coureurs.

Dernier hommage en 2024, pour le cinquantenaire de sa dernière victoire d'étape sur le Tour de France, une statue en bronze, en taille réelle, de l'athlète en plein effort, est érigée dans la station pyrénéenne de Pla d'Adet. Les pentes de Pla d'Adet seront le théâtre de l'arrivée de la 14e étape du Tour 2024, et ont constitué la 16e étape du Tour 1974 remportée par Poulidor.

En 1974, Raymond Poulidor remporte pour la dernière fois une étape du Tour de France, au Pla d'Adet, au-dessus de Saint-Lary-Soulan.

En taille réelle, la statue en bronze de « Poupou » est érigée au sommet du Pla d'Adet.

Le GRAND HÔTEL de juillet

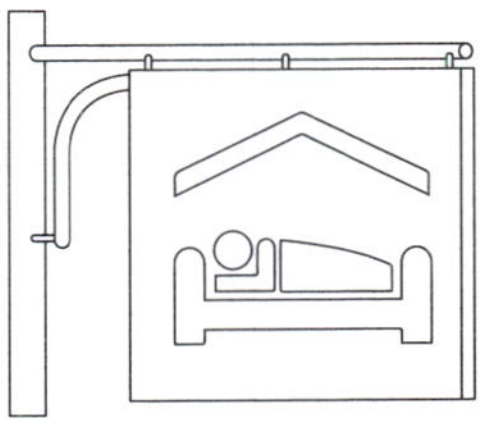

Le casse-tête de l'hébergement

Se loger pour les 4 500 personnes de la course pendant trois semaines, en pleines vacances, est une performance.

> **[Les hôtels] doivent proposer au minimum quinze chambres pour vingt-quatre personnes**

Le caractère itinérant du Tour de France, fort d'une communauté de 4 500 suiveurs, accentue les problématiques de l'hébergement, un secteur crucial au début de l'été. « Nous réservons des chambres, quotidiennement, pour 1 800 personnes pendant presque un mois », rapporte Pascale Thomas, responsable du service Hébergement, composé de cinq personnes qui œuvrent pour l'ensemble des compétitions organisées par Amaury Sport Organisation (A.S.O.). Sont concernés les équipes cyclistes, les membres de l'organisation, les commissaires de course, le service médical, la Garde républicaine, les forces de police et de gendarmerie… Les autres « familles » du Tour comme celles des médias et des partenaires effectuent leurs propres réservations.

« Un Tour de France représente 500 hôtels. Entre 30 et 40 hôtels dans les régions où les établissements disposent de peu de chambres. Pour une même étape, une même région, on les appelle en seulement deux jours afin d'éviter les fuites. Nous traitons les dossiers rapidement car nous sommes suivis à la trace par les agences de voyages », raconte Pascale Thomas, l'une des très rares personnes dans la confidence du tracé du Tour, qui reçoit des informations directement de Christian Prudhomme. Avec parfois de vrais casse-tête comme, en 2024, où le Tour fait halte un samedi soir à Rimini, station balnéaire du littoral adriatique et dans ses environs ; ou à Gruissan, sur la côte méditerranéenne prisée par les touristes. Autre problème, récurrent, pendant les vacances estivales : se loger dans les stations en montagne.

UN CAHIER DES CHARGES TRÈS STRICT

« On commence dix-huit mois avant le Grand Départ et treize mois avant les autres étapes. Pour celui de 2025, à Lille, nous avons levé une option sur 2 000 lits (les services sont renforcés pour le Grand Départ) dès la fin du mois de novembre 2023. » Soit plus d'un an et demi avant l'événement.

Le Belge Jasper Stuyven et le Français Julien Bernard sur les marches de leur hôtel.

Pascal Thomas visite l'ensemble des hôtels susceptibles de recevoir les membres des équipes, coureurs et encadrement, s'assure que le cahier des charges est respecté. « Ils doivent proposer au minimum quinze chambres pour vingt-quatre personnes – les coureurs dorment généralement à deux par chambre, les leaders sont parfois en "single" pour plus de tranquillité. Nous nous assurons que l'établissement possède un salon privé pour la restauration de chaque équipe. Autre obligation, un parking d'au moins 200 m² par équipe pour le stationnement d'un bus, des camions-ateliers, des voitures, parfois un camion-restaurant, avec des branchements d'eau et d'électricité. » Ces exigences limitent les possibilités dans les centres-villes. Lorsque le cas se présente, comme à Villefranche-sur-Saône en 2023, où les passants pouvaient croiser Egan Bernal et les coureurs d'INEOS Grenadiers sur un trottoir, les municipalités prennent des arrêtés pour privatiser une voie en parking.

Chaque jour, avant l'arrivée des coureurs, les intendants d'A.S.O. retournent dans les hôtels pour s'assurer que tout est parfaitement en place. Ils sont accompagnés de cuisiniers attachés aux équipes qui visitent les cuisines, vérifient les ingrédients commandés pour les repas. Au plus près des établissements depuis une vingtaine d'années, Pascale Thomas est très bien placée pour mesurer la qualité de l'hôtellerie française. « Il y a une bonne évolution dans les villes, grandes et moyennes. En milieu rural, où il y a moins de fréquentation, les moyens financiers manquent pour rénover. »

Haut : sur une petite route du Cantal en 2024. **Bas à gauche :** Jonas Vingegaard et Tadej Pogačar ne se quittent pas.
Bas à droite : le Suisse Stefan Küng et Bart Lemmen, un ancien officier de l'armée de l'air néerlandaise.

UN FERRY LOUÉ pour le Grand Départ en Corse

Les nombreuses équations posées, en 2013, par les spécificités insulaires du Grand Départ de la 100e édition en Corse, furent toutes résolues.

Notamment la solution à répondre à une capacité d'hébergement insuffisante pour recevoir le Tour en période estivale avec la location d'un car-ferry long de 170 mètres, transformé en hôtel (529 cabines, 2000 passagers). Le bateau servit également de QG aux organisateurs et de salle presse. Il navigua autour de l'île, au plus près de la trajectoire dessinée par la course.

Jour de repos, à l'hôtel : Romain Bardet s'adonne à la lecture de *L'Équipe.*

UNE ÉGALITÉ DE TRAITEMENT ENTRE LES ÉQUIPES

Naturellement, les coureurs sont prioritaires dans le standing et la proximité des hôtels (en durée de transport de la ville d'arrivée du jour et de celle du départ le lendemain).

« On essaie de les loger de manière équitable, sur la durée de l'épreuve, raconte Pascale Thomas. Par rapport à la catégorie des hôtels, nous calculons pour chacune des équipes le nombre d'étoiles des établissements afin qu'elles aient, à la fin, le même traitement, ainsi qu'un nombre équivalent de kilomètres de déplacement. »

Afin de ne pas modifier leurs habitudes, nombreux sont les sportifs à dormir chaque nuit sur leurs propres matelas. Dans ce domaine, l'équipe belge Soudal Quick-Step a été précurseur avec un spécialiste de la literie, la société Latexco (son sponsor depuis trente ans), qui lui fournit un soutien logistique en assurant le transfert des matelas dans chaque hôtel.

Les méthodes de préparation de l'équipe Sky, symbolisées par l'apport de « gains marginaux » susceptibles de faire la différence sur la route, ont largement été commentées dans les années 2010. Lorsqu'il régnait sur le Tour (avec notamment quatre victoires pour Christopher Froome), le team britannique avait même envisagé de loger ses coureurs dans de grands motor-homes au confort élevé afin qu'ils se sentent chez eux, à l'écart d'éventuelles nuisances et des microbes qui traînent dans les hôtels. Sa requête avait été rejetée par l'Union cycliste internationale dans un souci d'équité entre les équipes.

AUX PETITS SOINS POUR LES COUREURS

Accueillir une équipe cycliste bouleverse le quotidien d'un hôtel… dès la porte d'entrée dont l'accès est filtré, pour les grands établissements, par des agents de sécurité, sur la demande du ministère de l'Intérieur qui catégorise les coureurs comme des « personnalités publiques ».

« Il y a un travail de pédagogie parfois car certains hôtels n'ont jamais reçu une équipe cycliste », explique Pascale Thomas, qui s'attache à convaincre les hôteliers qu'un coureur n'est pas un client comme un autre et qu'une équipe n'est pas un groupe comme un autre. « Une nutritionniste de l'Insep avec qui nous travaillons envoie ses menus aux hôteliers qui sont chargés d'acheter les ingrédients. Ils doivent accepter la présence du cuisinier de l'équipe dans leurs cuisines, fournir des draps et des serviettes supplémentaires pour le massage, être réceptifs à toutes les demandes… Les patrons et les employés sont souvent fiers de recevoir des équipes du Tour de France », souligne la responsable. C'est le cas de Laurence et d'Olivier Rouer, les patrons de l'hôtel *La Rose des vents*, à Volvic (Puy-de-Dôme), qui ont reçu le team américain EF Education-EasyPost en 2020 et 2023. « Maintenant, c'est un petit peu notre équipe favorite, on voit le Tour différemment et on les suit à la télé ! » raconte l'hôtelière sur le site de France Bleu Pays d'Auvergne.

LA CHASSE aux microbes !

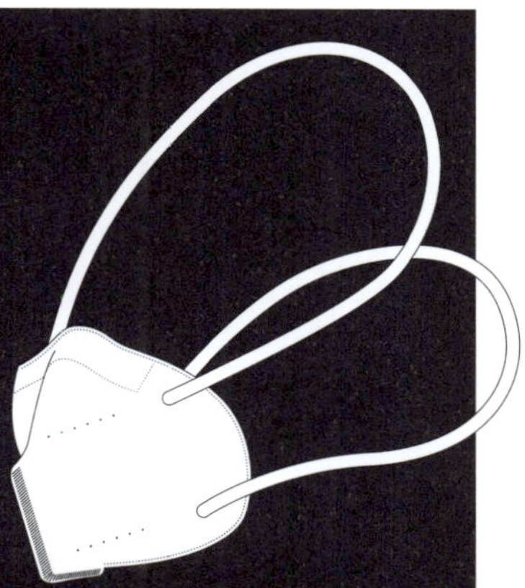

Désinfection des chambres, gel hydroalcoolique, isolement des coureurs fiévreux…

Le cyclisme était sûrement le sport le mieux préparé face à la Covid-19. Il y a une dizaine d'années, l'équipe Sky avait déjà établi une stratégie sanitaire en matière de protection de la santé de ses coureurs en dehors de la course, comme prévoir une machine à laver supplémentaire pour la réserver à un athlète malade.

Depuis 2019, un « nettoyeur » inspecte les chambres des coureurs de l'équipe Groupama-FDJ, les aseptise (après le passage du service de nettoiement) jusqu'au système de climatisation. Le but était notamment de préserver son leader Thibaut Pinot, sujet aux maladies. Dans l'équipe Visma-Lease a Bike (ex-Jumbo-Visma), la chasse aux microbes existe depuis 2016. L'un des membres de l'encadrement de la formation néerlandaise, équipé d'un masque à gaz, de bottes en caoutchouc et d'un ciré, désinfecte les chambres des coureurs en se concentrant sur les endroits à risques comme les toilettes et les poignées de porte. « Avec la Covid-19, le dispositif est encore monté d'un cran. L'équipe a recours à une machine spéciale pour nettoyer l'air dans les chambres, les salles de repas et le bus », rapportait à l'Agence France Presse Mathieu Heijboer, directeur de la Performance de la formation néerlandaise, lors de l'édition de 2020 du Tour qui avait été repoussée au début de l'automne en raison de la pandémie. Une véritable forteresse sanitaire.

FINANCEMENT
des équipes

La nécessité du sponsoring privé
Le cyclisme est un sport individuel qui se pratique collectivement. Vingt-deux équipes participent au Tour de France.

Vingt-deux équipes sont au départ du Tour 2024 : dix-huit World Teams (1re division) et quatre Pro Team (2e division).

Leur effectif maximum est de trente coureurs, dont huit d'entre eux sont retenus au départ du Tour de France. UAE Emirates, Visma-Lease a Bike, INEOS Grenadiers et Red Bull-BORA-Hansgrohe sont les plus fortunées avec un budget annuel qui avoisineraient 35 millions d'euros (la masse salariale représente 80 % de ce montant). Celui du team émirati, sponsorisé par le gouvernement et la compagnie aérienne Emirates, est probablement beaucoup plus élevé, selon David Lappartient, le président de l'Union cycliste internationale, qui confie sur France Info : « Les huit coureurs de l'équipe UAE sont autant payés que 150 coureurs qui ont disputé le Tour de France 2024. » Le dirigeant se dit favorable à la mise en place d'un *salary cap*, visant à limiter la masse salariale totale, afin de réduire l'écart des moyens entre les grandes formations et les autres.

Les équipes cyclistes dépendent exclusivement du financement des sponsors, très majoritairement privés. Elles ne perçoivent pas de droits TV. S'agissant d'un sport accessible gratuitement au public, elles ne bénéficient pas non plus de revenus liés à la billetterie.

Les huit coureurs de l'équipe UAE sont autant payés que 150 coureurs qui ont disputé le Tour de France 2024

Le sponsoring dans le cyclisme existe depuis les origines du Tour de France. Au début du XXe siècle, les marques de cycles sont les commanditaires. Les équipes nationales apparaissent à partir des années 1930, la dernière fois en 1968. Pour permettre à un grand nombre de coureurs français de participer à leur Tour national, on instaure même une formule des équipes régionales jusqu'en 1961.

MET
presight
SCICONSPORTS
FAB
PISSEI
UAE
Emirates
COLNAGO
ADNOC

SPONSORS du Tour

L'indéfectible fidélité des marques

Les marques qui investissent dans le Tour de France y restent très attachées. LCL, entre autres, est présent depuis 1981 et partenaire du Maillot Jaune depuis 1987.

Être sponsor du Tour de France, c'est l'assurance d'une visibilité exceptionnelle durant les trois semaines occupées par l'épreuve.

Les principaux partenaires sont répartis en deux catégories : partenaires majeurs et partenaires officiels. D'autres sont fournisseurs officiels ou supporters officiels. Les partenaires majeurs sont un club de cinq : LCL sponsorise le Maillot Jaune (classement général), E. Leclerc le maillot à pois rouges (classement des grimpeurs), Škoda le maillot vert (classement par points), Krys le maillot blanc (classement des jeunes), et Continental récompense le vainqueur du jour. Ils apparaissent également sur l'itinéraire de chaque étape grâce à un dispositif de panneautage s'étendant sur une distance de 25 kilomètres.

DES CONTRATS DE LONGUE DURÉE

La banque LCL est le parrain historique du Tour, le plus ancien de tous. Il apparaît sur l'épreuve en 1981 (avec des véhicules affublés du lion, sa mascotte, dans la caravane publicitaire) et incarne le Maillot Jaune depuis 1987, longtemps sous l'enseigne du Crédit lyonnais. La banque pourrait investir au profit d'une équipe à son nom mais sa stratégie est autre. En juillet 2023, LCL annonçait le renouvellement de son partenariat avec le Maillot Jaune jusqu'en 2028.

75

Le nombre de maillots blancs portés par Tadej Pogačar entre 2020 et 2023, dont 72 de manière consécutive.

Le contrat de Leclerc est également prolongé. « Nous l'avons naturellement renouvelé après avoir tiré un bilan très positif, avec l'ensemble des adhérents du Mouvement E. Leclerc », souligne Michel-Édouard Leclerc. Selon lui le Tour de France « rassemble et magnifie les régions françaises » et offre ainsi une exposition unique à ses différentes marques (« Marque Repère » dans la caravane, des animations autour de « Nos régions ont du talent », « Les Alliances locales » présentes dans le Village du Tour).

Depuis 2004, Škoda fournit les voitures officielles de toute l'organisation. Le véhicule phare de la flotte est un SUV 100 % électrique dans lequel prend place Christian Prudhomme, le directeur du Tour. La position de cette voiture rouge est privilégiée puisqu'elle franchit la ligne d'arrivée juste derrière le vainqueur au moment où le pic d'audience est le plus élevé à la télévision. Depuis 2015, Škoda est le partenaire du maillot vert. Sur le Tour, le constructeur automobile tchèque se déplace avec un véritable garage itinérant composé de mécaniciens et de carrossiers capables de réparer un véhicule endommagé en quelques heures.

Pour Julien Bessière, directeur Škoda France, « cette forte visibilité est importante pour démontrer la fiabilité et le style affirmé de nos modèles » qui sont chaussés de pneus Continental. « Être le partenaire du vainqueur d'étape du Tour de France correspond parfaitement à notre valeur fondamentale de "passion pour la victoire" » : la formule est signée Christian Kötz, membre du conseil d'administration du fabricant de pneumatiques allemand.

Enfin, engagé dans le Tour depuis 2014, l'opticien Krys n'est pas non plus avare de messages et de slogans, tels que : « Être partenaire du maillot blanc, c'est être convaincu du potentiel de chacun, c'est soutenir ceux qui s'affirment et qui le font savoir. » Ou, jouant de sa double casquette (optique et audition) : « La jeunesse mérite d'être vue et entendue. » « Notre partenariat nous apporte des points d'image en termes de notoriété pendant trois semaines, des centaines de retombées presse, radio, de l'image en direct quand le coureur se distingue, des interviews, des passages à la télé, énumère Bruno Censier, directeur de la marque Krys. Les années Pogačar ont été incroyables avec le maillot blanc : on espérait qu'il prenne le Maillot Jaune le plus tard possible ! Et, en 2024, Remco Evenepoel est à son tour sous les feux de la rampe. »

Les principaux partenaires sont répartis en deux catégories : partenaires majeurs et partenaires officiels

LE PRIX DE L'EFFORT

QUE GAGNENT LES COUREURS DU TOUR ?

Le vainqueur du Tour de France remporte un prix de 500 000 euros, le 2e du classement général perçoit la somme de 200 000 euros, le 3e 100 000… Le dixième seulement 3 800.

À partir de la vingtième place, tous les coureurs, jusqu'au dernier, touchent 2 000 euros.

Pour les lauréats des classements annexes, les gains sont les suivants : 25 000 euros attribués au Maillot vert (classement par points) et au Maillot à pois (classement de la montagne), 20 000 euros au Maillot blanc (meilleur jeune). S'ajoute une rente quotidienne pour les porteurs de l'un des quatre maillots distinctifs.

Les autres récompenses : 50 000 euros pour la première équipe, 20 000 euros pour le coureur désigné super combatif, 11 000 euros pour chaque vainqueur d'étape (5 500 au 2e, 2 800 au 3e…).

Au total 2,282 millions d'euros sont versés aux acteurs de la course. Une tradition veut que l'on procède, à l'intérieur des équipes, au partage entre l'ensemble des coureurs et des membres du staff.

Danny Van Poppel, Matteo Sobrero, Jonas Vingegaard, Jan Tratnik, Wout van Aert, Arnaud De Lie, lors de l'étape Mâcon-Dijon, en 2024.

VISMA
BET CITY
AGU
BETCITY
cervélo
SRAM
Red Bull
lotto

ARBITRAGE

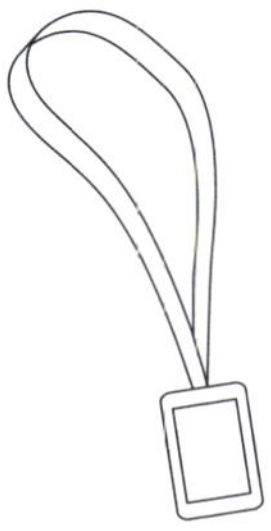

La fameuse décision du col de l'Iseran

En 2019, une coulée de boue sur le parcours empêche la 19e étape d'aller à son terme. L'arrivée est jugée au sommet de l'Iseran où Egan Bernal dépossède Julian Alaphilippe du Maillot Jaune.

La voiture de direction sportive de la course se situe à l'arrière du peloton en plaine, et derrière le groupe Maillot Jaune en montagne. À bord se trouvent Thierry Gouvenou, le directeur de l'épreuve, et le président du jury des commissaires de l'Union cycliste internationale (UCI) qui change à chaque édition. « C'est l'arbitre en chef et moi je suis le "gendarme" de la circulation à l'échelon course », résume Thierry Gouvenou.

Dans les cas extrêmes, la décision d'interrompre la course est conjointe. Quelques exemples... En 2015, deux chutes collectives dans un délai restreint impliquent la neutralisation de la course faute d'ambulances disponibles dans l'éventualité d'un nouvel accident. En 2022, des manifestants s'allongent sur la chaussée, empêchant les coureurs de passer. En 2023, de nombreux coureurs sont victimes d'un accident.

Le cas de figure le plus emblématique d'un arrêt contraint du Tour de France se situe en 2019. La 19e étape reliant Saint-Jean-de-Maurienne et Tignes, dans les Alpes, est écourtée de 38 kilomètres en raison d'un violent orage de grêle et d'une coulée de boue soudaine sur le parcours. « Quand les premiers coureurs étaient à 1 kilomètre et demi du sommet de l'Iseran (à 2 770 m d'altitude), on a su que, de l'autre côté du col, la route était impraticable. Il fallait donc agir très vite, témoigne Thierry Gouvenou. Avec le président du jury, on a décidé de faire enregistrer les temps en haut du col. Si l'info avait été donnée après le passage du col, c'était fichu, on aurait été obligé d'annuler l'étape. Ç'aurait été injuste pour Egan Bernal, qui était seul en tête. Heureusement, la morale sportive a été respectée. » Le Colombien, qui avait lâché Julian Alaphilippe dans l'ascension de l'Iseran, était virtuel Maillot Jaune à cet instant de la course.

Les commissaires notent le numéro des dossards à la main comme autrefois...

« C'était une situation extrême, mais on a réussi à la gérer de la meilleure manière possible, se souvient le président des commissaires, l'Italien Gianluca Crocetti, sur le site Internet de l'UCI. En quelques minutes, on a pris cette décision importante : il n'y a pas eu besoin de parler beaucoup, on est allé droit à l'essentiel. On n'avait aucun outil électronique, donc on a pris les temps manuellement. Et cette journée est devenue déterminante pour le classement général. » Mais sans l'établissement d'un classement officiel de l'étape qui est restée sans vainqueur.

Fruit d'une longue expérience (au commencement dans des épreuves régionales, puis nationales et internationales), les commissaires ont l'œil aiguisé et sont capables de mémoriser les numéros de dossards des coureurs. Dans l'urgence, ils les inscrivent sur leur téléphone ou à la main comme autrefois. « La moto infos donnait les temps, alors j'ai pu écrire le nom des trente premiers sur un papier, raconte Thierry Gouvenou. Les petits groupes de coureurs lâchés étaient dépassés par les commissaires à moto qui relevaient eux aussi leurs numéros. Pour ces derniers, il n'y avait pas d'enjeux chronométriques. »

Rouge

C'est la couleur symbolisant le pouvoir sportif : les commissaires circulent à bord des voitures rouges de la direction de la course et ceux qui arbitrent depuis une moto portent des casques rouges.

En 2019, lors de la 19e étape, après la descente du col de l'Iseran, sous l'effet de la neige et de la grêle, la route devient peu à peu impraticable. La course est arrêtée.

Les gendarmes arrêtent la course pour cause de manifestation, ci durant le Tour 2022 entre Morzine et Megève.

« Dans la descente du col de l'Iseran, on a parlé avec les coureurs pour leur expliquer ce qui se passait, parce qu'ils ne pouvaient pas imaginer ce qui les attendait dans seulement dix minutes. Les conditions météo n'étaient pas aussi impressionnantes à cet instant de la course, reprend Gianluca Crocetti. Une fois dans la vallée, les commissaires ont travaillé avec des représentants de Tissot [le chronométreur officiel du Tour] pour réviser tous les classements, et tout le monde était d'accord pour dire que c'était la bonne décision. »

« Les coureurs voulaient obtenir la garantie que, une fois arrêtés, on ne les ferait pas repartir, rapporte Thierry Gouvenou. Leur requête était compréhensible. Après trois semaines de course, on ne pouvait pas leur demander cet effort-là. »

16 ARBITRES !

Se pratiquant sur des distances kilométriques importantes, le cyclisme est le sport où le plus grand nombre d'arbitres est requis pour veiller à la régularité de la course. Pourtant, leur présence est très peu visible à la télévision car les actions sont multiples.

Au Tour de France, le Collège des commissaires est composé de seize membres : le président (installé dans une voiture de la direction sportive du Tour derrière le peloton ou le groupe Maillot Jaune) et quatre membres du jury (à bord de véhicules qui s'intercalent entre celles des directeurs sportifs), deux juges à l'arrivée et deux chronométreurs (qui relèvent également le résultat des sprints intermédiaires), six commissaires à moto (deux à l'avant du

UNE PRÉSIDENTE en tête

En 2022, l'Italienne Francesca Mannori préside le collège des commissaires du Tour de France. Un événement historique puisque c'est la première fois, en 109 éditions, qu'une femme occupe la plus haute fonction de l'arbitrage. Une longue route jusqu'à la consécration pour cette quinquagénaire qui a commencé comme commissaire régionale en 1993 et intégré le collège des commissaires du Tour en 2017 et 2021.

Le cyclisme, Francesca Mannori est tombée dedans lorsqu'elle était petite en suivant son père, un journaliste spécialisé qui couvrait les courses de la région de Florence. « La bonne question, c'est : homme ou femme, cette personne est-elle qualifiée pour le rôle qu'on lui donne ? insiste-t-elle sur le site Internet de l'UCI. Mais je comprends que c'est spécial parce que l'égalité est importante pour l'UCI.

C'est aussi important pour les autres femmes commissaires qui sont beaucoup plus nombreuses aujourd'hui qu'à mes débuts. C'est une responsabilité dans le sens où je peux être un exemple pour d'autres femmes, qui peuvent se dire qu'elles peuvent réaliser quelque chose de grand. Mais je ne ressens pas cette responsabilité. Ma responsabilité est de faire du bon travail, c'est relever les défis du Tour de France avec mes collègues. »

En 2023, une seule femme figure parmi les seize membres du collège des commissaires, la Française Audrey Dumas, commissaire de la Fédération française de cyclisme, désignée juge à l'arrivée.

peloton pour suivre d'éventuels échappés, quatre à l'arrière), un commissaire dans le véhicule balai (en fermeture de la course).

L'organisation fournit trois régulateurs de course à moto. Comme leur fonction l'indique, ils régulent le flux de la circulation des véhicules afin qu'elle ne perturbe pas l'avancée des coureurs.

« Du matin au soir, on vit comme une famille, raconte l'Italien Gianluca Crocetti, le numéro 1 des commissaires sur le Tour 2022. Le président du jury doit toujours créer le bon environnement et souder son équipe pour que tout le monde avance dans la même direction. » L'arbitrage s'adapte à l'évolution du sport cycliste, à l'augmentation de la vitesse des coureurs, aux nouvelles stratégies... Et, bien sûr, aux réseaux sociaux qui posent un regard et un avis permanents sur la course. Cet ajustement demande aux commissaires un professionnalisme accru bien qu'ils ne possèdent pas ce statut. Ils ne sont pas rémunérés, seulement défrayés pour les déplacements et hébergés par l'organisateur.

LE TOUR A AUSSI SA VAR

Rendue célèbre lors des matchs de football et de rugby, l'assistance de la vidéo à l'arbitrage, la VAR (*video assistant referees*) fait partie intégrante du paysage du Tour de France depuis 2018. Durant toute la durée de l'étape, le commissaire support TV est « enchaîné » à plusieurs écrans dans une fourgonnette située dans la zone de production TV. « Nous captons l'ensemble des images, pas seulement celles

Gianluca Crocetti, président du jury des commissaires, visionne les images du sprint, à Bordeaux, en 2023. La VAR est devenue un outil indispensable au jugement de la course.

La technique « **BIDON** »

C'est la faute la plus fréquente : le directeur sportif tend un bidon à son coureur qui ne se presse pas pour s'en saisir, ce qui lui permet de bénéficier de la vitesse de la voiture. D'un coup de sifflet ou d'un geste de la main, un commissaire (à moto) adresse un avertissement. En cas de récidive, la sanction tombe (une amende).
Il est également interdit pour un cycliste de se porter à la hauteur de son mécanicien (assis à l'arrière du véhicule conduit par le directeur sportif) pour apporter des réglages à son vélo, en raison des abus passés : le mécano mimait une intervention pendant laquelle le coureur économisait quelques coups de pédales.

qui sont proposées aux téléspectateurs (le jury des commissaires dispose d'images supplémentaires en plus de celles relayées par les diffuseurs en direct) », raconte le Belge Thierry Diederen à DirectVelo.

Sur un écran apparaissent seize sources visuelles avec des options multiples : possibilité de zoomer, de revenir en arrière ou revoir une image au ralenti. « Nous bénéficions d'une vue d'ensemble impressionnante. Peu d'images nous échappent. Les plans aériens sont une véritable mine d'or », souligne-t-il. En appui, les réseaux sociaux avec un écran dédié à la surveillance des plateformes. « Si nous tombons sur une vidéo d'un Twittos, nous la visionnons. Les spectateurs participent aussi à l'arbitrage de la course. »

Si un fait de course demande une analyse approfondie des images, le commissaire support TV les enregistre et les expédie sur un groupe WhatsApp composé du président du jury et de plusieurs commissaires pour qu'ils la visionnent à leur tour et aboutir à une délibération collégiale. « On peut signaler un comportement “limite” d'un coureur au jury, afin d'alerter son directeur sportif *via* Radio Tour. Si le comportement persiste, alors nous envisageons la sanction. »

L'intervention de la VAR concerne toutes sortes de tricheries (comme celles de s'accrocher à la portière de sa voiture, de bénéficier d'un abri prolongé derrière un véhicule), les jets de bidons dans la

Thierry **DIEDEREN**,
arbitre vidéo

« Nous bénéficions d'une vue d'ensemble impressionnante. Peu d'images nous échappent. »

L'Italien Matteo Trentin en pleine discussion avec le président du jury des commissaires.

nature (c'est interdit), le respect de la distance de la voiture et du coureur lors du contre-la-montre, la position du cycliste sur le vélo (s'asseoir sur le tube horizontal pour accroître l'aérodynamisme dans une descente est prohibé car dangereux) et, bien entendu, la régularité des sprints, cependant, même disséquée grâce au ralentissement des images, une faute est parfois difficile à analyser.

Des amendes sont infligées dans la majorité des cas présentant une infraction, parfois la perte de secondes (au classement général) et de points (dans les classements annexes). Une disqualification est très rarement prononcée à l'encontre du fautif.

Quelques exemples d'incidents entre coureurs ayant abouti à des exclusions… En 2018, l'Italien Gianni Moscon est éliminé de l'épreuve pour avoir asséné un coup de poing au Français Élie Gesbert. L'année suivante, l'Allemand Tony Martin donne un coup de guidon en direction du Britannique Luke Rowe, obligeant celui-ci à sortir brièvement de la route. Ce dernier réplique par un coup au visage, et les deux belligérants sont « invités » à rentrer chez eux.

UN RÈGLEMENT QUI S'ADAPTE

Il est interdit de ravitailler en nourriture et en boissons les coureurs dans les 20 derniers kilomètres d'une étape. Toutefois, dans le cas de conditions climatiques exceptionnelles, notamment de fortes chaleurs (ou, à l'inverse, un froid intense) et d'une arrivée en altitude, le président du jury des commissaires prend généralement la décision de déroger au règlement.

LE TRACKING

Suivre en temps réel

« Nous nous engageons sur le long terme parce que nous ne sommes pas juste un sponsor, c'est bien plus que ça, insiste Sylvain Dolla, le PDG de Tissot, dans *L'Équipe*. Nous sommes un partenaire technologique. En s'engageant longuement, on peut lancer des développements. Toute l'année, des ingénieurs développent, pour des événements sportifs différents, des éléments qui peuvent être utilisés dans d'autres sports. Nous travaillons sur de nouvelles technologies autour de la NBA. On pourra peut-être en prendre pour le Tour et *vice versa*. »

« Ensemble, on réfléchit à l'avenir en permanence pour que le spectacle soit encore plus fort, pour être capable de donner encore plus d'informations, de mieux comprendre ce qui se passe dans le peloton, de raconter beaucoup plus d'histoires avec le *tracking* (suivi) en temps réel, énumère Yann Le Moenner, directeur général d'A.S.O. Les autres épreuves peuvent nous servir à tester un certain nombre de choses car le Tour n'est pas un terrain d'expérimentation. Comme ça se passe souvent bien, on a aussi tendance à banaliser la complexité de l'exercice. Or, il faut toujours être en mesure, *via* des transpondeurs sur des vélos qui parfois sont remplacés après une chute, de livrer en temps réel les points intermédiaires, les sprints intermédiaires ou de veiller à la règle des trois kilomètres. Si jamais il y a un souci avec le chronométrage, on aura vite une grosse pression au niveau des équipes. Donc on ne prend jamais rien pour acquis, mais on sécurise chaque année. »

LE BALLET des voitures rouges

Les membres de la direction sportive du Tour de France occupent trois voitures de couleur rouge au cœur de la course.

NUMÉRO ❶ → derrière l'échappée

Pilote
Gilles Maignan.

Occupants (à l'arrière)
Christian Prudhomme (directeur du cyclisme chez A.S.O.) et son invité.

NUMÉRO ❷ → derrière le peloton

Pilote
Pascal Lance.

Occupants (à l'avant)
Sébastien Piquet (speaker Radio Tour).

à l'arrière
Thierry Gouvenou (directeur de l'épreuve) et le président du jury des commissaires.

NUMÉRO ❸ → devant la course

Pilote
Pascal Lino.

Occupants
François Lemarchand (assistant direction) et un invité.

Ce véhicule remplace la voiture numéro 1 pour permettre à Christian Prudhomme d'aller à la rencontre de personnalités sur l'itinéraire de la course.

3
1
2

Le chronométrage HI-TECH

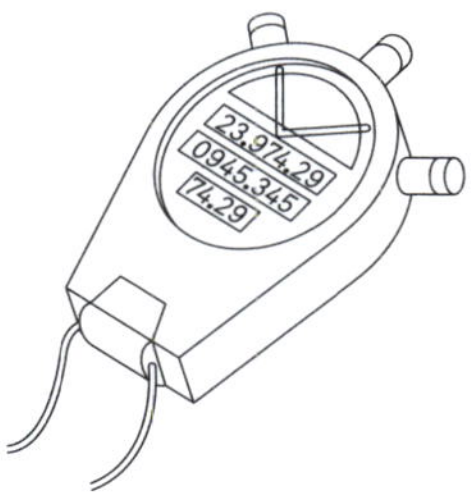

10 000 images par seconde !
La photo-finish, qui permet un départage des concurrents irréalisable à l'œil nu, incarne la haute technologie du système de chronométrage.

En 2017, à Nuits-Saint-Georges, Marcel Kittel est déclaré vainqueur « à la photo-finish » aux dépens d'Edvald Boasson Hagen. Sur la ligne d'arrivée, l'Allemand a devancé le Norvégien de... 6 millimètres et est allé « plus vite » que son adversaire de... 3/10 000e ! Il aurait été impossible de départager les deux sprinteurs sans l'utilisation d'une très haute technologie du système de chronométrage, dont la photo-finish parvient à capturer jusqu'à 10 000 images par seconde !

Fixé sur la fourche des 176 vélos, un transpondeur identifie le coureur grâce à une antenne connectée à un décodeur. Celle-ci envoie un signal aux ordinateurs de chronométrage dans le « chronopole », situé dans une tour située face à la ligne d'arrivée, équipée de trois caméras avec un angle d'inclinaison minimale de 30°. La synchronisation atteint des précisions de l'ordre du millième de seconde !

Développé par la marque de montres suisse Tissot, chronométreur officiel du Tour de France, un logiciel diffuse des données en temps réel sur plusieurs plateformes, avec huit chronométreurs (16 pour le contre-la-montre) garantissant la précision de la position et de la vitesse de chaque coureur. Ces données sont transmises aux organisateurs pour une diffusion quasi immédiate sur tous les supports, graphiques TV, applications mobiles et réseaux sociaux. « On met un point d'honneur à donner le Top 3 dans les cinq secondes qui suivent l'arrivée », souligne Pascal Rossier, directeur des opérations chez Tissot.

Pascal **ROSSIER**,
directeur des opérations chez Tissot

« On met un point d'honneur à donner le Top 3 dans les cinq secondes qui suivent l'arrivée. »

Sur la ligne blanche de l'arrivée tracée au sol, le point définissant l'ordre de son franchissement par les coureurs mesure seulement 19 microns (19 millièmes de millimètre). « La photo-finish que l'on observe est une succession de photos qui sont horodatées, pour nous permettre de déterminer précisément l'écart », explique un responsable de Tissot dans *La Dernière Heure*. En plus de la désignation du vainqueur, le rôle des chronométreurs consiste à déterminer le classement de l'étape, le classement général et le classement par points.

« Pour le classement général, ajoute-t-il, on doit attendre l'arrivée de chaque athlète, et quand il y a un peloton assez large avec 120 coureurs, on doit déterminer qui arrive et l'ordre de passage de chacun. »

Tout en restant attentif aux aléas de la course comme les chutes, incidents ou pénalités. « S'il y a un crash dans les trois derniers kilomètres, le classement final de l'étape sera établi selon l'ordre de passage sur la ligne des trois kilomètres où un collègue se trouve avec un capteur pour les transpondeurs des coureurs », explique ce chronométreur. Puis le jury des commissaires valide le résultat.

Pour le contre-la-montre, le coureur déclenche son temps sur la rampe de départ à l'aide de cellules photoélectriques. Des prises de temps sont réalisées lors des points intermédiaires et à l'arrivée grâce aux transpondeurs. Chronomètre, cellule d'arrivée, photo-finish, transpondeurs, ordinateur : l'ensemble du matériel est doublé en cas de panne.

L'égalité parfaite n'a encore jamais été atteinte. Un jour, peut-être…

La victoire au sprint de Dylan Groenewegen devant Jasper Philipsen (finalement déclassé) et la photo-finish de l'arrivée.

Contre-la-montre pour la dernière étape du Tour de France 2024 entre Monaco et Nice ; le chronométrage
et les datas sont centraux dans la gestion et la stratégie de ce type de course.

UAE
Emirates
COLNAGO

Lutter contre LA TRICHE

Dopage et fraude technologique
Sur le Tour de France, les contrôles sont renforcés et ciblés. On en dénombre 600 lors de l'édition 2024.

UN PROGRAMME ANTI-DOPAGE

En 2024, le programme antidopage du Tour de France est placé pour la quatrième fois sous la responsabilité de l'International Testing Agency (ITA). L'Union cycliste internationale (UCI) délègue les activités opérationnelles de son dispositif de lutte contre le dopage à cet organisme qui gère des programmes antidopage pour soixante fédérations internationales et organisateurs d'événements majeurs. Sur la Grande Boucle, l'ITA collabore avec les autorités françaises.

Les 176 coureurs engagés au Tour de France subissent un contrôle deux jours avant le départ de l'épreuve dans le cadre du suivi médical des athlètes. Pendant la course, 600 tests sont réalisés. Chaque jour, le vainqueur de l'étape et le Maillot Jaune sont systématiquement contrôlés (tests urinaires), avec d'autres coureurs, près de la ligne d'arrivée, dans un véhicule prévu à cet effet. Des contrôles sont ciblés « d'après les résultats d'un travail de renseignement et d'enquête, les informations provenant des données du passeport biologique de l'athlète, les indicateurs de performance et/ou d'autres sources », souligne l'UCI. D'autres tests (sanguins, le plus souvent) sont réalisés de manière inopinée à l'hôtel des cyclistes par des binômes composés d'un commissaire de l'UCI et d'un médecin (ou d'un infirmier). Ces contrôles se déroulent presque tous les jours, souvent tôt le matin dans une salle mise à disposition par l'hôtelier ou dans la chambre du coureur désigné. Ces contrôles s'intensifient durant la dernière semaine de la course auprès des premiers du classement général.

« Nous avons un ou deux contrôles inopinés sur le Tour, en moyenne, rapporte Aurélien Paret-Peintre, coureur de l'équipe Decathlon-AG2R La Mondiale. Le docteur de l'équipe connaît les habitudes des coureurs. Lorsqu'il accueille le médecin préleveur, ils se rendent d'abord dans la chambre

Il y a toujours une appréhension au moment de la prise de sang

Jonas Vingegaard s'apprête à satisfaire
au contrôle antidopage après la course.

Quels sont **LES VÉLOS CONTRÔLÉS ?**

Avant le départ, l'ensemble des vélos sont contrôlés. Après chaque étape, les vélos inspectés sont ceux utilisés par :

→ le vainqueur de l'étape;

→ les coureurs portant les maillots de leaders (Jaune, vert, à pois rouges et blanc);

→ trois ou quatre coureurs sélectionnés de manière aléatoire;

→ les coureurs suscitant des soupçons, par exemple à la suite du contrôle réalisé avant l'étape, d'un nombre anormalement élevé de changements de vélo (dans ce cas, les vélos transportés par la voiture de l'équipe pourront être également contrôlés) ou d'autres incidents relevés par le commissaire vidéo.

d'un lève-tôt. » Pierre Latour (TotalEnergies) « préfère être contrôlé le matin que le soir à 22 heures, je l'ai été dans les deux cas. Le matin au réveil, tu n'as pas encore fait tes besoins, c'est rapide. Le soir, il faut parfois être patient ». Pour Anthony Perez (Cofidis), « il y a toujours une appréhension au moment de la prise de sang, il arrive que le préleveur se loupe et qu'on ait mal au bras. Ce qui est dérangeant, ajoute-t-il, c'est d'être contrôlé le matin d'une journée de repos car c'est le seul jour où tu peux dormir sans réveil. Le repos, c'est le repos, on n'est pas disposé à voir des gens qu'on ne connaît pas… »

À la fin du Tour, l'ITA sélectionne des échantillons qui seront conservés à des fins de potentielles réanalyses dans les dix prochaines années.

Le cyclisme est l'un des sports où les moyens mis en œuvre face au dopage sont parmi les plus importants. Le budget opérationnel annuel de la lutte contre ce fléau continue d'augmenter sensiblement : 10 millions d'euros pour le cyclisme sur route masculin, à la fin de la saison 2024, soit 35 % de plus que deux années auparavant. « Comme les opérations de contrôle pour cet événement [le Tour de France] se situent déjà à un très haut niveau, les ressources supplémentaires allouées […] nous permettent de renforcer d'autres domaines pertinents du programme en faveur d'un sport propre pour le Tour de France et tout au long de l'année, souligne le directeur général de l'ITA, Benjamin Cohen. Nous pourrons notamment investir davantage dans le renseignement et les enquêtes, un domaine qui s'est avéré très efficace et complémentaire du régime de contrôles. »

Toutes les parties apportent leur contribution financière à la lutte contre le dopage : l'UCI, l'Association internationale des groupes cyclistes professionnels, l'Association internationale des organisateurs de courses cyclistes et les principaux acteurs eux-mêmes par le biais de Cyclistes professionnels associés, le syndicat des coureurs.

ANTICIPER LA FRAUDE TECHNOLOGIQUE

Depuis la mise en place des premiers contrôles dans le Tour de France, en 2016, aucun cas de dopage mécanique n'a été décelé. Cependant, la directrice générale de l'Union cycliste internationale (UCI) Amina Lanaya déclare, en 2022, que « l'UCI continue de prendre très au sérieux la possibilité d'une fraude technologique », une forme de tricherie consistant à intégrer un micro-moteur dans le cadre du vélo, voire un système prohibé intégré dans les roues. D'où le renforcement des contrôles par l'instance faîtière à l'aide de technologies de pointe afin de détecter « la présence

2016

L'année des premiers contrôles inopinés dans le Tour afin de détecter un éventuel moteur. Ils sont réalisés à l'aide d'une caméra thermique de très haute définition mise au point par le centre de recherches du Commissariat à l'énergie atomique, sur l'initiative du gouvernement français.

À l'aide d'une tablette, le commissaire de l'UCI vérifie l'absence d'un moteur.

d'éventuels systèmes de propulsion cachés dans les tubes et autres composants des vélos ». Selon la responsable, « les très nombreux contrôles effectués sur le Tour de France 2023 dans le cadre de notre programme de détection de la fraude technologique envoient un message très clair aux coureurs et au public : il est impossible d'utiliser un système de propulsion caché dans un vélo sans être démasqué ».

Au total, 997 contrôles (63 de plus que l'année précédente) : 837 avant le départ des étapes à l'aide de tablettes magnétiques par des commissaires techniques UCI dans le paddock des équipes. Et 160 après l'arrivée, à partir de deux technologies. La première : depuis 2018, une cabine mobile à rayons X (« qui garantit la sécurité des utilisateurs et des cyclistes », assure l'UCI) permet d'obtenir une image radiographique haute résolution d'un vélo complet en cinq minutes seulement. La seconde : mise en œuvre à partir de 2021, avec un équipement semblable à une caméra d'environ 3 kg, la technologie de rétrodiffusion et de transmission fournit instantanément des images haute résolution de l'intérieur des sections examinées. Si nécessaire, tout vélo est démonté.

Sur la page de la rubrique « Fraude technologique » de son site Internet, l'UCI publie l'adresse e-mail et le numéro de téléphone de sa cellule Innovation à l'attention des personnes soupçonnant des anomalies.

Amina **LANAYA**,
directrice générale de l'UCI

« Il est impossible d'utiliser un système de propulsion caché dans un vélo sans être démasqué. »

RADIO TOUR

Le canal d'infos de la course en temps réel
La radio interne de l'épreuve fournit à ses suiveurs des informations essentielles sur le déroulement de l'étape, la sécurité, les chutes et les incidents en course.

Attaques, chutes, incidents mécaniques, écarts entre coureurs, identification des cyclistes échappés ou des infortunés qui sont l'objet d'une défaillance physique, d'un accident… Les informations foisonnent lors d'une étape du Tour de France. La mission de les rassembler, les trier, les synthétiser et les répercuter, en français et en anglais, sur ondes de Radio Tour, le canal interne de la course, revient à Sébastien Piquet. La « voix officielle » de Radio Tour intervient depuis la voiture du directeur de course, Thierry Gouvenou accompagné du président du jury des commissaires de l'UCI, située à l'arrière du peloton. « J'ai quatre sources d'information : les trois motos infos et mes yeux, résume-t-il. Les pilotes me communiquent la composition de l'échappée et les écarts avec le peloton, parfois entre deux groupes échappés ou plus… »

Ces éléments précieux sont destinés aux directeurs sportifs : « Ils ont une télé dans leur voiture, mais la télé ne montre pas tout, et il y a un léger décalage entre le moment où un fait se produit et la réception des images » mais également au service médical, aux membres de l'organisation, commentateurs TV et aux journalistes. « Je dois être le plus clair possible, concis, me mettre à la place de ceux qui écoutent : qu'est-ce qui est essentiel pour un directeur sportif ? Pour un commentateur en cabine ? »

Son travail demande une parfaite concentration. « Une chute peut arriver à n'importe quel moment de la course. Lorsqu'un coureur lève la main avec son bidon, j'appelle sa voiture pour qu'il soit ravitaillé. S'il montre sa roue, j'annonce qu'il a crevé, à l'avant ou à l'arrière : cela permet au mécanicien de se préparer au changement de la roue ou du vélo. Après une chute, je donne le plus possible d'infos sur l'identité des coureurs qui en sont victimes. »

Il meuble les moments calmes avec quelques anecdotes sur l'histoire du Tour, les lieux touristiques à destination des invités présents sur l'étape…

La montagne est naturellement un temps fort de l'activité de Sébastien Piquet. « Dans un col, notre voiture dépasse tous les groupes de coureurs lâchés pour se placer derrière le groupe Maillot Jaune. Je n'ai plus besoin des motos infos pour savoir ce qui se passe. Je suis à proximité des meilleurs, c'est davantage du commentaire *live.* »

Sébastien **PIQUET**,
voix officielle de Radio Tour

« Il meuble les moments calmes avec quelques anecdotes sur l'histoire du Tour. »

Chaque accident ou incident est relayé sur les ondes de Radio Tour. Sur cette photo, Maxim Van Gils s'enquiert de la santé de son coéquipier Jarrad Drizners qui vient de chuter.

MÉDECINS de l'urgence

Une longue colonne d'experts

Des personnels rompus à la médecine d'urgence et des moyens médicaux très pointus sont déployés pour secourir les coureurs accidentés.

Vous l'apercevez fréquemment à la télévision : le cabriolet blanc numéro un du service médical du Tour de France se fond quotidiennement dans le paysage du peloton. Numéro un car c'est, très souvent, le premier véhicule depuis lequel les coureurs sont secourus. À bord, deux médecins, le docteur Florence Pommerie et le professeur Gilbert Versier.

Cadre du Samu, Florence Pommerie est directrice médicale de la société Mutuaide Assistance (assistance médicale propre à la course et à l'organisation) et, à ce titre, la médecin-cheffe du Tour qu'elle suit depuis 2010 après l'expérience de plusieurs rallyes du Dakar. Elle a été rejointe dès l'année suivante par Gilbert Versier, ancien médecin militaire, chirurgien orthopédiste-traumatologue, ayant servi au Kosovo, en Bosnie, en Afghanistan pour l'armée, l'ONU et l'OTAN.

Auparavant, les secours étaient dirigés depuis les années 1980 par le docteur Gérard Porte, entouré de cardiologues et de médecins du sport, notamment. En 1998, trois ans après la mort accidentelle du coureur italien Fabio Casartelli, dans la descente du col pyrénéen de Portet-d'Aspet, un premier urgentiste est recruté : le Dr Xavier Roy, du centre hospitalier de Châteauroux.

Un véritable virage stratégique est effectué il y a une dizaine d'années avec la constitution d'une équipe d'urgentistes et d'anesthésistes « pour la prise en charge de traumatisés, voire de polytraumatisés, un risque en cas de chute au-dessus de 50 km/h », souligne le Pr Versier.

Leur travail le plus courant consiste à désinfecter des plaies après une chute, à administrer des médicaments pour enrayer un problème digestif (problème assez fréquent sous la chaleur), une insolation, une piqûre d'insecte... Ou encore assurer un « suivi de consultation » pour une blessure subie durant les jours précédents, avec la pose d'un nouveau pansement : le coureur se porte à la hauteur du véhicule médical, comme vous vous allez chez votre médecin. Eux le font sans rendez-vous, en continuant à pédaler, accrochés à une portière arrière.

10

Le nombre de médecins composant le service médical de l'épreuve. Ils sont épaulés par sept infirmières et infirmiers.

L'Autrichien Michael Gogl est soigné par le docteur Florence Pommerie.

↑ Le professeur Gilbert Versier et le docteur Florence Pommerie se portent au secours du Belge Jonas Rickaert, victime d'une chute survenue peu après le départ d'Aurillac, en 2024.

↗ Le Belge Arnaud De Lie se relève d'une chute. Le Français Axel Zingle et le Néerlandais Cees Bol restent assis sur la chaussée.

UNE RELATION FORTE ENTRE COUREURS ET SOIGNANTS

Dans le Tour, les médecins peuvent passer subitement de la « bobologie » à traiter les conséquences d'une chute collective. « On fait un tri, on se rend compte rapidement des cas les plus graves, relève le Pr Versier. L'ambulance numéro un apporte des soins complémentaires avant un éventuel transfert vers un établissement hospitalier. » Le plus souvent pour des fractures des membres supérieurs : poignet, clavicule, épaule. En 2015, l'état de William Bonnet était extrêmement grave. « Il avait glissé sur cinquante mètres, percuté un poteau électrique. Il avait des lésions importantes sur tout le corps, et surtout une fracture du rachis cervical », rapporte le chirurgien. Un suraccident s'était produit, provoquant la neutralisation de la course car la sécurité n'était plus assurée : toutes les ambulances étaient occupées !

L'arrêt temporaire de la compétition est un fait rarissime. Il a été décidé à nouveau en 2023, durant une trentaine de minutes, face au nombre important de coureurs à terre (une vingtaine), certains sonnés, contraints à l'abandon et de vélos brisés.

Ces moments humainement très intenses créent une relation forte entre les coureurs et les soignants. « Ils viennent nous voir à la voiture, nous font un clin d'œil et, l'année suivante, ils se souviennent de

Le camion **D'ÉCHOGRAPHIE ET DE RADIOLOGIE**

Il est associé à des épreuves motorisées, aux caractéristiques accidentogènes, notamment le Dakar depuis 2005, le championnat du monde de moto-cross, l'Europale au Touquet, mais aussi la Coupe du monde de BMX… Le centre médical mobile est entré dans le giron quotidien du Tour de France en 2013. « C'est un service d'imagerie en échographie et radiologie : os, tendons, muscles… énumère Grégory Ramel, technicien en radiologie. Cela permet d'obtenir un diagnostic rapide, d'éviter un trajet versun hôpital, l'attente aux urgences… » Pour réaliser et analyser les clichés, douze radiologues, spécialistes en ostéo-articulation (exerçant dans les régions traversées par la course), s'y succèdent. Le véhicule radiologie est aussi un espace pour les soins, les sutures, le nettoyage des plaies après la course. En 2024, il est doté pour la première fois d'un scanner.

nous », apprécie Gilbert Versier. En 2023, le Français Adrien Petit a régulièrement fait appel au Dr Pommerie. « Cette dame a été exceptionnelle avec moi. Elle m'a posé des pansements pour remplacer ceux qui se décollaient avec la transpiration. Le soir, elle m'envoyait des SMS pour me demander des nouvelles. Dans le Tour, il y a des rencontres marquantes. »

LES COUREURS BLESSÉS VEULENT TOUJOURS REPARTIR

Mais, pour un coureur cycliste, le Tour de France est presque toujours l'objectif numéro un d'une saison, parfois même celui d'une vie. Abandonner la course est une option qu'il rejette même après une blessure sérieuse.

En 2015, le Suisse Fabian Cancellara finit l'étape malgré deux fractures. En 2018, un spectateur imprudent provoque la chute de Vincenzo Nibali dans la montée de l'Alpe d'Huez : souffrant d'une fracture d'une vertèbre, l'Italien effectue les 4 kilomètres restants. La même année, le Belge Philippe Gilbert

Au volant du cabriolet numéro un

Denis Flahaut, la quarantaine, est le conducteur du cabriolet numéro un du service médical occupé par le docteur Pommerie et le professeur Versier. Cet ex-coureur professionnel (il était surnommé « la Bomba » pour ses qualités explosives de sprinteur) connaît parfaitement les habitudes des cyclistes. « Lorsqu'un coureur se fait soigner, j'anticipe les virages, les dos-d'âne, je lui fais un signe pour le prévenir d'un obstacle et j'alerte Gilbert Versier quiest à l'arrière de la voiture et se tient debout. »

En cas de chute, il doit contrôler sa propre montée d'adrénaline. « On ne la voit pas toujours, surtout si elle s'est produite à l'avant du peloton. Nous sommes prévenus sur les ondes de Radio Tour par le speaker de la course Sébastien Piquet ou par le directeur de l'épreuve Thierry Gouvenou. »

Daniel Martinez est sonné après une chute. Incapable de satisfaire au protocole anti-commotion, le Colombien, interrogé par le professeur Gilbert Versier, n'est pas autorisé à repartir.

tombe dans le ravin d'un col pyrénéen. Rotule fracturée, il accomplit les 60 derniers kilomètres en montagne !

Le Pr Versier est admiratif : « La grande particularité des cyclistes, c'est qu'ils ne s'arrêtent pas après une chute, leur objectif est de repartir et retourner dans le peloton. » Il cite le Britannique Geraint Thomas, le Slovène Primož Roglič, le Néerlandais Tom Dumoulin, tous remontés sur leur vélo après avoir « réduit » une luxation à l'épaule de chacun d'entre eux.

En 2023, le galérien de la route s'appelle Adrien Petit. « Je regarde ma jambe, au niveau du tibia, il y a l'équivalent d'une balle de tennis. Je repars parce que c'est le Tour. Je n'ai jamais abandonné le Tour. On me fait un bandage de compression. Le médecin me demande : "Tu es sûr de vouloir continuer ?" » Il hoche la tête. Devant lui, une semaine de souffrances pour atteindre les Champs-Élysées.

LA LOGISTIQUE

Le service médical se compose d'une vingtaine de médecins, d'infirmiers, d'infirmières, d'ambulanciers. Ces anesthésistes-réanimateurs, smuristes, spécialistes, prennent place à bord de dix véhicules (les ambulanciers, eux-mêmes, sont rodés au transport d'urgence). Chaque ambulance est équipée en matériel médical comme un Samu.

L'ensemble des personnels et véhicules sont reliés entre eux et avec les autres véhicules officiels (direction de course, gendarmerie, police...) par des moyens de communication mobiles (GSM, fréquence radio médicale, fréquence radio course, *tracking* GPS).

Deux cabriolets circulent derrière la voiture du directeur de course pour couvrir le peloton principal. Une moto (avec un médecin) suit notamment les échappés. Quatre ambulances (un ambulancier, un médecin, un infirmier) sont positionnées derrière le peloton et remontent dans la course en fonction des accidents.

Trois autres ambulances (avec le même personnel) accompagnent le défilé de la caravane publicitaire pendant le déroulement de l'étape. L'une des deux ambulances se positionne après la ligne d'arrivée du cortège : ses occupants se tiennent prêts à intervenir en cas de chute dans un sprint massif. La majorité de ces praticiens très expérimentés pratiquent eux-mêmes le sport cycliste.

LE PROTOCOLE anticommotions

Un protocole est mis en place pour identifier les commotions cérébrales avec un test de plusieurs questions posées au coureur accidenté.

Face à la violence des chocs, monnaie courante en rugby, un protocole pour les commotions cérébrales a été mis en place. Le cyclisme a suivi son exemple avec l'exigence de préserver la santé de l'athlète à partir d'un diagnostic réalisé lors d'une épreuve sans temps mort. L'accident survenu à Romain Bardet, en 2020, a conduit l'Union cycliste internationale (UCI) à contrôler les signes et symptômes d'une commotion cérébrale chez un cycliste accidenté, dont le premier est la perte de conscience (confirmée ou suspectée). Protégée par un casque (son port est obligatoire depuis 2005), la tête avait tapé le sol et le coureur français s'était repris à deux fois pour se relever. Avec un courage inouï, il avait effectué les 90 kilomètres le séparant de l'arrivée au Puy Mary, dans le relief du Cantal, malgré des maux de tête. Pourtant, cette pathologie n'était pas avérée selon un réanimateur en neurochirurgie témoin de la scène : « Il a tenu un discours précis, a demandé des antalgiques en citant correctement leurs noms. Ce sont des éléments rassurants dans un examen neurologique. » Mais, dans la soirée, le résultat du scanner avait conclu à une commotion cérébrale. En 2023, Romain Bardet chute dans les Alpes. Cette fois il n'a pas été autorisé à repartir en raison de son incapacité à répondre à une série de questions prévues pour tester sa mémoire : « Quel jour sommes-nous ? Dans quelle course sommes-nous ? Qui est le directeur sportif dans cette course ? Qui a gagné hier ? » Un autre test consiste à citer dix mots au coureur, qui doit en répéter le plus possible, à trois reprises.

A-t-il des maux de tête, des nausées, des vertiges, des vomissements, une vision vide ou bien double ? Le médecin évalue l'équilibre de l'athlète (pieds joints, tête en arrière) et vérifie l'amplitude des mouvements du cou, de la colonne vertébrale sans douleur, et l'état d'endommagement du casque. « Il peut se produire que le coureur reparte avant notre arrivée sur le lieu de la chute, raconte le Pr Versier. On demande alors à son directeur sportif de nous l'envoyer pour rechercher d'éventuels signes d'un problème neurologique. On a le pouvoir de prendre la décision immédiate de l'arrêter. Au Tour 2023, c'est ce qu'on a fait pour Romain Bardet et l'Espagnol Enric Mas. » La détection des premiers signes de commotions cérébrales concerne tous les acteurs du cyclisme : coureurs eux-mêmes, membres de l'encadrement des équipes, commissaires officiels... En 2024, l'UCI a développé pour eux des outils de reconnaissance.

La foule lors du Grand Départ du Tour, en 2023, face au stade de football de San Mamés, l'antre de l'Athletic Bilbao.

Tour de France des VIP

Le marché des hospitalités

Quelques milliers d'invités de marque profitent chaque année des offres d'hospitalité sportive mises en place par le Tour.

Chaque année, le Tour de France accueille entre 50 000 et 55 000 personnes l'espace d'une étape, dont 10 000 sur les Champs-Élysées (8 000 à Nice en 2024), le jour de l'arrivée, dans le cadre de ses programmes « hospitalité ». Elles sont invitées par des sociétés, des collectivités et des médias partenaires d'Amaury Sport Organisation (A.S.O.).

« Nous recevons des invités au départ, sur le parcours et à l'arrivée. Les plus privilégiés font l'étape du début à la fin : ils sont accueillis au Village du Tour, suivent la course dans une voiture conduite par un ex-coureur et assistent à l'arrivée sur la terrasse d'un bus événementiel », énumère Tristan Valentin, responsable « Hospitalité et relations publiques » chez A.S.O., lui-même ancien coureur professionnel (participant à l'édition de 2011).

S'ajoute la présence de clients de sociétés sponsorisant des équipes cyclistes engagées sur l'épreuve et ceux des tour-opérateurs, « souvent anglophones avec des gens qui viennent de loin, d'Australie, des États-Unis... », souligne Tristan Valentin.

L'une des prestations privilégiées est la formule *inside* sur le thème « Vis ma vie de coureur du Tour de France ». « Les invités d'une même entreprise effectuent à vélo les 30 ou 50 derniers kilomètres, selon leur niveau physique, de l'étape accompagnés d'un ancien coureur : on fait accompagner un groupe d'anglophones par un cycliste qui parle la langue. Au total, cela concerne 200 et 250 personnes sur la durée de l'épreuve. Le vélo est prêté, ils sont équipés de la tête aux pieds et suivis par un véhicule de dépannage. »

DES INVITÉS GUIDÉS PAR D'ANCIENS COUREURS

Le Tour de France compte de nombreux anciens participants parmi ses saisonniers : des ex-coureurs affectés à la conduite de véhicules qui sont occupés par des membres de la direction, des commissaires sportifs et des invités. Connaissant les

À travers son enseigne E.Leclerc, Michel-Édouard Leclerc parraine le maillot à pois rouges du meilleur grimpeur.

Tour de… magie dans le Village pour le plus grand plaisir des invités, choyés.

habitudes du peloton, ils sont capables de circuler sur des routes étroites, descendre les cols en freinant le moins souvent possible (les coureurs vont aussi vite, voire plus vite que les voitures), en toute sécurité, sans perturber le déroulement de l'étape…

Chauffeur du cabriolet numéro 1 du service médical, Denis Flahaut raconte cet épisode marquant du Tour 2023 dans *La Voix du Nord* : « Au fil de l'étape, les sites changent sans arrêt. Dans les Alpes, après le franchissement du col des Saisies, dans la descente vertigineuse vers Beaufort, le compteur de ma voiture affichait 110 km/h ! Là, plus question d'admirer ces paysages de rêve. Sans oublier l'énorme foule en délire dans la montée du col de la Loze. Un souvenir mémorable d'une journée pas comme les autres. »

« Vis ma vie de coureur »

Les conducteurs des VIP, souvent des responsables politiques et économiques, se positionnent à l'avant de la course, entre la caravane publicitaire et le peloton. En fin de journée, ils déposent ces invités dans les espaces privés, près de la ligne d'arrivée. Ils tiennent également un rôle pédagogique en expliquant la course cycliste parfois totalement étrangère à leurs hôtes : « Un coureur qui a abandonné peut-il repartir le lendemain ? » est une question qui a déjà été posée.

Le contingent des « ex » est international car les invités viennent de tous les pays. Lors du Tour 2023, nous avons retrouvé l'Irlandais Dan Martin enchaînant des dédicaces de photos dans le Village du Tour. « Je prends du plaisir à rencontrer le public, discuter vélo. Lorsque j'étais coureur, je faisais mon métier très sérieusement et je n'avais pas le temps pour cela », raconte-t-il. La langue maternelle du Suisse Martin Elmiger est l'allemand. Lors de l'étape entre Saint-Léonard-de-Noblat et le puy de Dôme, il guide trois dirigeants de Rolex, dont la sous-marque Tudor sponsorise une équipe cycliste que l'on retrouvera certainement au départ du Tour de France d'ici quelques années. « Je m'intercale entre le groupe d'échappés et le peloton, explique le Colombien Leonardo Duque. On s'arrête sur le bord de la route pour déjeuner : dans la glacière, un plateau-repas, du champagne. Nous, les anciens coureurs, on n'en boit pas », sourit l'ancien sprinteur.

Devenu gestionnaire de microcrèches en Vendée après avoir remisé sa bicyclette, le trentenaire Kévin Réza découvre l'envers du décor du Tour de France. Il est au volant d'une voiture électrique puisque son employeur saisonnier, Rexel, fournit cette énergie. « Lorsqu'on est coureur, on est dans notre bulle, on ne se rend pas compte de la grande machinerie du Tour de France, avoue-t-il. Je rencontre des hauts dirigeants d'entreprise, cela

permet d'étoffer mon carnet d'adresses et peut ouvrir des portes. » Ses souvenirs de coureur sont parfois douloureux : « Le Tour m'a fait grandir, il m'a fait passer par tous les sentiments. En 2013, j'ai chialé deux fois dans le mont Ventoux. En 2014, ça a été un Tour fantastique (il y assistait le sprinteur Bryan Coquard, 3e au classement du maillot vert). Aucun ne se ressemble. En 2020, pour le dernier, j'en ai tellement chié en haute montagne que lorsque j'ai arrêté ma carrière, je ne voulais pas garder un vélo, avoir devant moi quelque chose qui me fasse penser à ce métier. »

Les médias font également appel à des champions en reconversion pour bénéficier de leur expertise de la course, comme Thomas Voeckler et le Belge Philippe Gilbert, installés à l'arrière de la moto de France Télévisions et de la chaîne Eurosport. « Ainsi, la transition est plus douce, on reste dans le bain, souligne le second. Ce n'est pas simple d'arrêter le vélo, on peut vite tomber en dépression. Pour n'avoir fait que ça depuis tout jeune, nous ne sommes pas constitués pour rester pendant huit heures dans un bureau. » De sa position, Philippe Gilbert, porteur du Maillot Jaune en 2011, avoue sans hésiter : « Au contact des coureurs, à voir leur souffrance, leur stress, les risques qu'ils prennent, je n'ai pas envie d'être avec eux aujourd'hui... »

Kévin **RÉZA**

« Lorsqu'on est coureur, on est dans notre bulle, on ne se rend pas compte de la grande machinerie du Tour de France. »

↑ Kévin Reza a couru le Tour de France à trois reprises. Désormais, il est chargé des relations publiques d'un sponsor.

← Depuis la terrasse des Espaces Izoard et Tourmalet, et du Club Tour de France, les VIP vivent au plus près l'arrivée de l'étape, ici à Laruns, dans les Pyrénées, en 2023.

MAILLOTS

La face cachée de leur conception

L'impression du nom et du logo de l'équipe sur le Maillot Jaune, vert, à pois rouges et blanc est une opération express qui fait l'objet d'une attention toute particulière.

Depuis une vingtaine d'années, Fabrice Pierrot est ce personnage de l'ombre qui met les coureurs en lumière. Il imprime sur les quatre maillots distinctifs le nom et le logo des sponsors de leurs lauréats : jaune pour le premier du classement général, vert pour le classement par points, blanc à pois rouges pour le classement de la montagne, blanc pour le classement du meilleur jeune.

Ancien professeur de technologie, cet expert de l'impression, créateur de la société OF-X, possède une collection personnelle de 2 000 maillots !

Il connaît parfaitement le cyclisme : il a couru dans les rangs des amateurs puis est devenu commissaire de course à moto. Son calendrier est rempli d'une centaine de jours de course par an.

LA TECHNIQUE DE L'IMPRESSION

Les maillots distinctifs sont réalisés par le fabricant italien Santini. Ils ont la particularité de présenter un rectangle blanc format A4 sur la poitrine, la place réservée au nom de l'équipe du coureur.

« Autrefois on parlait de flocage, on utilisait de la colle et une poudre et cela donnait une sorte de velours. Aujourd'hui, on utilise une technique de marquage dite de la sublimation : elle consiste en une impression par jet d'encre sur un papier de transfert résistant à la chaleur. À haute température et à très forte pression, les pigments d'encre se transforment en gaz et pénètrent dans la fibre du maillot. Lorsqu'on retire la presse, le gaz se solidifie et le maillot est marqué. Par ce procédé, on n'altère pas

À l'arrière du podium, Tadej Pogačar est habillé par Fabrice Pierrot, chargé d'imprimer le logo des sponsors sur les maillots distinctifs.

Tadej Pogačar lors d'une séance photographique à *L'Équipe*, avec les trois maillots conquis sur le Tour 2021 : le Maillot Jaune, le maillot à pois de meilleur grimpeur et le maillot blanc de meilleur jeune.

ses propriétés (tissus respirants, à séchage rapide). » Afin de ne pas être pris au dépourvu, le technicien produit à l'avance entre trente et cinquante logos de chaque équipe qu'il calibre (la surface diffère selon les mensurations du coureur, si c'est un maillot protocolaire, une combinaison…), découpe et stocke.

LES CINQ TAILLES DE MAILLOT : XXS JUSQU'À L

On connaît la taille S pour « small ». Savez-vous que certains cyclistes s'accommodent de la taille XXS ? Très, très petit ! Cette taille extrême (qui correspond au Colombien Nairo Quintana et au Français Kenny Elissonde) est apparue en 2022 lorsque le fabricant italien de textiles Santini est devenu le fournisseur officiel de l'épreuve.

Cinq tailles de maillots sont disponibles : XXS, XS, S, M (pour « medium ») et L (pour « large »). Silhouette très fine, Romain Bardet s'habille en S alors qu'il mesure 1,84 m ! C'est le modèle le plus répandu dans le peloton. Le Néerlandais Mathieu van der Poel adopte le M. « Le Belge Jasper Philipsen (lauréat du maillot vert en 2023) aime bien mettre du S, moi je trouve qu'il est un peu serré, qu'il est plus à l'aise dans du M, raconte Fabrice Pierrot. Chez le coureur, c'est psychologique, s'il met la taille supérieure, il va penser : "J'ai grossi." Si on a un doute sur la taille, on lui fait des maillots dans les deux tailles. »

LA FOURNITURE DES MAILLOTS AUX LAURÉATS

Sur le podium de l'arrivée, le premier de chaque classement (général ou annexe) endosse un maillot à manches longues qui s'ouvre et se ferme dans le dos pour l'unique usage de la cérémonie protocolaire. « Le lendemain matin, avant le départ de l'étape, je remets à chaque lauréat une panoplie complète de maillots imprimés pour la course : à manches courtes et longues, imperméable, gilet à manches courtes, combinaison, manchettes. » Il y a même deux sortes de maillots à manches courtes : très aéré pour la montagne ou serré au corps avec des propriétés aérodynamiques.

L'ÉTAPE
du Tour de France

Chaque année, la cyclosportive en marge du Tour, l'Étape du Tour de France réunit un immense contingent d'amateurs dans les cols empruntés par les coureurs de la Grande Boucle.

L'Étape du Tour de France a été créée en 1993 à l'initiative de *Vélo Magazine*, un mensuel du Groupe Amaury. Les épreuves dites « cyclosportives » connaissaient alors un véritable essor. Trente ans plus tard, « l'Étape du Tour », est une véritable référence en Europe. Rouler sur le même parcours que les coureurs du Tour, dans le décor majestueux de la montagne, est une expérience sportive intense qui attire près de 16 000 cyclistes de plus de 90 nationalités.

En 2024, l'itinéraire de la 32e édition est celui de la 20e étape des professionnels, entre Nice et le col de la Couillole (138 km, 4 600 m de dénivelé positif).

Des coureurs actuels du Tour de France ont participé, auparavant, à l'Étape du Tour. C'est le cas de Victor Lafay qui l'avait gagnée au Grand-Bornand en 2018, cinq ans avant de s'imposer à Saint-Sébastien lors du Tour 2023. Ou du Norvégien Jonas Abrahamsen, premier au sommet du col d'Izoard, en 2017, découvrant le Tour de France en 2023 au sein de l'équipe Uno-X.

Cette cyclosportive attire aussi des champions d'autres disciplines, comme le footballeur Bixente Lizarazu (dont la devise est « Plus la pente est raide, plus j'aime ça »), le skieur Antoine Dénériaz, les biathlètes Martin Fourcade et Émilien Jacquelin. « Le vélo fait partie de moi, raconte ce dernier. J'ai toujours été bercé par le Tour. J'ai fait du cyclisme jusqu'à 15 ans avant de choisir le biathlon, mais j'ai toujours un énorme plaisir à monter sur un vélo. »

Au classement des femmes, en 2023, à l'arrivée à Morzine, la lauréate est la triple championne olympique de patinage de vitesse, la Tchèque Martina Sáblíková. « Ce fut une journée vraiment très difficile avec la chaleur et le relief, mais j'adore les Alpes et le public a été super avec moi en m'encourageant dans toutes les montées », témoigne-t-elle.

L'épreuve doit sa réputation aux anonymes comme Alain Roux, un septuagénaire habitué de la course. « C'est à chaque fois un rêve d'enfant ! s'enthousiasme-t-il. J'ai toujours été passionné de sport et de vélo. Avec l'âge, c'est un peu plus difficile chaque année, mais j'ai toujours fini… »

En 2023, Anders Tonsager, *finisher* en plus de 6 h 30, était ravi de son expérience sur les cols de Haute-Savoie, malgré leurs difficultés : « C'est fantastique. Je prends même le temps de faire des photos, de les envoyer en Norvège et tout le monde m'envie ! »

L'ÉTAPE
VILLE DE NICE
DÉPART
START
L'ÉTAPE
Alltricks.com

ENGAGEMENTS du Tour

Entre actions de solidarité et engagements sociétaux

De nombreuses actions de solidarité et d'engagements sociétaux portés par le Tour de France bénéficient de sa renommée internationale.

Une autre initiative du Tour, l'Opération « Un vélo pour Tour », mise en place lors de l'étape 9 du Tour de France 2024 à Troyes, qui démocratise la pratique du vélo auprès des enfants défavorisés.

LE TOUR AU PIED DES TOURS

Les Média-Pitchounes sont des journalistes en herbe issus d'un quartier de Toulouse. Ils font partie du paysage médiatique du Tour de France. Les Média-Pitchounes sont reconnaissables à leur tee-shirt jaune et à leurs micros à la main. Encadrés par trois jeunes adultes, ces six adolescents sont issus du quartier Bagatelle, à Toulouse, d'où leur devise « Le Tour au pied des Tours ». Soutenue par la Fondation FDJ depuis sa création, inspirée par son équipe cycliste, l'association Média-Pitchounes accompagne des projets à caractère éducatif sur le thème du sport auprès des 10-18 ans qui s'initient au journalisme de sport en réalisant reportages et émissions. Depuis 2010, 240 jeunes ont suivi la Grande Boucle, dont Jade, l'une des animatrices du groupe, étudiante dans une école de journalisme. « Les ados font des interviews, tournent des vidéos, dans le Village du Tour et en zone technique près de la ligne d'arrivée, raconte-t-elle. On effectue le montage des images en salle de presse. Des séquences sont diffusées sur la chaîne YouTube, TV Pitchounes, le lendemain. »

En plus des coureurs, ils s'intéressent à l'ensemble des métiers du Tour, parfois même ils interrogent des personnalités de passage sur la course comme le président de la République Emmanuel Macron et le prince Albert de Monaco. Pour aller, quotidiennement, du départ à l'arrivée de l'étape, la joyeuse troupe se déplace en minibus.

« On a amené le Tour de France au pied des tours en 2019 pour le 10e anniversaire de la présence des Média-Pitchounes », rappelle, fièrement, Jade. À l'époque, l'association avait délivré ce message : « À Bagatelle, quartier politique de la Ville à Toulouse, quand on parle de tour, c'est naturellement vers les grandes barres d'immeubles que les regards se tournent. Pour beaucoup, Bagatelle, c'est un taux de chômage avoisinant les 40 %, un trafic à ciel ouvert et des bâtiments couleur pastel qui surplombent des terrains de jeux. Désormais, et pour le monde entier, Bagatelle restera le départ de la 12e étape du Tour de France en 2019. Un rêve devenu réalité pour tous ces jeunes qui se sont battus pour vivre leur rêve et qui ont vu la Grande Boucle, grâce à eux, évoluer dans leur quartier. » C'est la première fois que le Tour de France dédiait une étape à un quartier « Politique de la Ville ».

DES VÉLOS POUR LES ENFANTS DÉFAVORISÉS

Chaque mois de juin, des initiations sont organisées dans les écoles, dans le cadre de l'opération nationale « Savoir rouler à vélo », dont le but est de permettre aux enfants d'acquérir les bases du déplacement à bicyclette avant leur entrée au collège. Elle comprend le programme « École solidaire, un vélo pour tous les enfants » lancé par Amaury Sport Organisation (A.S.O.), auquel ont pris part plus de 100 000 enfants en 2023. Un euro par participant, soit 100 000 €, a été reversé pour l'achat de casques et de vélos à trois associations : le Secours populaire français, la Fondation ANAIS qui accompagne des personnes en situation de handicap ou de dépendance, et Qhubeka, organisation caritative avec laquelle A.S.O. a entamé, en 2018, une collaboration destinée à offrir

La course **EN BRAILLE**

Depuis 1996, avec HandicapZéro, 135 000 exemplaires du livre de route du Tour de France sont produits en caractères agrandis et audio, dont 5 000 en braille.

UNE JOURNÉE DE VACANCES POUR CEUX QUI NE PARTENT PAS

Les engagements sociétaux de la Fondation FDJ sont multiples dans le sport et notamment le cyclisme. Entre 2008 et 2023, 16 950 enfants ont participé au dispositif « Les oubliés du sport », financé par la fondation à laquelle se joint la Fédération française de cyclisme. Accompagnés par le Secours populaire français, 1000 enfants de quartiers défavorisés ne partant pas en vacances, découvrent le Tour de France (masculin et féminin) et s'initient à la pratique du BMX lors d'une journée festive. L'action s'étend sur dix étapes. En 2024, à Troyes, après une randonnée de 3 kilomètres qui leur était réservée, 200 gamins sont repartis chez eux avec un vélo.

à des enfants défavorisés en Afrique des vélos de fabrication locale afin de faciliter leur déplacement à l'école. Au total, plus de 2 000 vélos ont été distribués.

« Le Tour de France et le Tour de France Femmes avec Zwift ont une responsabilité qui va bien au-delà de la compétition sportive, nous amplifions un message pour promouvoir l'utilisation du vélo à l'échelle mondiale, souligne Yann Le Moenner, directeur général d'A.S.O. Nous sommes convaincus que cela est important dans le monde entier et que la mobilité doit être encouragée par tous les moyens. Notre partenariat à long terme avec Qhubeka permet de mettre en avant le cyclisme dans le cadre de la solution pour les jeunes dans des circonstances malheureuses. Le vélo, un chemin pour l'avenir, c'est ce qui nous motive. »

Chaque 18 juillet, jour du « Mandela Day », le Tour de France fait la promotion du « Qhubeka Day » pour encourager les fans du monde entier à faire un don pour l'achat de bicyclettes.

SIX FOIS L'ALPE D'HUEZ CONTRE LE CANCER

L'Alpe d'Huez est une station réputée aux Pays-Bas grâce aux victoires prestigieuses de ses coureurs dans les années 1970 et 1980. À ce passé sportif s'est greffée une grande cause : la lutte contre les cancers. Chaque année, le premier jeudi du mois de juin, 5 000 cyclistes (également des coureurs à pied et des marcheurs), tous des Néerlandais,

partent à l'assaut de la mythique côte depuis Bourg d'Oisans (717 m) jusqu'à son sommet (1 860 m) pour collecter des fonds.

Cette grande journée sportive et caritative est baptisée « l'Alpe d'HuZes », *zes* signifiant « six » en néerlandais, le nombre de fois que les plus aguerris effectuent la montée de 14,4 km, soit un total de 84 km avec 6 720 m de dénivelé. Avec ces slogans : « Faire l'ascension de ta vie pour la vie d'autrui » et « Abandonner n'est pas une option ». Parmi eux, Rob a réussi ce défi ultime en mémoire de sa sœur décédée d'un cancer. « Même si tout fait mal, ce n'est pas le principal. Le principal c'est d'y aller six fois. Je pense à ma sœur, je pense à tous ces malades », insiste-t-il.

Les dons récoltés (plus le droit d'inscription de 140 €) sont reversés à la Fondation nationale pour la lutte contre le cancer aux Pays-Bas (KWF) : au total 208 millions d'euros entre sa première édition en 2006 et 2023.

DES VICTIMES DU TERRORISME SUR LE GRAND COLOMBIER

Ces corps voûtés sous le poids d'un effort violent sur les redoutables rampes du Grand Colombier, qui s'étendent sur 17,4 km, sont des corps meurtris dans leur chair, et ces grappes d'hommes et de femmes le sont dans leur âme.

En 2023, à la veille du passage du Tour de France, quarante cyclistes venant de onze pays, tous des victimes du terrorisme en France, Belgique, Finlande, Allemagne, Angleterre, Argentine, aux États-Unis, se lancent à l'assaut du « Géant du Bugey ». Leur mot d'ordre : « *Stronger Together* » (Plus forts ensemble). Leur message : « Où que vous soyez dans le monde, le terrorisme peut soudainement bouleverser toute votre vie. Aujourd'hui encore, beaucoup de victimes se battent quotidiennement pour remonter la pente. »

D'où le symbole de gravir et se hisser ensemble au sommet d'un col dur du Tour de France afin de récolter des fonds. Avant le Grand Colombier, Karen, une Belge de 38 ans, a déjà réussi à grimper le mont Ventoux et l'Alpe d'Huez. Cette ancienne championne de natation est une survivante des attentats de Bruxelles en 2016 : elle a subi une soixantaine d'opérations et a été plongée durant quatre mois dans le coma. « Ma vie de tous les jours ressemble à une succession d'obstacles à franchir, témoigne-t-elle dans le journal *La Dernière Heure*. Ce qui m'a permis de réussir ce défi, c'est tant le soutien des autres victimes que celui de ma famille sur qui j'ai pu toujours compter. C'est avant tout pour elle que j'ai réalisé ce challenge. Je pense également aux personnes qui ont disparu et à celles qui surmontent des traumatismes au quotidien pour retrouver un semblant de vie normale. »

L'Étape du cœur est organisée en faveur de l'association Mécénat Chirurgie cardiaque qui opère gracieusement des enfants atteints de malformation cardiaque dans des pays défavorisés.

UNE HISTOIRE DE CŒUR

Comment ne pas être impressionné par cette célébrité que l'on croisait depuis vingt ans sur le Tour de France ? Le Pr Francine Leca (1938-2024), première femme chirurgienne cardiaque en France, a consacré sa vie à cette spécialité, notamment celle des malformations cardiaques chez les enfants. Depuis 1971, elle en a opéré plus de 6 000 à cœur ouvert ! En 1996, elle crée l'association Mécénat chirurgie cardiaque, dont le but est de récolter des fonds pour financer, en France et en Suisse, des interventions d'enfants, à travers le monde, qui ne peuvent l'être dans leur pays (une opération coûte environ 40 000 €). Sept ans plus tard, elle se rapproche des organisateurs du Tour de France afin d'augmenter la notoriété de son association et obtenir des dons supplémentaires. De 2003 à 2023, 379 enfants malades sont sauvés grâce aux différentes actions de collecte sur l'événement. L'objectif, en 2024, est de permettre à 21 enfants de vivre. À l'origine, l'action de Mécénat chirurgie cardiaque sur le Tour se concentre sur une randonnée avec des personnalités du sport, du cinéma, du showbiz. À partir de 2016, des « dossards solidaires » sont portés durant l'Étape du Tour, épreuve cyclosportive très populaire, par des « coureurs du Cœur » ayant collecté 800 € auprès de leur entourage ou avec le soutien de leur entreprise. Par ailleurs, cinq véhicules sont intégrés à la caravane publicitaire afin de sensibiliser le grand public à cette noble cause.

LA VOITURE-BALAI
L'ombre du peloton

La fourgonnette ferme la marche du cortège et récupère les cyclistes qui abandonnent. Elle est aussi remplie d'humanité.

Lorsque son ombre couvre celle du coureur, c'est un mauvais signe pour ce dernier. Indispensable au fonctionnement de la course, le véhicule-balai « récupère » les cyclistes qui, parvenus à bout de forces, se résignent à abandonner l'épreuve. Ce van à huit places se situe à l'arrière de la colonne des véhicules, juste après une ambulance et seulement devant la dépanneuse de la Garde républicaine. Les deux balais traditionnels en paille accrochés aux flancs des véhicules jugés humiliants ont été supprimés en 2005.

À l'intérieur, un commissaire de la Fédération française de cyclisme note les numéros des dossards des coureurs qui renoncent à poursuivre leur route. Il veille au respect du règlement, s'assurant, par exemple, qu'un sportif lâché ne bénéficie pas de l'aspiration d'une voiture de son équipe pour réintégrer le peloton.
Appelée plus communément le « balai », la voiture-balai est conduite depuis 2017 par Stéphane Bezault. Avec le commissaire désigné par la Fédération française de cyclisme (qui change chaque année), il est un peu le Saint-Bernard des âmes en perdition. « On leur doit assistance quand ils galèrent sur le vélo, dit-il. En 2022, nous avons passé une journée caniculaire sur la route de Carcassonne derrière Michael Mørkøv qui était très affaibli. Son directeur sportif m'avait donné une musette avec trois bidons, des gels (énergétiques), je l'ai arrosé tout le temps, accompagné jusqu'au bout, et à la fin il m'a remercié. »

Le coureur danois achève son calvaire au pied des remparts hors des délais d'arrivée qui sont calculés selon un barème prenant en compte la moyenne horaire réalisée par le vainqueur, la difficulté et la longueur de l'étape. Il est éliminé de la course. La même année, son coéquipier le sprinteur belge Fabio Jakobsen évite le même sort pour seulement 17 secondes à Peyragudes, dans les Pyrénées, où il termine l'étape à plus de 36 minutes du premier, Tadej Pogačar.
« Sur la ligne d'arrivée, tous ses collègues l'ont attendu et applaudi pour son courage. C'était émouvant », témoigne Stéphane Bezault.

Lors de la 14e étape du Tour 2023, Adrien Petit passe presque toute la journée devant la voiture-balai. « J'ai chuté lourdement. Je regarde ma jambe. Sur le tibia, j'ai un hématome gros comme une balle de tennis. » Stéphane Bezault et le

commissaire Éric Grandjean l'encouragent. Un moment d'humanité. Le Nordiste raconte qu'il est à deux doigts de monter avec eux. Mais une petite voix lui dit : « Continue, c'est le Tour, tu n'as jamais abandonné. » Pourquoi s'infliger toutes ces souffrances ? Le « balai » est juste derrière lui ! « Je repense aux gens qui m'ont dit : "On est venus d'Arras, tu t'accroches, tu vas finir." Alors je me surpasse. » Ce jour-là, il est le dernier coureur à rallier Morzine.

« Après leur abandon, certains se mettent au fond et restent silencieux. On ne les dérange pas, on leur demande juste s'ils ont besoin de quelque chose, raconte Stéphane Bezault. D'autres s'approchent de nous pour discuter. En 2018, dans les Alpes, trois sprinters, André Greipel, Fernando Gaviria et Dylan Groenewegen étaient arrêtés dans un col et attendaient notre passage. Quand ils sont montés, ils rigolaient et plaisantaient entre eux. »

Autrefois, lors d'une étape de montagne, les abandons étaient souvent nombreux et le fourgon ne désemplissait pas. Ce n'est plus le cas. Aujourd'hui, les équipes disposent de plusieurs assistants sportifs sur le bord de la route dans le but de ravitailler fréquemment les coureurs. Le « balai » (comme on le surnomme dans le milieu) leur dépose souvent ceux qui viennent de dire adieu au Tour.

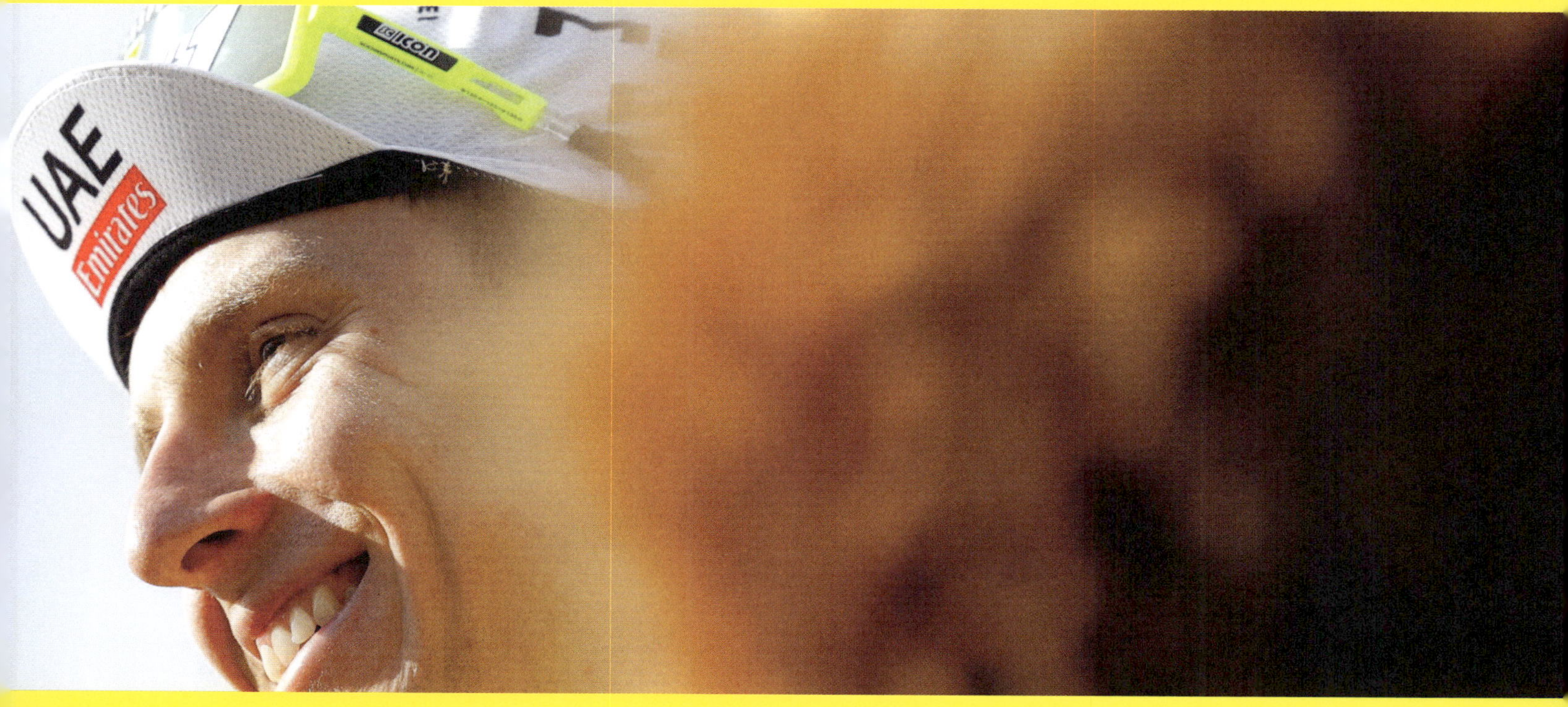

Dernier
sprint

La ligne d'arrivée est en vue et, si, en 2024, les coureurs ont fini leur Grande Boucle sur la promenade des Anglais, les Champs-Élysées restent emblématiques de la fin du Tour. Le Maillot Jaune, « Légion d'honneur » des cyclistes, vient récompenser le vainqueur à l'issue de la compétition. Mais le franchissement de la ligne marque moins la fin du Tour que le début du Tour de France Femmes avec Zwift dont la première édition a vu le jour en 2022. Par ailleurs, la question – de plus en plus prégnante – de l'impact de l'événement sur l'environnement se poursuit après la cérémonie de clôture et s'intègre à une réflexion plus globale autour de la Grande Boucle.

LES CHAMPS-ÉLYSÉES

UNE ARRIVÉE EN FANFARE

En 2024, les Jeux olympiques privatisent Paris. Pour la première fois, le Tour de France ne s'achève pas dans la capitale ou dans sa proche banlieue (à Ville-d'Avray lors de ses deux premières éditions, en 1903 et 1904) et tombe dans les bras de Nice.

Pour la petite histoire, cent ans plus tôt, le Tour était arrivé sur la piste du Parc des Princes, sept jours avant la fin des JO. Le stade olympique se trouvait à Colombes parce que la ville de Paris avait refusé de financer les travaux au Parc.

En 2025, la Grande Boucle traversera à nouveau la place de la Concorde, site olympique avec ses installations temporaires pour les épreuves de skateboard, BMX, basket-ball 3 x 3 et *breaking*, et retrouvera les Champs-Élysées pour y célébrer le cinquantenaire de sa première arrivée en 1975. Pour son bouquet final, le prestige de la plus belle avenue du monde fait briller le Tour de France à travers la planète. Avec des bonus supplémentaires. Depuis 2013 – cette année-là pour célébrer la 100e édition de l'épreuve –, grâce au concours du Centre des monuments nationaux, à chaque tour du circuit final, le peloton contourne l'Arc de Triomphe et effectue sur la place de l'Étoile un demi-tour avant de redescendre l'avenue des Champs-Élysées. En 2017, les coureurs passent sous la verrière de la nef du Grand Palais pour promouvoir... la candidature de la Ville de Paris aux JO de 2024. La Cour carrée du Louvre est traversée par le peloton en 2019 à l'occasion du 30e anniversaire de sa Pyramide. Le Tour de France appartient à l'histoire de France !

Le peloton contourne l'Arc de Triomphe durant le Tour 2023.

JUMBO
VISMA
HEMA
JUMBO
VISMA
HEMA
CUBE
128
SHIMANO

Tour de France FEMMES avec Zwift

Un seul objectif : pérenniser la course

Le Tour de France Femmes avec Zwift accompagne et accélère le développement du cyclisme féminin, dont il est devenu naturellement la course phare.

En 2022, la renaissance très attendue du Tour de France Femmes avec Zwift – son nom officiel – produit un effet important dans le monde du sport. Son prédécesseur s'est déroulé entre 1984 et 1989 sur une partie du parcours du Tour de France hommes. La volonté d'Amaury Sport Organisation de le reprogrammer, trente-trois ans plus tard, s'inscrit dans l'accompagnement du développement du cyclisme féminin. Ce Tour « new look » est un succès populaire et médiatique. Une vingtaine d'heures de diffusion en direct avec des images aériennes, une caravane publicitaire, des arrivées établies en circuit pour permettre aux spectateurs de voir passer le peloton à plusieurs reprises, une organisation de premier plan... « La première année, sur France 3, les audiences ont été hors norme, on ne s'y attendait pas », reconnaît Franck Perque, le directeur technique de l'épreuve. Elles baissent légèrement en 2023. Même si l'histoire est en marche, la prudence s'impose pour la directrice Marion Rousse. « Il faut aller doucement, asseoir l'épreuve, qu'elle devienne pérenne, souligne l'ex-coureuse et championne de France en 2012. Pour le cyclisme féminin, il y a clairement un avant et un après-Tour de France. On espère que des patrons d'entreprise, en voyant les images de la course, vont investir dans des équipes. »

Marion **ROUSSE**,
directrice du Tour de France Femmes

« Il faut aller doucement, asseoir l'épreuve, qu'elle devienne pérenne. »

Les compétitrices sont ravies. Enfin elles ont leur course phare, une marque mondiale sur laquelle sont ancrés leurs rêves d'échappées, de victoires, du Maillot Jaune. Et cette reconnaissance du public décrite par Juliette Labous, la meilleure coureuse française : « Par rapport à mes débuts comme professionnelle en 2017, ça n'a plus rien à voir, assure-t-elle à l'Agence France Presse. Le changement est énorme. Il reste encore des personnes assez macho qui ne croient pas au cyclisme féminin. Mais on est lancées et ça va continuer. On attendait le Tour de France pour nous faire passer un nouveau cap, poursuit la cycliste franc-comtoise. C'est incroyable le nombre de personnes qu'il y avait sur le bord des routes, avec leurs enfants. On a vu tellement de petites filles qui avaient préparé des pancartes, qui venaient demander des autographes. Franchement, ça fait plaisir.

COMBIEN GAGNENT-ELLES ?

Le total des prix versés aux concurrentes est de **250 000 €**, dont **50 000 €** pour la gagnante du classement général. Soit près de dix fois moins que pour les hommes. Mais presque deux fois plus que la somme versée aux coureurs du Paris-Nice, dont la durée est équivalente au Tour de France féminin.

COMBIEN ÇA COÛTE ?

Le prix à payer pour une collectivité locale est de **35 000 €** pour un départ et de **65 000 €** pour une arrivée. Soit environ la moitié des prix pratiqués pour le Tour de France hommes.

19,7

MILLIONS

Le nombre de téléspectateurs qui ont regardé l'épreuve en 2023, en direct sur les chaînes de France Télévisions. L'audience moyenne du direct est de **1,97 million** de téléspectateurs et 24,8 % de part d'audience. L'arrivée au Tourmalet a attiré 4,3 millions de téléspectateurs.

Katarzyna Niewiadoma, Maillot Jaune féminin 2024, à l'arrivée de l'Alpe d'Huez, dernière étape de la Grande Boucle.

↑ La joie de la victoire de la Danoise Emma Norsgaard à Blagnac, en 2023, partagée avec sa coéquipière néerlandaise Floortje Mackaij.

Quand j'étais petite, on allait voir le Tour de France des garçons. Mais ce n'était pas pareil. On ne pouvait pas se projeter, s'identifier. Que les petites filles puissent avoir des exemples, c'est super ! »

L'épreuve se déroule en juillet, la semaine suivant l'arrivée du Tour hommes, à l'exception de l'édition de 2024 décalée au mois d'août, après les Jeux olympiques de Paris afin de garantir une couverture télévisée importante.

Elle s'étend sur 8 jours (7 en 2024 pour cause de Jeux olympiques et paralympiques) et comptera 9 jours et 9 étapes à partir de 2025. Cela peut sembler court pour un Tour de France. « Peut-être qu'avec la progression des athlètes, l'homogénéité du peloton et l'intérêt médiatique, une longue de deux semaines sera la norme », relève Franck Perque. Certaines équipes possèdent un effectif qualitatif et quantitatif, avec de solides structures encadrantes. Cependant toutes les cyclistes ne vivent pas correctement de leur activité et certaines d'entre elles, en pleine jeunesse, renoncent à la poursuivre. En 2022, 24 équipes de 6 coureuses étaient engagées. Depuis 2023, 22 équipes de 7 coureuses sont sélectionnées dans le but de rehausser le niveau général. La distance maximale d'une course journalière est de 160 kilomètres. Les étapes du Tour de France sont parfois légèrement supérieures, avec une dérogation accordée par l'Union cycliste internationale.

« Le Tour de France Femmes avec Zwift est tracé dans les pas du Tour hommes. Il va dans des lieux mythiques du cyclisme : la Super Planche des Belles Filles en 2022, le Tourmalet en 2023, l'Alpe d'Huez en 2024, énumère Franck Perque. Mais on ne peut pas comparer avec le Tour de France qui a été créé en 1903. On est au tout début de quelque chose, il faudra cinq éditions pour avoir une photographie plus précise de l'intérêt des spectateurs et des téléspectateurs », estime-t-il.

LE PROGRAMME ZWIFT

Créé aux États-Unis en 2014, Zwift est un programme d'entraînement physique en ligne pour la course, cycliste et à pied, permettant aux utilisateurs d'interagir, de s'entraîner et de concourir dans un monde virtuel.

Cette plateforme est devenue extrêmement populaire durant la pandémie de coronavirus, et notamment lors de la première phase de confinement à domicile en 2020, lorsque l'interdiction de s'entraîner sur la route avait contraint les coureurs (dont 17 % de femmes) à pédaler sur *home-trainer*.

« On a notre **PROPRE TOUR »**

Interrogée par le service communication d'A.S.O., Urška Žigart, la compagne de Tadej Pogačar, raconte : « Pour Tadej, évidemment, le Tour a changé sa vie. Pour moi, c'est aussi un peu le cas. En tant que compagne, mais aussi en tant que coureuse car ça m'a ouvert les yeux sur ce dont je suis capable.

Le Tour était nécessaire pour hisser notre sport un peu plus haut, poursuit la jeune Slovène. Quand on dit aux gens : "Je suis une cycliste pro", ils disent "Ah, et vous faites le Tour ?" Jusqu'à ma participation en 2022, on ne pouvait pas répondre oui. Maintenant si. On a notre propre Tour. Les gens peuvent voir que c'est un vrai travail, que c'est réel. Ils comprennent ce que l'on fait.

En 2022, ce n'était que la première édition de la nouvelle ère, mais c'était déjà la plus grosse course du calendrier, y compris du côté de l'organisation et du public. C'était génial de voir autant de monde pour nous soutenir. On se dit que ce que l'on fait, cela compte et apporte de la joie aux gens. »

Un aspect gratifiant relaté par l'ensemble des concurrentes, dont Elisa Longo Borghini, l'une des meilleures coureuses du monde. « Personnellement, c'était bouleversant, c'était incroyable, avec beaucoup de monde, beaucoup d'attention médiatique, et c'était un très gros événement dès la première année, raconte l'Italienne. Je pense qu'il restera longtemps dans cette position. Le Tour est le Tour, tout le monde le sait. Il a un impact très important sur le cyclisme féminin et aussi sur la société. »

À partir de 2022, pour assurer une croissance pérenne au développement du cyclisme féminin, l'un de ses objectifs majeurs, Zwift devient le partenaire numéro un du « nouveau » Tour de France.

« Nous avons toujours offert l'égalité des chances. Nos courses ont une diffusion égale, une distance égale, une bourse égale, énumère Kate Veronneau, responsable de la stratégie femmes chez Zwift et ex-cycliste professionnelle américaine, dans *Le Cycle*. Nous avons commencé à soutenir le cyclisme féminin en 2016 avec la Zwift Academy, un programme de détection, en partenariat avec l'équipe Canyon-SRAM. Je crois à cette égalité surtout au rythme où les progrès sont réalisés. J'aimerais que la conversation s'éloigne de l'idée que le cyclisme féminin est inférieur (à celui des hommes) et qu'on commence à parler de ce que les femmes ont de plus à offrir à ce sport. »

Pour Kate Veronneau, le Tour de France Femmes avec Zwift est « la scène mondiale que les femmes méritent. Une étape cruciale pour promouvoir les courses féminines auprès d'un public international plus large. La clé pour soutenir notre mission collective est d'élever le cyclisme féminin et d'inspirer la prochaine génération de championnes ».

Haut : championne du monde en 2023, Lotte Kopecky remporte la première étape du Tour 2023 à Clermont-Ferrand.
Bas : la Belge est avec l'une de ses très jeunes supportrices après Paris-Roubaix 2024.

LES ÉDITIONS 2024 ET 2025

Comme le Tour hommes, le Tour de France Femmes avec Zwift s'exporte. En 2024, le Grand Départ se déroule à Rotterdam, aux Pays-Bas. Pour accueillir les trois premières étapes, les collectivités néerlandaises ont déboursé environ 1 million d'euros. La Hollande est la nation ultra dominante du cyclisme féminin. En 2022, lors de la première édition remportée par Annemiek van Vleuten, la part d'audience enregistrée par la chaîne nationale NOS approchait 50 % !

Quant à la 4e édition, elle commencera le 26 juillet 2025, à la veille de l'arrivée du Tour de France hommes. Afin de bénéficier d'une couverture télévisée en *prime time*, l'arrivée de la première étape, entre Vannes et Plumelec (95 km) est programmée après la fin de l'avant-dernière étape des hommes. Le lendemain, la deuxième étape se déroulera de Brest à Quimper (130 km)..

POUR LES VILLES, UN EXEMPLE DE PARITÉ

« Nous recevons une cinquantaine de candidatures de maires et de présidents de conseils départementaux, chaque année, pour être sur la carte du Tour de France Femmes », rapporte Franck Perque, le directeur technique de la course. Les villes veulent affirmer leur souhait d'égalité et de sport au féminin. C'est le cas de Clermont-Ferrand. « Au-delà du sport et du spectacle populaire, l'accueil des deux Tours de France est un beau symbole pour Clermont-Ferrand, qui fait de l'égalité femmes-hommes une priorité dans tous les domaines », affirme son maire Olivier Bianchi.

Kate **VERONNEAU**, responsable de la stratégie chez Zwift

« La scène mondiale que les femmes méritent. Une étape cruciale pour promouvoir les courses féminines. »

SKODA
SKODA
99AM

LOTTE
KOPECKY

LE TOUR POUR LES ENFANTS

UNE GAMME EN PLEIN BOOM

En termes de marketing, le Tour de France s'intéresse aux enfants en développant sa gamme.

Il est associé à Panini, un nom connu de plusieurs générations de collectionneurs de vignettes à l'effigie des sportifs. Villes, coureurs, équipes, légendes du Tour : l'album est riche de 360 stickers, avec également des pages consacrées aux coureuses du Tour de France Femmes avec Zwift.

Le Tour possède également une mascotte. Maxoo est un garçonnet entré dans l'univers du Tour de France depuis 2021 pour créer un lien entre la jeunesse et le vélo, en ciblant notamment les enfants de 6 à 12 ans.

Son personnage sourit toujours, il a de grands yeux bleus, porte un maillot noir barré d'un éclair et un casque fluo jaune. « Maxoo a été imaginé dans le cadre d'actions visant à rajeunir et à renouveler les audiences du Tour de France, explique Sophie Louveau, responsable du projet, sur le site lequipe.fr. Ce personnage doit exprimer la passion et un talent hors normes. Nous souhaitons qu'il rayonne par son énergie, sa malice et son caractère intrépide. » Maxoo possède aussi le don d'ubiquité : on le croise dans le Village du Tour, au sein de la caravane publicitaire et dans les *fans parks*.

3.2.1. GOOO!!
EDUCATEUR

ENVIRONNEMENT

L'enjeu de l'empreinte carbone

Les émissions directes de CO_2 provoquées par la communauté itinérante du Tour ont été réduites ces dernières années. Les efforts se poursuivent.

Non sans humour, ces jeunes supporters espèrent récupérer des bidons jetés par les coureurs.

Les grands événements sportifs sont critiqués pour leur impact écologique. En 2022, le Qatar a même climatisé ses stades pour rafraîchir les spectateurs venus assister à la Coupe du monde en… hiver. Dix millions de touristes et 15 000 athlètes viennent de la planète entière pour les Jeux olympiques et paralympiques de Paris.

Le Tour de France n'échappe pas aux polémiques. Il est jugé trop polluant par des associations écologistes et des militants avec plus de 2 000 véhicules, l'utilisation d'hélicoptères, ses déchets… Pourtant, le propriétaire de l'épreuve, Amaury Sport Organisation (A.S.O.), ne ménage pas ses efforts pour le rendre plus propre. Pour Karine Bozzacchi, responsable RSE (responsabilité sociétale des entreprises) chez A.S.O., « la priorité est le respect des territoires traversés. On travaille sur la mobilité et sur la gestion des déchets en s'efforçant à faire évoluer les mentalités. Nous vivons dans un écosystème, avec le grand public et les différentes familles – organisateurs, partenaires, équipes, médias –, une communauté de plusieurs milliers de personnes qui se déplacent chaque jour ».

La première évaluation de l'empreinte carbone de l'événement a été effectuée en 2013. Huit ans plus tard, un nouveau bilan montre une baisse de 37 % des émissions directes. L'objectif est d'atteindre

LA RÉDUCTION et le **RECYCLAGE** des déchets

Les Connexions sont le nom d'une association accompagnant les organisateurs de festivals et de rencontres sportives dans leur démarche de réduction et de recyclage des déchets. Elle est présente sur le Tour depuis 2010, l'année où le tri sélectif a été opéré pour la première fois. Une équipe de neuf coordinateurs (quatre sur le Tour de France Femmes avec Zwift) paramètre les dispositifs avec un référent Environnement nommé au sein du comité local d'organisation dans chaque ville. Un véhicule, situé à l'avant de la caravane publicitaire, transmet des messages de sensibilisation à l'adresse du public. L'édition de 2023 marque l'introduction du compost à partir des restes alimentaires des espaces restauration (Village du Tour, espaces VIP, cantines de la zone technique). « 80 % de la totalité des déchets de la ville-départ et 77 % de ceux de la ville arrivée sont revalorisés, un chiffre extrêmement élevé pour un événement sportif » relève Karine Bozzacchi. L'objectif pour 2024 est d'atteindre 100 % des déchets des zones du Tour (hors public) triés et recyclés.

une diminution de 50 % en 2030 pour être en conformité avec les Accords de Paris. « En 2021, pour un peu plus de trois semaines, le bilan se chiffre à 216 000 tonnes de CO_2, rapporte la responsable. Le total pour l'ensemble des familles du Tour est de 22 000 tonnes, dont 5 000 tonnes pour la course. Le troisième périmètre est, de loin, le plus important : 94 % des émissions totales proviennent des déplacements des spectateurs, des téléspectateurs et des internautes (la « pollution numérique »).

Des actions sont menées pour initier le public au « mode vert » : mise en place d'un service de covoiturage (sur l'application StadiumGO), promotions sur les transports en commun, les bus et les TER (en partenariat avec les collectivités territoriales) pour se rendre sur des villes-étapes. Des parkings à vélos sont installés sur les sites de départs et d'arrivées (en 2023, un espace de 1 000 places avait été aménagé à Bordeaux) par A.S.O. et son partenaire AG2R La Mondiale.

Malgré toutes ces mesures, la voiture personnelle est privilégiée par le public – les locaux et les touristes – qui n'a pas toujours le choix pour se rendre en rase campagne et s'installer sur le bord de la route afin d'assister au passage du Tour. Quant aux habitants des communes traversées par le peloton, ils attendent son passage devant le pas de leur porte, et c'est gratuit pour la planète !

Lors du Tour 2024, l'équipe Uno-X utilise deux véhicules à propulsion électrique. Une question d'image pour son sponsor, une chaîne de stations-service en Norvège et au Danemark.

UNE CHARTE DE 15 ENGAGEMENTS ÉCORESPONSABLES

En 2009, Amaury Sport Organisation (A.S.O.) commande un audit sur la partie environnementale du Tour de France au cabinet international Ernst & Young. « Nous ne sommes pas dans un stade. Le Tour est un événement itinérant qui traverse la France, à 95 % en milieu rural. Quel est l'impact ? » pose Karine Bozzacchi. La mise en place du programme « C'est mon Tour, j'agis ! » dégage des priorités évidentes : diminuer les transports polluants, améliorer le traitement des déchets, encourager la pratique de la bicyclette.

A.S.O. est membre fondateur et signataire de la charte des 15 engagements écoresponsables, depuis 2017, avec d'autres grands événements confrontés aux mêmes problématiques : les comités d'organisation de l'Euro de football 2016 et de Paris 2024, les Internationaux de France de tennis à Roland-Garros. Établie sous l'égide du ministère des Sports et de WWF France (Fonds mondial pour la nature), cette charte s'appuie sur les 17 objectifs de développement durable (à l'horizon 2030) de l'Organisation des Nations unies. Elle constitue un document de travail pour des événements ponctuels, comme un championnat du monde.

100 000

Le nombre de sacs-poubelle (matière 100 % recyclée) fournis aux villes départ et arrivée. Par ailleurs, 20 000 sacs-poubelle sont disposés, puis ramassés, par les agents des départements le long du parcours.

LA QUESTION DES CARBURANTS ALTERNATIFS

Le Tour de France mobilise la présence de 2 000 véhicules. Penser qu'un quart d'entre eux rouleront demain en tout électrique est une utopie. « Le réseau de recharges électrique n'est pas paramétré à l'échelle du Tour, surtout en milieu rural, souligne Karine Bozzacchi. On cherche des solutions, on progresse. Nous transportons sur une remorque une station mobile de dix recharges qui sont branchées au réseau Enedis des villes, sur lesquelles on *plugge* nos voitures électriques. Depuis 2021, également, les trois véhicules de la direction de course sont électriques et toute la flotte de l'organisation est hybride. Le public voit qu'on est dans cette mouvance, on pense qu'on a une légitimité à encourager les gens à l'être aussi. On pousse nos partenaires à utiliser des véhicules électriques, voire hybrides, et ils jouent le jeu puisque 20 % de leurs véhicules sont électriques. »

LES ZONES DE COLLECTE
sur le parcours

Depuis 2010, des zones de collecte pour le dépôt des déchets des coureurs sont mises en place sur le parcours des étapes. Soit une zone tous les 40 km en moyenne (5 à 8 par étape, 119 au total sur le Tour de France 2023, 30 sur le Tour Femmes avec Zwift), la dernière étant généralement située au pied de l'ultime montée du parcours.

Dans leur chasse au poids superflu, les coureurs sont autorisés à se délester de déchets comme des emballages alimentaires ou des bidons, mais exclusivement dans ces zones identifiées qui sont nettoyées quelques heures plus tard par les services de l'organisation. S'ils contreviennent à ce règlement, ils s'exposent à une amende, voire à une exclusion de l'épreuve. « Pour les téléspectateurs qui assistent à la scène, c'est insupportable de jeter, souligne Karine Bozzacchi. On les informe avec une incrustation à l'écran "zone de collecte", le commentateur le signale à l'attention des gens, mais il ne peut pas répéter à huit reprises dans une journée que les coureurs entrent dans une zone de collecte. Nous comprenons que le coureur est concentré sur sa course, mais il est essentiel que le bidon puisse être ramassé, ne pas être jeté dans un ravin. »

Toutes les voitures situées à l'échelon de la course ont pour obligation de recueillir les déchets des sportifs, y compris des coureurs des équipes adverses. Les motos « fraîcheur » (comme leur nom l'indique, elles distribuent des bidons d'eau fraîche) récupèrent également des bidons vides.

L'ENCOURAGEMENT à la mobilité douce

Le Tour de France souhaite jouer un rôle dans la pratique quotidienne du vélo pour tous. Avec le concours de la Fédération des usagers de la bicyclette, sur le modèle des villes et villages fleuris, A.S.O. a mis en place le label « Ville à vélo » valorisant les collectivités (une quarantaine de communes par an) qui développent une politique en faveur des mobilités douces. Selon l'Insee, seulement 4 % des trajets sont effectués à vélo (60 % font moins de 5 km).

Les coureurs au col du Tourmalet en 2023.

En 2023, l'équipe germano-hollandaise DSM-Firmenich a été la première à utiliser une voiture à moteur électrique. En 2024, la formation norvégienne Uno-X Mobility l'imite et fait même mieux avec deux véhicules.

Par ailleurs, l'ensemble des camions de la société de logistique XPO, transporteur officiel des infrastructures de l'épreuve, utilisent un carburant alternatif à base d'huile végétale hydrotraitée. En 2022, il alimentait 30 % de la flotte de poids lourds et l'année suivante 100 %. L'économie est de 148 tonnes de CO_2 entre 2022 et 2023.

Ce gazole paraffinique de synthèse est plus cher que les carburants d'origines fossiles. Comme il n'est pas disponible dans les stations-service, les chauffeurs routiers sont contraints de se rendre dans des centres d'approvisionnement spécifiques, ce qui complexifie la logistique.

Une solution de réduction des émissions de carbone est également disponible pour une utilisation dans les hélicoptères, le carburant d'aviation durable (*sustainable aviation fuel*), un carburant *drop-in* mélangé jusqu'à 50 % de carburéacteur classique. Cependant, tous les aéroports n'en délivrent pas. Face à ces contraintes d'approvisionnement, les aéronefs l'ont utilisé sur la moitié des étapes seulement en 2023.

LES ZONES NATURELLES PROTÉGÉES

Le Tour de France traverse le réseau Natura 2000 (à 86 reprises en 2023) qui rassemble des sites naturels de l'Union européenne ayant une grande valeur patrimoniale, par leur faune et leur flore exceptionnelles. Depuis 2010, Biotope, bureau d'études dédié à l'environnement, missionné par A.S.O., mène des études d'incidence de la présence de l'épreuve avec les responsables de Natura 2000 pour l'impact au sol et dans l'air.

Dans le premier cas, pour la protection des milieux naturels, des espèces d'animaux et plantes rares menacées, le public est maintenu hors des zones sensibles délimitées par des filets (pour les moutons, assez simples à installer) et pourvues de panneaux d'information ; dans le second, les hélicoptères se tiennent éloignés d'espèces d'oiseaux protégées.

En 2023, l'existence d'un couple de gypaètes barbus, nichant avec un petit, à quelques kilomètres de l'arrivée de la course à Cauterets, dans les Pyrénées, a fait l'objet de discussions avec la Ligue de protection des oiseaux. L'hélicoptère de la télévision a effectué un détour et la sonorisation de la caravane a été interrompue. Le pilote est doté d'une application GPS intégrant les zones à éviter dans les instruments de bord.

Dans les parcs nationaux au statut de « territoires d'exception », les règles pour la préservation de la faune et la biodiversité sont extrêmement strictes, et plus encore en « cœur de parc », où le Tour est arrivé en 2020 lors d'une étape s'achevant au mont Aigoual, dans les Cévennes. C'est à nouveau le cas, en 2024, avec la cime de la Bonette, dans le massif du Mercantour, où la sonorisation et la distribution des objets de la caravane publicitaire sont interdites. La même année, lors de la 8e étape, les coureurs pénètrent également dans le Parc national de forêts, dédié à la protection des forêts feuillues de plaine, en Haute-Marne. En 2023, pour l'arrivée au puy de Dôme, site Unesco, l'accès de la route était interdit aux véhicules.

La récupération des eaux usées

Les bus des vingt-deux équipes participant au Tour de France sont de véritables vestiaires équipés de sanitaires et de douches. Un camion vidangeur récupère leurs eaux usées tous les deux jours. Les équipes sont également sensibilisées à économiser l'eau. L'ensemble des vélos sont lavés après chaque étape car l'outil de travail du coureur doit être impeccable. En revanche, il est demandé de laver moins souvent leurs véhicules ou de les nettoyer avec un chiffon.

L'AMÉNAGEMENT DES VILLES ACCUEIL

En 2020, Grégory Doucet (Europe Écologie Les Verts), élu maire de Lyon deux mois auparavant, avait critiqué vertement la présence du Tour de France dans sa ville (actée par son prédécesseur Gérard Collomb) en qualifiant l'épreuve de « machiste » (deux ans avant la renaissance du Tour féminin) et de « polluante » dans les colonnes du quotidien *Le Progrès*. « Je veux des garanties que les événements que l'on accueille dans notre ville se montrent responsables à l'égard de la planète », avait-il souligné tout en se rendant sur le podium protocolaire pour remettre le maillot... vert au coureur irlandais Sam Bennett. Combien de véhicules à moteur thermique circulent pour faire courir ces coureurs à vélo ? Combien de déchets engendrés ? Il n'est plus acceptable d'avoir de grandes manifestations sportives dont la priorité n'est pas de se poser la question de leur empreinte », avait également déclaré Grégory Doucet. Réplique de Christian Prudhomme, le directeur du Tour : « Taper sur ce qui nous unit n'est pas une erreur, c'est une faute ! » Et d'ajouter, plus tard, à propos de ses rapports avec les municipalités écologistes : « Nous sommes partis de Tours en 2021, ville dirigée par un maire écologiste, et cela s'est très bien passé. »

Taper sur ce qui nous unit n'est pas une erreur, c'est une faute !

En outre, la faisabilité d'une arrivée d'une étape du Tour dans une ville est parfois conditionnée à l'exécution de travaux pour des raisons de sécurité des coureurs et/ou l'installation de ses importantes infrastructures. L'abattage d'arbres en faisait partie. « On ne coupe plus d'arbres depuis longtemps ! affirme, avec force, Stéphane Boury. Depuis 2015 que je suis responsable des sites d'arrivées, je me l'interdis. En cas de nécessité, des travaux d'élagage peuvent être effectués, mais seulement dans la période dédiée à cette opération. »

↑ Le col majestueux du Tourmalet, dans les Pyrénées, est un grand classique du Tour de France. Les coureurs l'ont emprunté pour la première fois en 1910.

Le peloton traverse un vignoble de l'Émilie-Romagne sur le parcours de la 2e étape du Tour 2024, entre Cesenatico et Bologne.

SKODA

MAILLOT Jaune

La quête du Graal

En laine autrefois, en polyester aujourd'hui, le Maillot Jaune reste l'indémodable symbole prestigieux du Tour de France.

Sa réputation traverse les siècles et s'apparente, pour les coureurs, à la conquête du Graal. Le revêtir, ne serait-ce qu'une journée, est un événement inoubliable dans la carrière d'un coureur.

À partir de 1919, on attribue un maillot spécial au premier du classement général afin de le distinguer des autres coureurs (le premier à le porter est Eugène Christophe, à Grenoble, le 19 juillet 1919). Il est jaune pour deux raisons : c'est la couleur de *L'Auto*, le journal fondateur de l'épreuve, en 1903 ; avant la Première Guerre mondiale, on affublait les cyclistes de chasubles jaunes pour les repérer plus facilement lors des points de contrôles.

Quatre champions l'ont remporté à cinq reprises chacun : le Français Jacques Anquetil (en 1957, 1961, 1962, 1963, 1964), le Belge Eddy Merckx (1969, 1970, 1971, 1972, 1974), le Français Bernard Hinault (1978, 1979, 1981, 1982, 1985) et l'Espagnol Miguel Indurain (1991, 1992, 1993, 1994, 1995).

Eddy Merckx a passé 97 jours avec le Maillot Jaune.

FABRIQUÉ EN ITALIE ET VENDU 90 €

Tous les maillots officiels portés par les leaders des classements du Tour de France et de son édition féminine sont fabriqués par la société Santini dans son usine de Lallio, près de Bergame, en Italie. L'entreprise produit également sa réplique officielle, commercialisée sous le nom de maillot Team Replica. Composé à 91 % en polyester recyclé et à 9 % polyester, il est proposé en six tailles, de XS à XXL et vendu au prix de 90 euros, en 2024. Le zip est sur toute la longueur comme c'est le cas de la tunique remise sur le podium protocolaire. Les lauréats, eux-mêmes, figurent parmi les clients. S'ils obtiennent gracieusement quelques exemplaires, ils acquièrent parfois plus d'une centaine d'exemplaires du Maillot Jaune pour les offrir à leurs proches et aux membres de leur fan-club.

« C'EST LA LÉGION D'HONNEUR DU CYCLISME »

Cédric Vasseur est le manager général de l'équipe Cofidis depuis 2017. L'ancien coureur a porté le Maillot Jaune pendant cinq jours, en 1997, après l'avoir obtenu à La Châtre, dans l'Indre, où il a gagné l'étape en solitaire.

« Le Maillot Jaune m'a rapporté une forme de reconnaissance, commence-t-il. Bien sûr, aujourd'hui, cela ne dit rien aux jeunes de 15 ans, mais, sur le Tour de France, les supporters de cyclisme me reconnaissent. On me présente toujours comme un Maillot Jaune comme si ceux qui l'ont revêtu appartenaient à une caste. Le Maillot Jaune, c'est la Légion d'honneur du cyclisme. Je l'ai accueilli comme un cadeau. Ce n'était pas le cas, c'était le résultat d'un exploit. Je me suis rendu compte de la force du Maillot Jaune, cette euphorie qu'il vous procure. Plus tu le portes,

Jacques Anquetil lors de la première de ses cinq victoires sur le Tour en 1957.

Le Slovène Tadej Pogačar a conquis
le Maillot Jaune en 2020, 2021 et 2024.

plus longtemps tu veux le garder, c'est addictif. Tes adversaires te respectent parce que tu l'as et en même temps ils ne pensent qu'à te le piquer.

À Loudenvielle, dans les Pyrénées, je l'ai gardé pour seulement 7 secondes sur Jan Ullrich. Personne ne m'a aidé, sauf Pascal Lino. Spontanément, il m'a donné deux, trois relais. Il n'était pas obligé de le faire car nous n'étions pas dans la même équipe, je l'ai gardé un jour de plus peut-être grâce à lui. Il savait ce qu'il représente, il avait été Maillot Jaune en 1992. Nous faisions partie de la même caste. »

ENTRE CONSIDÉRATIONS D'ESTIME ET COMMERCIALES

Henri Desgrange, le fondateur du Tour, s'éteint en 1940. Lors du premier Tour de l'après-guerre, en 1947, les initiales HD apparaissent sur le Maillot Jaune pour lui rendre hommage. Elles sont imprimées sur la poitrine du coureur ou sur ses épaules. Supprimées en 1984, on les retrouve seulement en 2003 à l'occasion du centenaire de l'épreuve.

Malgré l'importance des sommes déboursées pour parrainer l'un des maillots distinctifs du Tour de France, le logo du partenaire officiel, certes imprimé à plusieurs exemplaires, doit s'accommoder des couleurs historiques des tenues. La couleur jaune du meilleur coureur du Tour de France convient parfaitement à LCL puisque la banque se signale en jaune et bleu.

Celle du maillot du meilleur sprinter renvoie à son premier financeur, en 1953, « À la belle jardinière », une chaîne parisienne de magasins de confection qui utilisait régulièrement le vert pour communiquer auprès des consommateurs.

Depuis 1975, l'originalité des pois rouges sur fond blanc est adossée à la forte popularité dont jouissent les grimpeurs auprès du public. Pourquoi des pois rouges ? Dans les années 1930, une petite pastille rouge figure sur le maillot de marque du lauréat du Grand Prix de la montagne. C'est aussi un hommage à Henri Lemoine, un pistard réputé d'avant-guerre qui portait un maillot inspiré de la casaque des jockeys.

LES PARRAINS DU MAILLOT JAUNE

Le Maillot Jaune est sponsorisé depuis 1948. La marque qui le parraine y apparaît pour la première fois en 1969.

Sofil (laine), de 1948 à 1953.
Suze (apéritif), en 1954 et 1955.
Calor (électroménager), en 1956.
Soleil-L'Aigle (assurances), en 1958.
Shell-Berre (pétrolier), en 1961 et 1962.
Le Toro (pantalons), en 1963 et 1964.
Champigneulles (bières), de 1965 à 1968.
Virlux (beurre), en 1969 et 1970.
Miko (crèmes glacées), de 1971 à 1983.
Banania (petit déjeuner), de 1984 à 1986.
Crédit lyonnais/LCL (banque), depuis 1987.

LES ÉQUIPEMENTIERS DU MAILLOT JAUNE

Le Coq sportif (français), de 1951 à 1988 et de 2012 à 2021.
Castelli (italien), de 1989 à 1994.
Giordana (italien), en 1995.
Nike (américain), de 1996 à 2011.
Santini (italien), de 2022 à 2026.

LA CHANSON du tour

L'auteur-compositeur-interprète Gauvain Sers suit le Tour de France depuis l'enfance. Il a même écrit une chanson : « La Grande Boucle ».

Mon sport, c'est le tennis, raconte Gauvain Sers, l'auteur-compositeur-interprète aux deux disques de platine (*Pourvu* et *Les Oubliés*), vendus chacun à plus de 100 000 exemplaires. Petit, je rêvais d'être joueur de tennis. Je suis devenu chanteur. "C'est déjà ça", dirait Souchon. J'aime le sport en général, j'aime le Tour de France, j'aime son côté populaire, accessible à tout le monde, gratuit. Ce peloton de coureurs qui réunit toutes les classes sociales, ça me parle beaucoup... Je l'ai toujours suivi depuis que je suis gamin. En 2022 et 2023, j'ai vécu une étape dans une voiture de l'équipe Arkéa. J'ai vu l'envers du décor, c'est dingue ! Nous, les musiciens et les techniciens, lorsque nous sommes plusieurs dizaines dans les tournées, on se dit que c'est beaucoup. Le Tour, c'est plusieurs milliers de suiveurs !

J'avais écrit un texte il y a trois ans. Je ne l'ai pas mis encore en musique. C'est un texte que j'aime bien en plus, qui s'appelle "La Grande Boucle" : ça parle de toutes les émotions, ce sont des images d'enfance, quelque chose d'universel... »

Centenaire depuis le 3 septembre 2024, Antonin Rolland est le doyen des porteurs du Maillot Jaune qu'il a revêtu durant douze jours en 1955.

La Grande Boucle

« C'est chaque jour une partie d'échecs
Entre un peloton, une échappée
C'est les souvenirs qui vont avec
Toutes ces aprèms de canapé
C'est mon grand-père qui fait la sieste
Au début d'une étape de plaine
C'est moi qui l'réveille quand il reste
Une p'tite quinzaine de bornes à peine
C'est l'patrimoine vu d'hélico
L'histoire d'un château oublié
Tout c'qu'on dit pas dans les dicos
Et la voix d'Jean-Paul Ollivier
C'est tous ces vélos qui se frôlent
Qu'on croit tout l'temps qu'ils vont tomber
C'est l'équipier, le second rôle
Qui pour un autre va tout donner
C'est Poulidor deuxième, hélas
C'est une chronique d'Antoine Blondin
Les camping-cars déjà sur place
Pour être aux premières loges demain
C'est les lacets d'l'Alpe d'Huez
Qu'on arrive jamais à nouer
Et ce sprinter pas très à l'aise
Quand y a deux chiffres au dénivelé
C'est inscrire le nom des champions
Sur le bitume à la craie blanche
C'est se libérer d'un bidon
Quand on sent bien que
les jambes flanchent
C'est le scénario idéal
Pour un p'tit jeu d'mot à l'antenne
Un coureur victime d'une fringale
En haut du col de la Madeleine
C'est des casquettes à pois partout
Qu'on porte qu'une seule fois dans l'année
C'est des cuisses qui brûlent plus que tout
Dans un virage des Pyrénées
C'est l'spectateur pas très finaud
Qui fait chuter le maillot blanc
Et la montagne de noms d'oiseaux
Qu'on lui lance devant nos écrans
C'est un jargon un peu bizarre
Un gruppetto, un coup d'pédale
C'est des motos et des écarts
Et toute cette foule sentimentale
C'est un gamin qui lève les bras
Pour imiter son favori
Quand tout l'été il pédalera
Sur un vélo jaune je parie. »

Gauvain Sers

Face à la baie des Anges, à Nice, terminus de la 111e édition du Tour de France, en 2024, qui s'achève pour la première fois en dehors de Paris, Jeux olympiques obligent.

Index

Pour aller plus loin

Hinault de Vincent Coté, Mathieu Coureau, Clément Commolet et Jean-Luc Gatellier, publié par Éditions Ouest-France, 2022.

100 Français dans l'histoire du Tour de France de 1903 à nos jours de Hervé Mathurin, Jean-Claude Felon et Julien Duby, publié par Éditions Sud Ouest, 2021.

La Société du peloton – Philosophie de l'individu dans le groupe de Guillaume Martin, publié par Grasset, 2021.

Le Tour – Le Dico de François Thomazeau, publié par En Exergue Éditions, 2021.

Nos années Poulidor de Philippe Bouvet, publié par Éditions des Équateurs, 2020.

L'Encyclopédie du Maillot Jaune de Frédérique Galametz et Philippe Bouvet, publié par Solar Éditions et *L'Équipe*, 2019.

100 Tours de légende de Jacques Augendre, publié par Solar Éditions, 2012.

Jours de fête – La grande histoire du Tour de France de Françoise et Serge Laget, Philippe Cazaban et Gilles Montgermont, publié par Chronique Éditions, 2012.

Abécédaire insolite Le Tour de Jacques Augendre, publié par Solar Éditions, 2011.

Antoine Blondin : un singe en été de Jacques Augendre, publié par *L'Équipe*, 2005.

Cols mythiques du Tour de France de Philippe Bouvet, Philippe Brunel et Serge Laget, publié par *L'Équipe*, 2005.

J'écris ton nom Tour de France de Christophe Penot, publié par Éditions Cristel, 2002.

Remerciements

L'éditeur tient à remercier celles et ceux qui ont rendu la publication de cet ouvrage possible à commencer par **Jean-Luc Gatellier**, pour le travail réalisé extrêmement fouillé et **A.S.O.**, pour les accès accordés.

Table des matières

Crédits iconographiques

AFP : p.29 : (haut milieu) © PASCAL PAVANI.

Alamy : p.80 : © Paolo Reda - REDA & CO ; p.81 : © Paolo Reda - REDA & CO.

A.S.O. : p.4-5 : © A.S.O./Charly Lopez ; p.8-9 : © A.S.O./Charly Lopez ; p.22 : © A.S.O./Charly Lopez ; p.36-37 : © A.S.O./Charly Lopez ; p.39 : © A.S.O./Billy Ceusters ; p.53 : (bas) © A.S.O./Billy Ceusters ; p.61 : © A.S.O./Billy Ceusters ; p.74-75 : © Billy Ceusters ; p.76-77 : © A.S.O./Charly Lopez ; p.79 : © A.S.O./X.Bourgois ; p.84-85 : © Charly Lopez ; p.99 : © A.S.O./Romain Laurent ; p.100 : © A.S.O. ; p.104-105 : © A.S.O./Charly Lopez ; p.123 : © A.S.O./Billy Ceusters ; p.124-125 : © A.S.O./Jonathan Biche ; p.130 : © A.S.O. / Jonathan Biche ; p.131 : A.S.O. ; p.132-133 : © A.S.O./Charly Lopez ; p.135 : © A.S.O./Hervé TARRIEU ; p.150-151 : © PAULINE BALLET ; p.159 : © A.S.O. / Jonathan Biche ; p.164 : © A.S.O./Charly Lopez ; p.207 : (bas) © A.S.O./Laure Boutiot ; p.221 : © A.S.O./Aurélien Vialatte ; p.222-223 : © A.S.O./Aurélien Vialatte ; p.226 : © A.S.O./Aurélien Vialatte ; p.227 : © A.S.O./Aurélien Vialatte ; p.228 : © A.S.O./Charly Lopez ; p.230 : © A.S.O./Aurélien Vialatte ; p.232 : © A.S.O./Charly Lopez ; p.243 : © A.S.O. / Jonathan Biche ; p.248 : (bas droite) © A.S.O./Charly Lopez ; p.269 : (haut) © A.S.O./Charly Lopez ; p.270-271 : © A.S.O./Charly Lopez ; p.290 : © A.S.O./Charly Lopez ; p.293 : © A.S.O./Maxime DELOBEL ; p.295 : © Laure Boutiot ; p.296 : © A.S.O./Hervé Tarrieu ; p.302-303 : © A.S.O./Charly Lopez ; p.306 : © A.S.O./Thomas Maheux ; p.310-311 : © A.S.O/Hervé TARRIEU ; p.317 : © A.S.O./Pauline Ballet.

DR : p.29 : (bas droite) © Graham Watson ; p.45 : © VER:1020 ; p.53 : (haut) © andrea villiers ; p.78 : © LA DÉPÊCHE DU MIDI LAURENT DARD ; p.87 : © FNSEA ; p.93 : © Orange ; p.115 : © BELGAIMAGE ; p.183 : © Blaise Chauvière TotalEnergies ; p.185 : © Blaise Chauvière TotalEnergies ; p.198 (bas gauche) ; p.199 (2e ligne gauche, 4e ligne droite, 5e ligne gauche, 5e ligne droite) ; p.204 : © Intermaché-Wanty Team ; p.205 (bas gauche) : © Alessandro Volders / @cyclingmedia_agency ; p.213 : © Visma Lease a Bike ; p.215 : © Visma Lease a Bike ; p.245 (bas) ; p.269 (bas).

Pressesports : p.10 : © GARNIER ETIENNE ; p.12-13 : © GARNIER ETIENNE ; p.15 : © MANTEY STEPHANE ; p.16-17 : © PAPON BERNARD ; p.19 : © Zac Williams/SWPIX ; p.20 : © James Startt/ZOOM ; p.21 : © GARNIER ETIENNE ; p.25 : © Zac Williams/SWPIX ; p.27 : (haut gauche) © FAUGERE FRANCK, (haut droite) © Zac Williams/SWPIX, (milieu haut gauche) © BOUE SEBASTIEN, (milieu bas gauche) © GARNIER ETIENNE, (milieu bas droite) © GARNIER ETIENNE, (milieu droite) © Massimo Fulgenzi/SPRINT CYCLING AGENCY, (bas gauche) © PAPON BERNARD, (bas droite) © BOUE SEBASTIEN ; p.29 : (haut gauche) © FABLET, (haut droite) © FABLET, (milieu gauche haut) © PAPON BERNARD, (milieu gauche bas) © SUNADA, (milieu droite) © PAPON, (bas gauche) © LABLATINIERE ; p.31 : © PAPON BERNARD ; p.33 : (haut) © Presse Sports, (milieu) © FABLET BRUNO, (bas) © Presse Sports ; p.35 : © GARNIER ETIENNE ; p.40 : © Luca Bettini/SPRINT CYCLING AGENCY ; p.42 : © Luca Bettini/SPRINT CYCLING AGENCY ; p.46 : © Nico Vereecken/PHOTONEWS ; p.47 : © BRUNO BADE ; p.49 : © MANTEY STEPHANE ; p.54 : © Luca Bettini/SPRINT CYCLING AGENCY ; p.55 : © MANTEY STEPHANE ; p.57 : © Kei Tsuji/SPRINT CYCLING AGENCY ; p.63 : © Zac Williams/SWPIX ; p.65 : © BADE BRUNO ; p.67 : (haut) © MONS FREDERIC, (gauche haut) © PAPON BERNARD, (gauche bas) © MANTEY STEPHANE, (droite) © GARNIER ETIENNE ; p.69 : © Joanna Gruchalska/CV/SPRINT CYCLING AGENCY ; p.73-73 : © MARTIN ; p.82 : © GARNIER ETIENNE ; p.83 : © BADE BRUNO ; p.88-89 : © BOUE SEBASTIEN ; p.90 : © PAPON BERNARD ; p.91 : © DUPUY WILLIAM ; p.95 : © James Startt/ZOOM ; p.96 : © GARNIER ETIENNE ; p.101 : © GARNIER ETIENNE ; p.102 : © PAPON BERNARD ; p.106 : © Presse Sports ; p.108-109 : © GARNIER ETIENNE ; p.110-111 : © BRUNO BADE ; p.113 : (haut) © GARNIER ETIENNE, (bas) © PAPON BERNARD ; p.114 : © GARNIER ETIENNE ; p.117 : © FAUGERE FRANCK ; p.119 : (haut) © MONS FREDERIC, (bas) © MONS FREDERIC ; p.120-121 : © James Startt/ZOOM ; p.126 : © GARNIER ETIENNE ; p.127 : © FAUGERE FRANCK ; p.129 : © MONS ; p.130-131 : © GARNIER ETIENNE ; p.136 : (haut) © GARNIER ETIENNE, (bas) © GARNIER ETIENNE ; p.137 : © GARNIER ETIENNE ; p.140 : © GARNIER ETIENNE ; p.142 : (haut) © Presse Sports, (bas) © BOUTROUX ; p.143 : (haut gauche) © PICHON, (haut droite) © PREVOST, (bas gauche) © GARNIER ETIENNE, (bas droite) © PRESSE SPORTS ; p.144 : © GARNIER ETIENNE ; p.145 : (haut gauche) © GARNIER ETIENNE, (haut droite) © GARNIER ETIENNE, (bas) © FABLET ; p.146-147 : © PAPON BERNARD ; p.149 : © MANTEY STEPHANE ; p.151 : © GARNIER ETIENNE ; p.152 : © PAPON BERNARD ; p.156 : © BRUNO BADE ; p.157 : © Alex Whitehead/SWPIX ; p.161 : (haut) © MANTEY STEPHANE, (bas) © BRUNO BADE ; p.163 : © BRUNO BADE ; p.170 : © Presse Sports ; p.171 : © MANTEY ; p.172-173 : © GARNIER ETIENNE ; p.174 : © James Startt/ZOOM ; p.175 : © MARTIN ALEX ; p.176 : © GARNIER ETIENNE ; p.177 : © James Startt/ZOOM ; p.179 : © FAUGERE FRANCK ; p.180-181 : © GARNIER ETIENNE ; p.186-187 : © PAPON BERNARD ; p.188-189 : © MANTEY STEPHANE ; p.191 : © GARNIER ETIENNE ; p.193 : © SEGUIN FRANCK ; p.194 : © James Startt/ZOOM ; p.198 : (toutes photos sauf bas gauche) © Yuzuru Sunada/SUNADA ; p.199 : (toutes photos sauf 2e ligne gauche, 4e ligne droite, 5e ligne gauche et droite) © Yuzuru Sunada/SUNADA ; p.202-203 : © PAPON BERNARD ; p.205 : (haut) © Jan De Meuleneir/PHOTONEWS, (bas droite) © GARNIER ETIENNE ; p.207 : (haut) © Jan De Meuleneir/PHOTONEWS, (milieu) © Nico Vereecken/PHOTONEWS ; p.208 : © FAUGERE FRANCK ; p.209 : © James Startt/ZOOM/PRESSE SPORTS ; p.210-211 : © GARNIER ETIENNE ; p.214 : © GARNIER ETIENNE ; p.218-219 : © James Startt/ZOOM ; p.224 : (haut) © PAPON BERNARD, (bas) © PAPON BERNARD ; p.229 : © GARNIER ETIENNE ; p.231 (haut) © Zac Williams/SWPIX, (milieu haut) © James Startt/ZOOM, (milieu bas) © GARNIER ETIENNE, (bas) © GARNIER ETIENNE ; p.233 : © MANTEY STEPHANE ; p.235 : (de haut en bas et de gauche à droite) © MANTEY, © BADE BRUNO, © Zac Williams/SWPIX, © GARNIER ETIENNE, © GARNIER ETIENNE, © PAPON BERNARD, © James Startt/ZOOM, © GARNIER ETIENNE, © GARNIER ETIENNE ; p.237 : © James Startt/ZOOM ; p.238 : © Zac Williams/SWPIX ; p.240-241 : © BADE BRUNO ; p.245 : (haut) © Presse Sports ; p.247 : © GARNIER ETIENNE ; p.248 : (haut) © James Startt/ZOOM, (bas gauche) © James Startt/ZOOM ; p.249 : © MAO ; p.250 : © MANTEY STEPHANE ; p.253 : © PAPON BERNARD ; p.255 : © GARNIER ETIENNE ; p.256-257 : © GARNIER ETIENNE ; p.259 : (haut) © MANTEY STEPHANE, (bas) © James Startt/ZOOM ; p.260 : © PAPON BERNARD ; p.262 : © PAPON BERNARD ; p.264 : © MANTEY STEPHANE ; p.265 : © PAPON BERNARD ; p.273 : © PAPON BERNARD ; p.274 : © BADE BRUNO ; p.277 : © GARNIER ETIENNE ; p.279 : © James Startt/ZOOM ; p.280 : (haut) © PAPON BERNARD, (bas) © GARNIER ETIENNE ; p.281 : © GARNIER ETIENNE ; p.282 : © PAPON BERNARD ; p.284-285 : © James Startt/ZOOM ; p.286 : © GARNIER ETIENNE ; p.287 : (haut) © BRUNO BADE, (bas) © MANTEY STEPHANE ; p.288 : © BRUNO BADE ; p.289 : © REAU ALEXIS ; p.291 : © PAPON BERNARD ; p.299 : © Presse Sports ; p.300-301 : © GARNIER ETIENNE ; p.305 : © GARNIER ETIENNE ; p.307 : © PAPON BERNARD ; p.309 : (haut) © PAPON BERNARD, (bas) © GARNIER ETIENNE ; p.312-313 : © Nico Vereecken/PHOTONEWS ; p.314 : © FAUGERE FRANCK ; p.315 : © PAPON BERNARD ; p.316 : © GARNIER ETIENNE ; p.319 : © GARNIER ETIENNE ; p.320-321 : © Luca Bettini/SPRINT CYCLING AGENCY ; p.323 : © Presse Sports ; p.324 : © PAPON BERNARD ; p.325 : (de haut en bas et de gauche à droite) © Presse Sports, © Presse Sports, ©Presse Sports, © LANDRAIN, © LANDRAIN, © BOUTROUX, © MANTEY, © GARNIER ETIENNE, © Zac Williams/SWPIX ; p.326 : © James Startt/ZOOM ; p.328-329 : © James Startt/ZOOM.

Direction artistique et mise en pages
Thierry Sestier

Illustrations et infographies
Claude Cadi

Recherche iconographique
François Bocquier

Préparation de copie
David Lerozier

Relecture
La Machine à Mots

Pour l'éditeur, le principe est d'utiliser des papiers composés de fibres naturelles, renouvelables, recyclables et fabriquées à partir de bois issus de forêts qui adoptent un système d'aménagement durable.

PAPIER CERTIFIÉ

Imprimé en France par Pollina pour le compte des éditions Hachette Livre. département Marabout
58, rue Jean Bleuzen - 92178 Vanves Cedex

Dépôt légal : octobre 2024
ISBN : 978-2-501-18531-8
5474313/01